| 어린이 영어교육 시리즈 5 |

어린이 영어교육론

김혜정 지음

진샘미디어
JINSAEM

PREFACE

오늘날 사회가 대외적으로 개방적인 세계화 추세에 접어들면서 국제간의 교류 없이는 생존 자체가 힘들며 이에 적극적으로 대처하기 위해서 세계 공용어인 영어를 가르치는 것이 불가피한 상황으로 받아들여지고 있습니다. 국제화 시대로의 변화와 함께 영어교육의 필요성은 그 어느 때보다도 더 절실히 요구되고 있으며 개인은 영어 능력 향상을 통해 상급 학교 진학과 취업 및 승진과 자기 계발 등 경쟁력을 키우고 있습니다. 따라서 영어가 개인, 더 나아가 국가 경쟁력이라는 인식이 팽배해지면서 영어교육의 중요성이 점점 더 높아져 가고 있습니다. 하물며 21세기 주인공이 될 어린이들이 급변하는 시대에 대처하고 국가 경쟁력을 갖게 하기 위해서는 조기 영어교육이 당연하다고 할 수 있겠습니다. 그래서 정부에서도 초등학교부터 영어교육을 시행하고 있고, 우리 국민은 초등학생 자녀뿐만 아니라, 취학 전 어린이에게도 조기 영어교육을 제공하고자 희망하고 있습니다. 이런 국민의 욕구는 당연하며, 조기 영어교육은 자라나는 어린 세대들이 21세기에 세계화의 주역이 되어 세계 무대에서 중추적인 역할을 할 수 있도록 하기 위한 것입니다.

그렇다면, 어린이들이 어떻게 효율적으로 영어를 터득할 수 있을까요? 어린이들이 영어에 재미있게 몰두하는 방법은 무엇일까요? 어린 자녀를 가진 부모님이나 교사라면 누구나 한 번쯤 고민해 봤을 것입니다. 외국어 학습은 많은 의미 있는 반복 연습을 통해 실제 언어 상황에서 사용해야 합니다. 또한, 어린 시기의 언어 습득의 특성을 고려한 체험적인 교육 방법으로, 학습 현장에서 실천할 수 있는 구체적인 놀이 활동 과정입니다. 어린이 영어 학습 활동은 실생활의 감각과 경험이 사고와 행동에 깊이 작용하고 호기심이 강한 특징을 고려하여 실생활에서 접할 수 있는 감각과 놀이를 중심으로 하여 발견의 즐거움을 맛볼 수 있게 하는 것이 효과적인데 그러한 방법들에는 어떤 것들이 있을까요?

조기 영어교육의 당위성과 필요성을 인식하면서도 우리 현실은 이에 부응하는 교육 시설이나 어린이영어교육 교재나 교사용 지침서, 교사 교육 프로그램이 충분하지 못한 것도 사실입니다. 이런 사실이 어린이영어교육에 부정적인 요인으로 작용하고 있습니다. 부모님들도 자녀에 대한 애정과 관심만큼이나 어린이영어교육에 필요한 교재나 지침서를 손쉽게 구하고자 애쓰고 있습니다. 일선 학교나 학원의 선생님들도 이런 요청을 끊임없이 하고 있습니다. 그래서 이번에 '어린이영어교육론'이란 제목으로 교사와 조기 영어교육 학도를 위한 지침서를 출간하게 되었습니다.

본 저서에서는 제1장은 조기 영어교육의 필요성을 5가지 관점에서 살펴보았고, 두 번째는 학습자에 대한 이해 5세에서 7세, 8세에서 10세에 대해 알아보았고, 세 번째는 언어 학습 이론에 대해 모국어 배우기, 모국어 및 제2 언어 습득에 대한 다양한 관점, 모국어와 제2 언어는 같은 방식으로 획득될까, 나이가 어릴수록 더 좋은 것인가, 이중 언어 및 다국어 사용, 어떤 조건에서 어떤 언어를 얼마나 많이 배우나, 그리고 아이들은 어떻게 생각하고 배우는가? 아이들을 가르치는 것은 무엇이 다른가?, 아이들이 생각하고 배우는 방법과 학습 스타일 및 다중 지능에 대해 알아보았다, 그리고 제2장에서는 아이들에게 영어를 가르치는 방법과 어린이영어교육에 적합한 교수 방법에 대해 살펴보았다. 제3장에서는 언어 요소별 기능별 지도법의 실제(발음, 어휘, 문법, 듣기, 말하기, 읽기, 쓰기)에 대해 알아보았고 마지막 제4장에서는 어린이영어교육에 적합한 교수 기법(노래 놀이 및 게임, 동화, 역할극과 뮤지컬)에 대해 알아보았다. 이 책의 이론적 뼈대는 Jean Brewster and Gail Ellis with Denis Girard(2004)에 기초합니다.

본 저서가 어린이 영어교육에 관심이 있는 부모님들이나 어린이 영어를 지도하는 모든 분에게 자신감을 주는 귀중한 자료와 길잡이가 될 수 있기를 바랍니다. 또한 어린이의 효과적인 영어교육에 도움이 되는 기본 지침서가 되길 간절히 바라봅니다.

2022년 10월

저자 김혜정

CONTENTS

PART 01 ▍이론편

CHAPTER 01 조기 영어교육의 필요성

1.1 언어학적 관점 / 4
1.2 신경 및 생리학적 관점 / 5
1.3 사회 심리학적 관점 / 7
1.4 인지적 관점 / 9
1.5 신체적 관점 / 10

CHAPTER 02 어린 학습자에 대한 이해

2.1 5세부터 7세 / 12
2.2 8세부터 10세 / 14
2.3 교사가 지도 시 유의할 점 / 15

CHAPTER 03 언어 학습 이론

3.1 모국어 배우기 / 20
3.2 모국어(L1) 및 제2 언어(L2) 습득에 대한 다양한 관점 / 24
3.3 모국어와 제2외국어는 같은 방식으로 습득될까? / 28
3.4 어릴수록 더 좋은 것인가? / 29
3.5 이중 언어 및 다국어 사용 / 31
3.6 어떤 조건에서 어떤 언어를 얼마나 많이 배우나? / 32

CHAPTER 04 아이들은 어떻게 생각하고 배우는가?

4.1 아이들을 가르치는 것은 무엇이 다른가? / 38
4.2 아이들이 생각하고 배우는 방법 / 40
4.3 학습 스타일 및 다중 지능 / 46

PART 02 ❙ 학습 및 언어 기술 교육

CHAPTER 05 아이들에게 영어를 가르치는 방법

5.1 모국어에서 제2 외국어로의 언어 학습 기술 이전 지원 / 54
5.2 교사 중심인가 학습자 중심인가? / 56

CHAPTER 06 어린이영어 교수법

6.1 청화식 교수법 / 60
6.2 전신반응교수법 / 62
6.3 의사소통적 교수법 / 68
6.4 과제 수행 교수법 / 70
6.5 이야기 기반 방법론 / 74
6.6 자연적 교수법 / 74
6.7 총체적 언어 접근법 / 77
6.8 화제/주제 중심 교수법 / 80
6.9 역할 놀이 / 82

PART 03 ❙ 언어 요소별 기능별 지도법의 실제

CHAPTER 07 발음 지도

7.1 발음의 범위 / 90
7.2 발음 목표 / 105

CHAPTER 08 어휘 지도

8.1 어휘 학습의 중요성 / 112
8.2 아이들이 단어의 의미를 배우는 방법 / 113
8.3 어휘 크기, 선택 및 학습 가능성 / 113
8.4 어휘 지도법 / 118

CHAPTER 09 문법 학습

9.1 어떤 문법을 가르칠까? / 128
9.2 문법 지도하기 / 129
9.3 발견 문법 활동들 / 135
9.4 문법 학습 전략 개발 / 136
9.5 게임을 활용한 문법 지도 / 137

CHAPTER 10 듣기 지도

10.1 듣기의 중요성 및 문제점 / 146
10.2 듣기 지도의 목표 / 146
10.3 듣기 인식단계 / 148
10.4 듣기 지도의 단계 / 149
10.5 영어로 듣는 법 배우기 / 154
10.6 교실에서 듣기 / 159
10.7 듣기능력 향상을 위한 다양한 활동 / 160

CHAPTER 11 말하기 지도

11.1 말하기의 중요성 및 문제점 / 174
11.2 말하기 특성 / 174
11.3 말하기 지도의 목표 / 176
11.4 말하기의 단계별 지도 / 178
11.5 초기 단계 / 179

11.6 말하기 능력 향상을 위한 활동 / 182

CHAPTER 12 읽기 지도
12.1 초등영어 읽기의 중요성 / 192
12.2 초등영어 읽기 영역 내용 체계 / 192
12.3 읽기 과정 / 194
12.4 L1과 L2에서 읽는 법 배우기 / 196
12.5 영어 읽기 학습: 초기 단계 / 197
12.6 배우기 위한 읽기: 후기 단계 / 200
12.7 두 단계를 위한 읽기 활동 / 202
12.8 다양한 읽기 자료들 / 213

CHAPTER 13 쓰기 지도
13.1 쓰기 교육의 필요성 / 218
13.2 초등영어 쓰기 영역 내용 체계 / 220
13.3 쓰기 과정 / 221
13.4 L1과 L2에서 쓰기 배우기 / 224
13.5 쓰기 활동의 유형 및 활동 / 232

PART 04 | 언어 요소별 지도법의 실제

CHAPTER 14 노래
14.1 노래, 라임, 챈트는 왜 사용하는가? / 240
14.2 노래, 라임과 챈트 사용의 발음 이점 / 242
14.3 노래, 라임과 챈트의 종류 / 244
14.4 노래, 라임 및 챈트 사용하는 시기와 방법 / 251

CHAPTER 15

게임

15.1 왜 게임을 사용하는가? / 254
15.2 게임의 종류 / 255
15.3 게임 선택 / 256
15.4 게임 방법 / 267

CHAPTER 16

동화

16.1 동화를 사용하는 이유 / 274
16.2 동화책 선정 기준 / 275
16.3 영어 동화책의 종류 / 277
16.4 동화 개작 / 283
16.5 영어 동화를 활용한 지도 과정 / 288

CHAPTER 17

역할극과 뮤지컬

17.1 역할극 / 308
17.2 뮤지컬 / 323

01

이론편

CHAPTER 01 조기 영어교육의 필요성

CHAPTER 02 어린 학습자에 대한 이해

CHAPTER 03 언어 학습 이론

CHAPTER 04 아이들은 어떻게 생각하고 배우는가?

CHAPTER

01

조기 영어교육의 필요성

우리나라의 영어교육환경은 외국어로서의 영어 EFL(English as a Foreign Language) 환경으로 교실을 제외하고는 일상생활에서 영어를 접할 기회가 적고 의사소통의 수단으로 영어를 사용하는 경우가 거의 없다. 이와 같은 상황에서는 언어 입력의 양이 적고, 학습자가 영어를 배우고 써야만 하는 언어적 욕구가 없어 외국어 학습에 불리하다. 조기 외국어 교육의 효과에 관한 연구 중 대부분은 제2 언어로서의 영어 ESL(English as a Second Language) 상황에서 이루어진 것이므로 우리나라에 그대로 적용하기에는 무리가 있다.

이번 장에서는 조기 영어교육의 필요성을 언어학적, 신경 및 생리학적, 사회 심리학적, 인지적 관점으로 나누어 살펴보고자 한다.

1.1 언어학적 관점

어린아이는 태어나서 일정한 시기가 되면 별다른 결함이 없는 한 자신이 속한 언어 환경 속에서 언어를 습득하게 된다. 옹알이 단계에서부터 시작하는 아이의 발화가 어떻게 완전한 성인의 언어에 도달해 가는가에 대해 구조주의 언어학자들은 경험주의 철학과 행동주의 심리학의 이론을 바탕으로 언어 습득을 경험에 의한 것으로 보고 있고 변형생성 문법학자들은 합리주의 철학과 인지주의 심리학을 바탕으로 이것을 선천적인 언어능력에 의한 것으로 보고 있다.

언어학적 측면에서는 변형생성문법 창시자인 Chomsky(1965), McNeill(1966) 등은 인간이 태어나면서부터 선천적으로 언어습득장치(Language Acquisition Device; LAD)를 갖고 있으며, 어린이가 모국어든 외국어든 그 언어에 노출만 시켜주면 이 LAD에 의해 언어 규칙이 내재화되고, 이렇게 내재화된 언어 규칙에 따라서 언어를 배운다고 가정하였다. 어떤 문화와 환경에 처하더라도 그 언어를 습득하여 한정된 언어 자료를 가지고도 유아들이 유창하게 말을 할 수 있고 말을 알아들을 수 있다는 것이다. Chomsky는 LAD의 설정이 언어의 창조성과 보편성을 적절히 설명해 줄 수 있는 유일한 장치라고 가정하고, 이것은 모든 언어에 공통적으로 가지고 있는 언어의 원리를 설명할 수 있는 모형이고, 이러한 모형이 선천적으로 주어짐으로써 유아의 언어 습득이 가능하다고 했다. 이러한 LAD가 6세 이전까지 가장 활발하고 그 시기가 지나면서 기능이 점점 약화하여 어린이의 언어 습득에 결정적 시기가 있음을 보여줬고 외국어 교육은 6세 이전에 하는 것이 효과적이라고 조기 영어교육의 중요성을 다시 인식시켜주었다.

McNeill(1966)은 인간은 태어날 때부터 선천적으로 언어능력을 소유하고 있으므로 언어 습득을 쉽게 한다고 보았다. 즉 정상아라면 어떤 나라에 태어나서 어떤 언어를 익히든 간에 대략 1.5세에서 말을 시작하고 3.5세에 이르러 문법의 기틀이 잡히므로 실제로는 24개월이라는 짧은 기간에 그 복잡한 언어의 기본적 사항을 대강 익힌다고 하였다.

그러나 이러한 언어적 능력이 계속해서 존재하지는 않는다. LAD가 어느 연령에서 가장 왕성하게 작용하느냐에 대한 견해는 학자마다 차이가 있지만, 사춘기인 13세 전후까지 작용한다는 견해가 지배적이다. 이처럼 언어 학습은 유아기에 가장 왕성하여 사춘기가 지나면 능력이 쇠퇴하기 때문에 영어교육을 조기에 실시하는 것이 가장 효과적이라는 것을 알 수 있다.

1.2 신경 및 생리학적 관점

신경생리학적 측면에서 볼 때 Penfield(1959), Lenneberg(1967)와 Scovel(1969) 등은 뇌의 반구 편중 현상(lateralization)이 완성되기 전인 사춘기 이전(대체로 여아는

12~13세경, 남아는 13~14세경)이 외국어 교육의 적기라고 한다. Penfield(1959)는 뇌 손상을 입어 언어장애(실어증)가 있는 어린이와 어른의 언어 사용에 관해 연구한 결과 사춘기 이전에 뇌 손상이 있는 경우 그 이후에 손상을 입은 사람보다 언어 기능이 더욱 빨리 회복됨을 발견하였다. 이러한 연구 결과를 기초로 하여 Penfield는 어른보다는 어린이가 언어기제 발달에 있어 수용성이 훨씬 강하다고 주장하였다. Lenneberg(1967)는 반구 편중 현상은 생후 2년에 시작되어 사춘기 정도에 끝난다고 보았으며, 이 시기가 언어 학습의 결정적 시기라고 하였다. 특히, 유아기에 있어서는 대뇌의 좌우 양반구는 동질의 언어 습득 능력을 갖고 있지만 10세쯤에 이르면 좌우 어느 편으로든 한쪽인 언어 습득에 관한 우위성이 성립되고 기능의 분담이 일어나면서 언어에 대한 유연성과 언어 습득 능력이 점점 저하된다. 사춘기 이전에는 신경생리학적으로 두뇌의 기능이 매우 활발하지만, 사춘기를 지나면서 두뇌의 반구 편중 현상을 겪게 되어 두뇌의 유연성과 활발함이 점차 경직되고 언어에 대한 유연성 또한 멀어진다. 성인의 뇌는 좌반구와 우반구로 나뉘어 있고 각각 고유한 기능을 담당한다. 좌뇌는 지적이고 논리적이며 분석적인 기능을 담당하고, 우뇌는 감정적이고 사회적인 기능을 담당하는데 언어는 대체로 좌뇌에서 담당하는 것으로 알려져 있다. 이러한 좌뇌와 우뇌의 기능은 선천적으로 나누어져 있는 것이 아니라 성장하는 과정에서 우반구와 좌반구가 각각의 기능을 담당하기 위해 전문화되어 가는데 이것이 뇌의 반구 편중 현상이다. 나이가 들어감에 따라 각각의 뇌의 기능은 전문화되어 가고, 이러한 과정에서 뇌의 유연성도 점차 떨어지게 된다. 사춘기가 되어 뇌의 반구 편중 현상이 완성되면 뇌가 유연성을 잃게 되고, 그 결과로서 새로운 언어 체계를 형성시킬 수 있는 능력이 감소하여서 외국어를 습득하는 능력이 저하된다고 한다. 어린이가 새로운 언어를 쉽게 배우는 것은 언어 기능을 위하여 양쪽 뇌를 사용할 수 있으며, 한쪽 뇌에 이상이 있는 경우 쉽게 다른 쪽 뇌로 전이시킬 수 있는 뇌의 유연성이 뛰어나기 때문이다. Scovel(1969)은 두뇌의 반구 편중 현상이 일어나기 전에 모국어뿐만 아니라 외국어 습득도 쉽게 일어날 수 있다

고 주장하였으며, 이 시기를 놓치면 언어 습득에 많은 시간이 걸리며 매우 비능률적이라고 하였다.

Fathman(1975)는 결정적 시기에 대해 6세에서 15세에 이르는 어린이들을 대상으로 연령의 차이, 영어의 문법 구조를 습득하는 시간, 문법 구조의 습득순서 등을 중심으로 연구한 결과 결정기(critical age)가 있다는 증거는 없고 제2외국어를 습득하는 능력에는 차이가 있다고 하였다. 즉, 11세에서 15세의 어린이들은 정확한 어형론적 구조(morpological structure)와 구문론적 구조(syntactic structure)를 신속하고 완전하게 습득하는 반면 6세에서 10세의 어린이들은 정확한 영어 발음을 하는 데 있어서 월등하다고 했다.

여러 학자의 연구 결과를 종합해보면 영어교육의 최적 나이를 결정하기란 어려운 일이지만 두뇌의 발달이나 유연성으로 미루어 보아 사춘기가 지나기 전에 외국어 학습을 시작하는 것이 바람직한 것으로 보인다.

1.3 사회 심리학적 관점

인간이 언어를 습득하는 과정에서 사회적인 면과 심리적인 면이 언어 습득에 영향을 미친다. 어린이는 어른보다 저항감이 없이 외국어를 배울 수 있고 외국어에 대한 비판적인 의식이나 두려움 없이 외국어를 습득할 수 있다. 또한 실수도 자연스럽게 받아들인다. 즉, 외국어 학습은 모국어와 같이 무의식적인 습관 형성의 과정에 의해 학습되는 것이 바람직하다. MacNamara(1963)는 어린이는 성인과 비교해 볼 때 호기심과 자기과시욕이 강해서 나이가 유사한 동료집단의 생활 속에서 외국어 사용을 선호하는 욕구가 있으며 결과적으로 외국어를 통한 실제적인 의사소통이 쉽게 이루어지게 된다고 하였다(이혜원, 2002에서 재인용). Rivers(1968)도 어린이의 특징이 모방과 반복을 좋아하며 새로운 것에 대한 호기심이 많고 두려움이 없어 외국어를 배우는 데 매우 유리하게 작용한다고 하였다. Schumann(1975)은 어린이가 청소년이나 성인보다 사회적, 정서적으로 언어의 영향에 민감하다고 하였다. 사춘기 이후 언어 학습이 사춘기 이전보다 어려운 것은 사회적 심리적인 성숙의 변화가 외국어 학습을 더욱 어렵게 한다고 밝히고 있다. 사춘기 이후는 학습자의 지능이 발달하여 지적으로 높은 수준의 언어 내용을 분석하거나 유추를 통하여 더 빨리 배울 수 있는 장점은 있으나 각자의 인성이 확정되어 자아가 강해지며 그에 따라 언어적 자아도 완전히 정립되어 새로운 언어 기준에 그 자신의 자아를 맞추기는 어렵고 따라서 자기중심으로 새 언어를 판단하고 싶어 한다는 것이다. 다시 말하면 사춘기 이후에 언어 학습이 어려운 것은 사회적, 정서적으로 자아정체성(identity)이 확립되기 때문이라는 것이다. Guiora(198)에 의하면 자아 정체감은 언어와 복잡하게 연결되어 발달하므로 인간은 언어 자아(language ego)를 형성하게 되는데 사춘기 이전까지의 언어 자아는 그 이후에 비해 매우 역동적이고 융통성이 있으며, 방어적이 아니어서 사춘기 이전에는 새로운 언어에 대한 공포심이나 저항감 없이 외국어를 습득할 수 있다고 하였다. Brown(1987)도 어린이들은 어른보다 외국어 학습 과정 중에 하게 되는 실수와 시행착오를 두려워하거나 민감하지 않게 반응하는 점을 지적하며 아동은 자아 방어의 벽이 어른보다 훨씬 낮아서 주위의 대상에 크게 의식하지 않을 뿐 아니라 언어적인 이기심이 강해서 수업 시간 전체를 자신의 것으로 이끌어 가려는 욕구도 크기 때문에 외국어 학습이 전체적으로 촉진되는 결과를 보여준다고 주장하였다. Krashen, Terrel(1983)에 의하면 태도, 자아, 동기 등이 언어 습득에 큰 영향을 미칠 수 있고, 감정 여과설(affective filter hypothesis)에 의하면, 긍정적 자아상과 높은 동기 등은 개인마다 지닌 감정 여과기를 낮추게 하므로 결과적으로 많은 이해 가능한 입력을 얻게 되고 따라서 습득이 쉽게 일어난다고 주장하였다. 또한, Stern(1974)은 어린이는 자기 주도적 동기(self-initiated motivation)와 연습 행위가 강하여 언어 습득이 무척 쉽게 이루어지며 어린이는 불안감이 적고 감정이입이 쉬워서 언어 터득에 유리하고 또한 어린이에게 언어 노출은 언어 습득을 의미한다고 보고 있다.

이상의 의견을 종합해보면 성인이 어린이보다 언어 학습이 어려운 것은 학습자의 나이가 들어감에 따라 경험하게 되는 사회적, 심리적인 변화에서의 차이와 그에 따른 적응과 관련이 있으므로 외국어의 습득은 조기에 하는 것이 좋다는 결론을 얻을 수 있다.

1.4 인지적 관점

조기 영어교육을 찬성하는 학자들이 주장하는 요인 중 하나로 지능발달과 관계있는 인지적 영역을 들을 수 있다. 인지 심리학자들이 조기 외국어 교육을 찬성하는 근거는 Piaget의 인지 발달 단계에 있다. Piaget(1952)은 어린이가 태어날 때 인지 습득 장치(cognitive acquisition device)를 가지고 태어나기 때문에 언어 습득이 가능하다고 보고 있다. 어린이는 IQ 상승이 강하고, 적응행동과 내재적 조직화 과정이 강한 것이 특징이라고 보고 있다. 특히 그는 자기의 세 자녀의 언어발달 과정을 인지 발달과정과 비교 연구하면서 인지 발달과 언어발달은 상호 밀접한 연관관계와 상호작용이 있음을 발견했다. 따라서 어린 시기에 인지 발달과 언어발달을 위해서 어린이의 특성을 잘 활용하여 언어교육을 하는 것이 중요하다고 보고 있다.

인지 발달을 학습자의 내적 인지 갈등을 통한 평형화의 과정이라는 이론에서 보면, 이중 언어를 사용할 때 단일 언어 사용 때 보다 적응 가능성을 유발하는 개념적 갈등을 고조시키므로 유아의 인지 발달에 영향을 준다. 이러한 평형과 반대되는 불평등은 언어 습득의 중요한 동기가 될 수 있다. 아마도 최종적인 평형의 상태에 이를 때까지 아동은 인지적으로 언어를 습득할 준비가 되어있고 기꺼이 습득하려고 한다. 아동은 놀라울 정도로 모순에 대해 무관심하다. 그러나 지적 발달이 진전됨에 따라 모순에서 생기는 모호성을 깨닫게 되어 그것을 해결할 필요성이 높아지고, 모국어와 제2 언어 간에 존재하는 무한한 차이에 대하여 예리한 자각을 느끼게 된다. 우수한 지적 능력을 갖춘 어른이 가끔 외국어를 만족하게 습득할 수 없는 것은 이러한 인지능력의 간섭 때문이다(Brown, 1987).

기억과 지능 상승의 시기에 있는 어린 시기에 영어교육을 시작하는 것이 바람직하다.

1.5 신체적 관점

신체적인 측면에서 볼 때 어린이들은 영어습득에 있어서 성인보다 유리한 신체적 장점을 갖고 있다. 어린이는 언어적 유연성이나 적응성이 강하며 발화 근육의 유연성 때문에 성인보다 훨씬 정확한 발음을 습득할 수 있다는 것이다.

Asher(1960)는 미국으로 이주해 온 쿠바 학생들 71명과 미국 학생들 30명을 대상으로 영어문장을 읽게 하고 순서 없이 녹음한 다음, 다른 미국 학생들에게 네 가지 기준에 따라 분류하도록 하였다. 그러나 71명의 쿠바 학생 중 영어가 모국어인 사람과 똑같이 발음한 사람은 없었고, 많은 학생이 영어를 모국어로 삼는 사람과 비슷한 발음으로 분류되었는데 이들 중 대부분이 미국에 이주해 온 나이가 1~6세였으며, 5~8년 이상 미국에 거주한 학생들이었다. 다시 말하면 발음의 정확도는 이주해 온 나이와는 반비례했으며, 거주기간과는 정비례했다.

정확한 발음의 습득을 위해서는 외국어 교육을 조기에 시작할 필요가 있다. 이는 여러 연구에서 밝혀진 결과이나 정확한 발음을 구사하는 것만이 우수한 외국어 능력을 의미하는 것은 아니다.

CHAPTER

02

어린 학습자에 대한 이해

모든 아이의 발달이 다 같을 수는 없다. 이 장에서는 크게 두 개의 그룹으로 나눠서 그 특성을 살펴보고자 한다. 첫째 단계는 5살부터 7살까지 시작 단계이며 두 번째 단계 또한 초보자 단계인 8살부터 10살까지이다.

2.1 5세부터 7세

(1) 5~7세 아이들이 자신의 수준에서 할 수 있는 것에 대해 알아본다.

- 교사에게 그들이 하는 일에 관해 이야기할 수 있다
- 교사에게 그들이 한 일이나 들은 이야기를 말 할 수 있다.
- 아이들은 활동을 계획할 수 있다.
- 교사에게 자신이 생각하는 것을 생각하는 이유를 말할 수 있다.
- 아이들은 논리적 이유(추론)를 사용할 수 있다.
- 아이들은 생생한 상상력을 사용할 수 있다.
- 아이들은 모국어로 광범위한 억양 패턴을 사용할 수 있다.
- 아이들은 직접적인 인간 상호작용을 이해할 수 있다.

(2) 어린 언어 학습자의 다른 특성

- 아이들은 세상은 규칙이 지배한다는 것을 안다.
- 아이들은 항상 규칙을 이해하지는 못할 수도 있지만, 그 규칙에 복종해야 하고, 그 규칙은 양육하는데 안정감을 준다.
- 아이들은 사용된 언어를 이해하는 것보다 상황을 더 빠르게 이해한다.
- 아이들은 언어 기능(skills)을 사용하기 훨씬 전에 그것을 사용한다.
- 아이들의 이해는 손과 눈과 귀를 통해서 온다. 물리적 세계는 항상 지배적이다.

- 아이들은 매우 논리적이다. 먼저 말한 것이 먼저 발생한다.
  예를 들면 'Before you turn off the light, put your book away.'라는 문장은 아이들은 첫째 불을 꺼라(Turn off the light) 그리고 둘째, 책을 치워라(put your book away)라는 문장으로 이해하는 것을 의미한다.
- 아이들은 주의력과 집중력이 매우 짧다.
- 어린아이들은 때때로 무엇이 사실이고 무엇이 허구인지 아는 데 어려움을 겪는다. 현실 세계와 상상 세계의 경계가 명확하지 않다.
- 아이들은 다른 친구와 놀기를 좋아하지만, 종종 혼자 놀고 작업하기를 즐긴다. 또한 남과 공유하기를 꺼릴 수 있다. 보통 6~7세 아이들은 자기중심적이고 남의 시선으로 사물을 보지 못한다. 그래서 함께 놀기를 원하지 않을 수 있다는 것을 기억해야 한다. 아이들은 항상 우리가 그들에게 무엇을 원하는지 이해하지 못한다.
- 성인의 세계와 아이들의 세계는 같지 않다. 아이들은 어른들이 말하는 것을 항상 이해하지 못하고 어른들도 아이들이 말하는 것을 항상 이해하지 못한다. 차이점은 어른들은 일반적으로 질문을 통해 알아내지만, 아이들은 항상 묻지 않는다. 아이들은 이해한 척하거나 아이들 자신의 용어로 이해하고 당신이 아이들에게 하기를 원한다고 생각하는 것을 한다.
- 그들은 자신도 뭔가 모른다는 사실을 거의 인정하지 않을 것이다.
- 어린아이들은 무엇을 배울지 스스로 결정하지 못한다.
- 어린아이들은 노는 것을 좋아하고, 그들이 스스로 즐길 때 가장 잘 배운다. 그러나 그들은 또한 자신을 진지하게 생각하고 그들이 하는 일이 진짜 일이라고 생각하기를 좋아한다.
- 어린아이들은 학습에 대해 열정적이고 긍정적이다.
  우리는 모두 우리가 하는 일에 대해 잘하고 칭찬을 받으며 번창하며, 이는 특히 어린 아이들에게 해당한다. 그들이 열정을 유지하고 처음부터 성공을 느끼려면 칭찬하는 것이 중요하다. 우리가 아이들에게 실패라는 꼬리표를 붙이면 그들은 우리를 믿습니다.

2.2 8세부터 10세

(1) 아이의 일반적인 특징

다섯 살짜리 아이들은 어린아이들이다. 10살짜리 아이들은 어른스러운 면이 있고 유치한 면이 있는 비교적 성숙한 아이들이다.

- 그들은 기본 개념이 형성됩니다. 그들은 세계에 대해 매우 결정적인 견해를 가지고 있습니다.
- 그들은 사실과 허구를 구별할 수 있습니다.
- 그들은 항상 질문을 합니다.
- 그들은 의미를 전달하고 이해하기 위해 물리적 세계뿐만 아니라 구어에 의존합니다.
- 그들은 그들 자신에 대해 몇 가지 결정을 내릴 수 있습니다.
- 그들은 자신이 좋아하는 것과 싫어하는 것에 대해 명확한 견해를 가지고 있습니다.
- 그들은 교실에서 일어나는 일에 대해 공정성을 개발하고 교사의 결정에 의문을 제기하기 시작합니다.
- 그들은 다른 사람들과 함께 일하고 다른 사람들로부터 배울 수 있습니다.

(2) 언어발달

8세에서 10세 사이는 모든 기본 요소를 갖춘 언어를 가지고 있습니다. 그들은 모국어의 유능한 사용자이며 이와 관련하여 자신의 언어로 된 구문의 주요 규칙을 알고 있습니다.

10세가 되면 아이들은 다음을 할 수 있습니다.

- 추상적인 것을 이해한다.
- 기호 이해(단어로 시작)
- 일반화하고 체계화한다.

이것은 어린이의 일반적인 언어발달을 나타냅니다. 외국어를 배울 때 우리는 여전히 모르는 것이 많습니다. 모국어를 배우는 것과 외국어를 배우는 것은 나이와 시간의 차이에도 불구하고 많은 유사점이 있습니다. 지금까지 모두가 동의하는 보편적인 언어 학습 패턴을 아무도 찾지 못했습니다. 많은 것은 아이들이 말하는 모국어와 아동의 배경에 있는 사회적, 정서적 요인에 의존하는 것 같다. 여기서 분명한 것은 대부분의 8세에서 10세 사이의 어린이들은 외국어 교실로 가져오는 일종의 언어 인식과 준비 상태를 갖게 될 것입니다. 5세에서 10세 사이의 기간은 어린이에게 극적인 변화가 있지만, 개인마다 다르므로 정확히 언제 발생하는지 말할 수 없습니다. 그 마법의 나이는 7~8세 정도인 것 같다. 7~8세경에 대부분 아이는 모든 것이 제자리를 찾는 것처럼 보이고 우리가 보는 성인의 세계를 이해하기 시작합니다.

2.3 교사가 지도 시 유의할 점

- **말로만으로는 충분하지 않다**(Words are not enough).

말에만 의존하지 마십시오. 어린 학습자를 위한 대부분의 활동은 움직임을 포함하고 감각을 포함해야 합니다. 작업하고 학교와 주변 환경을 최대한 활용하려면 많은 물건과 사진이 필요합니다. 그들이 무엇을 하기를 원하는지 보여주십시오. 균형은 아이들이 나이가 들면서 변하지만, 감각에 호소하는 것은 항상 아이들이 배우는 데 도움이 될 것입니다.

■ **언어를 가지고 놀아라**(Play with the language).

아이들이 스스로 이야기하게 하라. 운율을 만들고, 노래를 부르고, 이야기를 들려주세요.

언어를 가지고 놀아보세요. 말도 안 되는 소리를 하게 하고, 단어와 소리를 실험해 보세요. 예를 들면: 'Let's go – pets go.' 'Blue eyes - blue pies.'

이런 식으로 언어를 가지고 노는 것은 모국어 발달에서 매우 일반적이며 외국어 학습의 첫 단계에서도 매우 자연스러운 단계입니다.

■ **언어로서의 언어**(Language as language)

언어를 사건이 일어나는 장소와 별개의 것으로 인식하는 데는 시간이 걸립니다. 대부분 8세부터 10세는 이미 자신의 모국어로 이러한 인식을 하고 있습니다. 구어에는 종종 표정, 움직임 등 의미에 대한 다른 단서가 수반됩니다. 우리는 이러한 단서를 최대한 활용해야 합니다. 아이들이 읽기 시작하면 언어는 영구적인 것이 되고 의미에 대한 다른 단서는 더 적습니다. 아이들은 책을 집에 가져갈 수 있고, 반복해서 읽을 수 있고, 멈추고, 언어에 대해 생각하고, 해결할 수 있습니다. 글을 쓰는 것도 마찬가지입니다. 따라서 읽기와 쓰기는 아동의 언어 및 언어 인식 향상에 매우 중요합니다. 둘 다 매우 까다롭고 배우는 데 시간과 인내가 필요하지만 매우 중요합니다.

■ **교실에서의 다양성**(Variety in the classroom)

집중력과 주의 집중 시간이 짧으므로 다양성은 다양한 활동, 다양한 속도, 다양한 조직, 다양한 목소리가 필수 요소입니다. 나이가 어릴수록 이러한 다양한 변화가 필요합니다.

■ **루틴(Routines)**

아이들은 규칙을 알고 상황에 익숙해지면 유익합니다. 시스템이 있고, 루틴이 있으며, 수업을 조직하고 계획하십시오. 친숙한 상황, 친숙한 활동을 사용하십시오. 이야기, 운율 등을 반복하십시오.

■ **경쟁이 아닌 협력(Cooperation not competition)**

아이들에게는 보상을 피하고 칭찬을 많이 해주세요. 다른 형태의 격려가 훨씬 더 효과적입니다. 공유 경험을 위한 공간을 만드십시오. 언어 작업의 귀중한 원천이며 함께 참여하는 분위기를 조성합니다. 우리 대부분은 소속감을 즐깁니다. 이것은 특히 어린 아이들에게 해당합니다. 가능하면 어린이들을 함께 그룹화하십시오. 이것은 그들이 항상 그룹으로 일해야 한다는 것을 의미하지는 않지만, 대부분 아이는 주변에 다른 아이들이 있는 것을 좋아하고 다른 사람들과 함께 앉는 것은 협력을 장려합니다. 진정한 협력 짝과 그룹 활동은 일반적으로 긴 과정의 결과입니다. 어떤 학생은 혼자 공부하는 것을 좋아하는 경우도 있습니다.

■ **문법(Grammar)**

아이들은 놀이와 그들이 즐길 수 있는 다른 활동을 통해 언어를 흡수하는 놀라운 능력을 가지고 있습니다. 그들이 외국어를 얼마나 잘하는지 여부는 문법 규칙을 배웠는지에 달려 있지 않습니다. 당신의 학생 중 극소수만이 10세 또는 심지어 11세가 되어도 문법 자체에 대처할 수 있을 것입니다. 그들은 외국어에 대해 매우 잘 알고 명확할 수 있지만, 일반적으로 그것에 대해 이야기할 만큼 충분히 성숙하지 않습니다. 교사는 학생들이 이미 알고 있는 것뿐만 아니라 학생들이 배우기를 원하는 구조, 기능 및 문법 항목을 기록해야 하지만 실제 교육에는 문법으로 가르치는 최소한의 문법만 포함해야 하며, 나이가 많은 아이들만 지도하면 된다. 모든 반에 문법을 지도하라는 의미는 아니다. 일종의 간단한 문법을 소개하는 가장 좋은 시간은 학생이 설명을 요청하거나 학생이 일부 문법을 배우는 것이 도움이 될 것으로 생각할 때입니다. 이것은 글을 수정할 때, 혹은 구두 연습과 연결할 때, 예를 들면 Did she…? / Does she…?

나이가 많은 학생, 특히 레벨 2의 학생은 'Did…? 와 Does…? 의 차이점이 무엇인지 정확히 물어볼 수 있습니다. 둘 다 질문에 사용되기 때문에 간단한 용어로 차이점을 설명할 수 있습니다.

■ 평가(assessment)

공식적인 평가가 교사의 업무에서 의무적인 부분은 아닐지라도 교사가 각 아동의 진행 상황에 대해 정기적으로 메모하는 것은 항상 도움이 됩니다. 부모에게 자녀가 어떻게 지내는지, 정기적으로 수업 시간에 진행한 내용이나 평가를 격려해줘야 합니다.

CHAPTER

03

언어 학습 이론

여러분은 아래의 질문에 어떻게 생각을 하는지 생각해보세요.

첫째, 아이들이 모국어를 어떻게 배운다고 생각하나요?

둘째, 지능이 높은 아이가 외국어를 더 빠르고 잘 배우는가?

셋째, 성공적인 언어 학습에서 높은 동기 부여가 얼마나 중요한가요?

넷째, 아이들이 사춘기 이전일 때 외국어를 배우는 것이 더 낫습니까?

다섯째, 교사는 이미 가르친 언어 구조만 있는 자료를 사용해야 하나요?

3.1 모국어 배우기

최근 연구에 따르면 아기는 태어나기 전 태내에 있는 동안 미래의 첫 번째 언어(L1)에 익숙해질 수 있습니다. 출생 후 언어 학습은 아기가 처음으로 소리를 내고 우는 것으로 시작됩니다. 예를 들어, 아기는 부모의 강세 음절 사용에 맞춰 손을 흔들거나 방금 들은 것과 유사한 억양 패턴으로 생각함으로써 부모의 억양과 강세 사용을 반영할 수도 있습니다.

아이들이 모국어를 습득하는 과정에는 여러 단계가 있습니다.

(1) 옹알이(babbling)

출생부터 약 8개월까지의 아기는 다양한 소음과 소리를 듣고 생산할 수 있습니다. 이 소리 중 일부는 나중에 어린이의 모국어(L1)에 없으므로 단계적으로 제거됩니다.

(2) 첫 단어(the first word)

약 11개월이 되면 영아는 주위에 있는 물건과 사람들에게 그들의 방식대로 이름을 붙입니다. 2년 차에는 무작위 발성이 진정한 의사소통의 측면을 취하기 시작합니다. mama 및 dada와 같은 특정 소리 조합은 처음에는 순전히 우연에 의해 만들어지지만 매우 긍정적인 보상을 받는 경향이 있습니다. 단어에 대한 지속적인 노출과 듣는 모방 사례를 통해 영아는 특정 물체를 특정 소리와 연관시키는 법을 배웁니다.

(3) 두 단어(two words)

18개월에서 2년 사이에 그들은 새로운 의미를 만들기 위해 두 단어(예: *there, look, want, more, all, gone*)를 함께 배치하여 진정한 구문론적 단계에 들어갑니다. 예를 들면 look daddy(아빠 봐), Mummy gone(엄마가 갔어), there doggy(저기 강아지).

(4) 음운론적, 통사론적, 어휘적 규범(phonological, syntactic and lexical norms)

3~4세는 필수적인 언어 요소가 자리를 잡는 위대한 창의성의 시기입니다. 아이들이 구성하는 연속적인 문법 체계는 그들을 둘러싼 어른들의 규범과 밀접하게 닮아가기 시작합니다. 아이들은 학령기까지 L1의 모든 모음과 자음을 배웠을 것입니다. 그러나 일부 어린이는 자음 클러스터의 개별 소리에 몇 가지 문제가 있을 수 있습니다. 영어를 모국어로 하는 아이들은 연속해서 자음 결합(예를 들면 thrill, shrill, school, ship, church 등)에 문제가 있을 가능성이 가장 큽니다. 개별 소리의 문제는 /r/ /s/ 또는 /z/에서 발생할 수 있습니다. 5세가 되면 많은 아이가 수천 단어의 어휘를 사용하게 됩니다.

(5) 구문 및 어휘 복잡성 및 풍부함(syntactic and lexical complexity and richness)

6세에서 12세 사이에 아이들은 읽기 어휘를 계속 확장하고 단어에 대한 이해를 향상

합니다. 단어 사이의 관계를 보는 데 도움을 받고 일반적인 단어 구조를 알아차리는 학령기 아동은 그러한 훈련을 받지 않은 아동보다 더 큰 어휘를 개발합니다. 문법과 관련하여 6~7세 아동은 특정 관련 없는 정보, 복잡한 구조 및 특정 단어의 함축된 의미로 인해 혼란스러워하는 경향이 있습니다. 촘스키는 5살짜리 아이에게 눈가리개 인형을 선물하고 인형이 '보기 쉬운지' '어려운지' 물었습니다. 대부분 어린아이는 눈가리개에 잘못 이끌려 '보기 힘들다'라고 답했다. 9살 10살 아이들은 눈가리개로 혼란스러워하지는 않았다. 'John asked Bill what to do'와 같은 복잡한 구문은 10살이나 11살이 될 때까지 이해하지 못할 수도 있습니다. 아이들은 나이가 들어감에 따라 단어에 대해 보다 추상적이고 덜 자기중심적인 정의를 내릴 수 있습니다. 6세에서 12세 사이의 어린이들은 챈트, 시, 노래 가사를 배우고 텅 트위스터나 농담을 좋아합니다. 또한, 어린이 그룹은 종종 비밀 언어 또는 암호(code)를 구성합니다.

(6) 대화 기술(conversation skills)

상호작용 과제에서 어린아이들은 자신이 이해하지 못한다는 것 혹은 그들에게 주어진 지시를 완전하고 분명하게 알지 못할 수 있습니다. 그들은 이해력을 나타내거나 질문하지 않고 단순히 계속할 수 있습니다. 나이가 많은 어린이는 무언가가 불분명하다는 것을 깨닫고 문제를 식별하고 대안을 제안하려고 할 가능성이 더 큽니다. 아이들은 나이가 들수록 다른 사람의 관점을 더 잘 받아들일 수 있고 원하는 것을 얻기 위해 설득력 있는 주장을 더 잘 사용합니다.

Wells(1986)는 어린아이들이 일반적으로 취학 연령에 도달하기 전에 5단계를 거친다는 것을 발견했습니다.

그 단계는 다음과 같습니다.

1. 첫 번째 발화는 주의를 끌기 위해 사용되며, 다른 사람의 주의를 사물이나 사건

에 집중시키고 원하는 것을 얻거나 요청하고 간단한 말을 하는 데 사용됩니다. Doggy gone(개가 사라졌다). 제한된 자원으로 많은 의미가 억양으로 전달됩니다.

2. 아이들은 물건의 이름을 정하고 분류하고, Where? 혹은 What's that을 사용하여 질문을 시작합니다. 또한 down/up을 사용하여 위치 변경에 관해 이야기하기 시작하고, 형용사 hot, cold, big, small과 Mummy's bag와 같은 소유격을 사용합니다.
3. 그다음 아이들은 가끔 말과 함께 억양을 사용하여 예를 들면 *doggy gone, Mummy*? 다양한 종류의 질문을 합니다. 그들은 원하는 것을 요구할 때 *I want*, 와 같은 더 복잡한 표현을 사용하고, 과거의 일을 정기적으로 언급하고, still을 사용하여 진행 중인 활동이나 행위에 관해 이야기할 수 있거나 *Daddy doing it. Mummy still in bed.* 같은 현재 진행형을 사용하여 말할 수 있다.
4. 아동은 점점 더 복잡한 구조를 사용하여 광범위한 요청을 하고, 사물을 설명하거나 *Why?*을 사용하여 설명을 요청합니다. 그들은 can과 will이 뒤따르는 질문을 할 때 조동사 do를 사용한다는 것에 익숙해있다.
5. 아이들은 정보를 제공하고, 다양한 종류의 질문을 하고 대답하고, 직간접적인 요청을 하고, 제안을 하고, 의도를 말하고, 감정과 태도를 표현하고 다른 사람의 감정과 태도에 대해 묻는 데 필요한 언어를 사용할 수 있습니다. 그들은 if you do that then it will...과 같은 원인과 결과에 관해 이야기할 수 있습니다. 그리고 습관, 반복적이거나 막 시작하는 것들에 대해 알아차릴 것입니다.

이 목록은 성장하는 개념적 발달뿐만 아니라 어린이의 필요와 관심사에 대한 통찰력을 제공합니다.

3.2 모국어(L1) 및 제2 언어(L2) 습득에 대한 다양한 관점

우리는 모든 아이가 모국어를 쉽게 습득하지만, 교실에서 제2 언어(L2)를 배우는 데 어려움을 겪고 때로는 실패하는 것을 관찰했습니다. 최근 모국어(L1)와 제2 언어(L2) 습득 과정의 유사점과 차이점에 대해 이해하면 외국어 수업에서 교사에게 도움이 될 수 있다는 것이 일반적으로 인식되고 있습니다. 초기 L1 및 L2 습득에 대한 설명은 지난 50년 동안 많이 변경되었습니다. 가장 유용하고 영향력 있는 견해는 행동주의자, 생득주의자, 인지 발달주의자, 사회적 상호작용 주의자와 같은 다양한 심리학파에서 나옵니다. 언어 습득을 퍼즐 맞추기로 생각하면 이러한 각 견해를 하나의 조각으로 생각할 수 있습니다. 각각은 유용한 통찰력을 제공하지만, 부분적인 설명에 불과합니다.

(1) 행동주의적 견해

행동주의는 여전히 세계의 일부 지역에서 볼 수 있는 청각과 구두(audio-lingual)에 의한 접근 방식에 강한 영향을 미쳤습니다. 무엇보다도 이 접근 방식은 훈련, 정확성 및 오류 방지의 형태로 반복(repetition in the form of drill)을 강조합니다. *Verbal Behaviour*를 저술한 Skinner(1957)의 작업에서 비롯되었습니다. 행동주의자들은 모방(imitation)과 연습(practice) 또는 습관 형성(habit formation)이 언어발달의 핵심 과정이라고 믿습니다. 이 견해는 L1 및 L2 습득에서 긍정적 강화의 중요성을 강조하며 올바른 학습 행동은 칭찬으로 보상됩니다. 오늘날 언어학자들은 모방과 연습이 분명히 언어의 중요한 부분이지만 완전한 그림을 제공하지는 못한다는 것을 인식합니다. 그것은 언어의 창의성에 대한 어린이의 재능을 설명하지 못합니다. 한 아이가 머리 위로 제트기가 날아가는 소리가 들릴 때마다 'Thunder!'라고 외쳤다. Lightbown과 Spada (1993:6)는 아이들이 영어의 접두사 'de'와 'un'에 대해 배우는 두 가지 예를 보여줍니다. 첫 번째는 거의 4살이 된 데이비드가 'undressed'라는 단어를 사용한 실험입니다.

> Mother: Get undressed. (옷을 벗어라.)
> David: I'm getting undressed. (옷을 벗고 있어요.)
> I'm getting *on* dressed. (옷을 입고 있어요.)
> I'm getting on dressed. (옷을 입고 있어요.)
> I'm getting *off* dressed. (옷을 벗고 있어요.)

아이는 비슷한 소리를 가지고 놀고 자신이 다른 단어에서 인식한 패턴과 의미를 비교합니다. 두 번째 사례는 아버지는 여섯 살 자녀에게 빵이 해동될 때까지 기다리라고 말합니다. 아이는 기다리기 싫어하며 '*But I like it frossed.*'이라고 말했다. 두 가지 예는 아이들이 매우 논리적인 방식으로 규칙을 이해하고 적용할 수 있는 방법을 보여줍니다. 따라서 행동주의가 L1 및 L2 언어 습득의 일상적인 측면에 대한 부분적인 설명을 제공하지만, 더 복잡한 문법 구조 및 어휘 관계의 습득을 설명할 수는 없음을 알 수 있다.

(2) 생득주의 견해(Nativist views)

생득주의(nativist) 관점은 원래 인간 마음의 타고난, 따라서 보편적인 특징이 있다고 제안한 17세기와 18세기 이론에서 비롯되었습니다. 1950년대에 우리가 언어에 대해 생각하는 방식을 완전히 바꾼 Chomsky가 이러한 아이디어를 되살렸습니다. 생득주의 관점에서 아이들은 언어를 배우도록 미리 프로그램되어 있으며 환경의 언어적 특징에 매우 민감합니다. Chomsky(1959)는 영아가 듣는 모든 언어를 처리하고 의미 있는 발화를 생성할 수 있게 하는 내적 또는 선천적 언어 습득 장치(LAD), 현재 UG(Universal Grammar)라고 함를 제안함으로써 행동주의적 견해에 도전했습니다.

이 견해는 어린이들이 L1에서 문법적 능력을 발달시키는 복잡한 방법을 밝혀낸 광범위한 연구에 영감을 주었습니다. 실제 사람들과 실시간으로 소통하는 것에 대한 고려는 충분하지 않았지만, 선천주의자들(Innatists)의 견해는 올바른 방향으로의 또 다른 단계였습니다. 따라서 시간이 지남에 따라 사회적 상호 작용론자들은 언어 사용의 다른 개인적이고 사회적인 측면이 무시되고 있다고 느끼면서 Chomsky의 언어 구조에 대한 집착을 비판했습니다.

(3) 인지 발달 관점(Cognitive-developmental views)

Whitehead(1990)에 따르면 인지발달론은 언어 발달이 전반적인 인지발달의 한 측면임을 강조하며 초기 언어 발달을 위한 틀을 만들기 위해서는 어떤 사고력이 먼저 성숙하여야 한다고 주장하였다. 이 견해는 또한 아동의 의도와 의미, 그리고 언어능력을 발달시키는 데 사용하는 것을 강조했습니다. L2 학습의 관점에서 Lenneberg (1967)가 제안한 CPH(Critical Period Hypothesis)는 언어습득에 특정한 제한된 시간이 있다고 제안했습니다. 이 논란의 여지가 있는 이론은 동기부여 및 학습 조건과 같이 나이 외에도 고려해야 할 많은 중요한 요소가 있다고 자주 주장하는 다른 많은 연구자에 의해 테스트 되었습니다. 많은 연구에서 어린아이들은 나이가 많은 학습자보다 어휘와 문법 학습 효율이 낮은 것으로 나타났다.

(4) 사회적 상호 작용론적 견해(Social-interactionist views)

1970년대 후반과 1980년대에 발달심리학자들은 사회적 요인의 중요성을 강조했고, 이는 우리를 현재의 관점인 '사회적 상호작용론자'로 이끕니다. 이것은 인간의 사회적 상호작용의 중요성과 학습에서 성인과 아동의 관계 역할을 강조합니다. 이 관점에서 중요한 요소는 언어가 학습자의 수준에 맞게 수정되는 방식입니다.

Bruner(1983)는 Chomsky의 LAD와 같은 타고난 장치가 성인의 도움 없이는 기능할 수 없음을 보여주었습니다. 그들은 이러한 종류의 도움을 언어습득 지원 시스템(Language Acquisition Support System) 또는 라스(LASS)라고 불렀습니다. Bruner는 적극적인 사회적 상호 작용 및 언어 학습(LAD)에 대한 타고난 경향과 다른 화자, 특히 성인(LASS)이 제공하는 사회적 지원 구성 요소를 통합하는 아동 구성 요소가 필요하다고 말했습니다. 아이가 상호작용하는 파트너를 부루너(Bruner)는 '비계 설정(scaffolding)'이라고 부르며 이는 뼈대 구조를 제공합니다. 1930년대 비고츠키(Vygotsky)의 작업(1960년대까지 서구에서는 출판되지 않음)은 인간의 사고가 언어에서 발생하는 정신적 과정에 의해 지배되는 방식을 강조한다는 점에서 의미심장하다. 그는 아이들이 혼자 할 수 있는 것보다 지식이 풍부하고 숙련된 사람의 도움으로 훨씬 더 많은 것을 할 수 있다는 사실을 설명하기 위해 'zone of proximal development; 근접 발달 영역'(ZPD)이라는 문구를 만들었습니다. 이것은 사회적 상호 작용의 중요성과 다른 사람들과의 협력을 통한 학습을 강조합니다. 그런 다음 Vygotsky는 어린이가 다른 사람과 함께 배우는 것에서 벗어나 보다 독립적인 사고와 행동으로 이동하는 방법을 설명했습니다.

ZPD의 개념은 교사가 과제의 신중한 설계와 준비를 통해 학습자를 지원하면서도 도전하는 방법에 대한 통찰력을 제공했습니다. Vygotsky와 Bruner의 연구는 어린이가 언어를 사고하고 배우는 방법에 대한 이론을 개발하는 데 영향을 미쳤으며 외국어 학습에서 상호 작용 측면의 중요성을 강조하는 데 도움이 되었습니다. 모방과 연습은 언어 학습에서 중요하지만, 아이들도 매우 창의적입니다. 의심의 여지 없이 미래에 더 많은 연구가 아동의 언어습득 과정에 대한 다른 통찰력과 견해를 개발할 것입니다.

3.3 모국어와 제2외국어는 같은 방식으로 습득될까?

L1 학습자와 L2 학습자는 언어 학습 상황에 가져오는 것이 다르지만 언어를 습득하는 능력 면에서는 비슷합니다.

언어 교사가 정말로 알고 싶어 하는 것은 L1 학습과 관련되는 과정이 L2 학습 과정과 얼마나 유사한가이다. 당연히 이것은 복잡한 과정이고 언어 학습에 대한 관점, 학습 맥락, 학습자의 동기 등과 같은 많은 요인에 따라 달라지기 때문에 여전히 대답하기 쉬운 질문이 아닙니다.

행동주의적 관점에서는 연습과 모방이 둘 다에 공통적이기 때문에 두 프로세스를 매우 유사한 것으로 봅니다. 선천 주의자(an innatist view)의 견해는 L1과 L2 학습이 모두 어린이가 새로운 경험을 구조화하기 위해 과거 경험을 사용하도록 요구하는 활동이라고 믿는 경향이 있습니다. 각각의 경우에 학습자는 자신이 듣고 있는 언어를 과제로 수행하고 이미 알고 있는 것을 바탕으로 선택적으로 사용합니다. 보다 인지적 발달 관점을 가진 사람들은 L2 학습자가 L1 학습자보다 인지적으로 더 발달하여 있어서 두 프로세스 사이에 중요한 차이가 있다고 믿습니다. 사회적 상호작용 주의적 관점은 각각에 대한 사회적 맥락이 제공된 입력의 유형과 양, 생산된 출력의 유형과 양, 더 일반적으로 언어가 사용되는 목적 면에서 매우 다른 경향이 있다고 주장합니다. 이러한 모든 요소는 제스처, 억양, 표정, 실제 상황, 감정, 의도 또는 대상을 통해 언어가 맥락화되는 정도에 영향을 미칩니다. 초기 L1 습득에서 언어는 고도로 맥락화되고 학습자의 동기가 높지만, L2 습득은 훨씬 더 비맥락화되거나 인공적 맥락 내에서 제시될 수 있으며 학습자가 그다지 동기 부여되지 않을 수 있습니다.

맥락화 된 언어와 비맥락화 된 언어에 대처하는 능력이 학습자마다 다르므로 맥락은 매우 중요합니다. 연구 결과는 시각적, 감정 또는 실제 상황을 통해 학습이 지원되는 상황별 작업에 능숙한 FLL 학습자가 그러한 지원이 제공되지 않는 비맥락화된 작업에서 반드시 좋은 것은 아님을 보여줍니다. 그러나 L1에서 탈맥락화 작업을 잘하는 어린이는 L2에서 유사한 작업을 잘하는 경향이 있습니다. 일반적인 탈맥락화 작업은 형식에 중점을 두지만, 그 사용을 위한 의미나 맥락을 만드는 데는 중점을 두지 않는 문법 규칙을 배우는 것일 수 있습니다. 단순화하기 위해 많은 학습 조건이 매우 다르지만, 일부 L1 및 L2 습득 과정은 매우 유사하다고 말할 수 있습니다.

과정 면에서 대부분 학습자는 4단계를 거칩니다.

먼저 언어가 작동하는 방식에 대한 규칙을 만듭니다.

둘째, 유사한 사례의 그룹에 걸쳐 이를 일반화합니다.

셋째, 지나치게 일반화하거나 적절하지 않은 규칙을 사용합니다(예: 영어를 배우는 어린아이들은 went and put 대신 goed and putted 과거 시제를 말하는 단계를 거칩니다).

마지막으로 언어 항목을 올바르게 사용하기 전에 언어 학습 조건과 관련하여 L2를 배우는 학생들은 L1 학습자만큼 시간이 많지 않으며, 일대일 상호작용이 거의 없고, 양질의 입력을 받지 못할 수 있으며, 훨씬 적은 수의 정보에서 입력받는다. 무엇보다 학습 동기가 매우 다릅니다.

3.4 어릴수록 더 좋은 것인가?

현재 '어린 학습자가 나이 든 학습자보다 L2가 더 낫다'라는 널리 퍼져 있는 믿음은 초등 수준에서 영어를 가르치기 시작한 국가의 수를 많이 증가시켰습니다.

Nunan(1999)은 전반적으로 이 믿음이 사실로 결정적으로 입증되지 않았다고 주장했습니다.

'어릴수록 좋다'는 이 믿음은 우리가 인지 발달적 관점에서 본 것처럼 CPH에 의해 원래 지지가 되었습니다. Scovel(1988:2)은 CPH를 '언어는 유년기 초기에 가장 잘 학습되며 생후 12년 정도 지나면 모든 사람이 새로운 언어를 습득하는 능력에 일정한 제약을 받는다는 개념으로 정의했습니다.' 고전적으로, 사춘기 이후 학습자는 원어민과 같은 억양을 습득할 수 없는 것처럼 보입니다. 1994년 Ellis는 좋은 발음 모델을 사용할 수 있는 경우 원어민과 같은 발음의 임계 나이가 6세이고 문법 학습의 경우 임계 나이가 사춘기 이상이라는 수정된 가설을 제안했습니다. 일부 연구자들은 발음과 같은 하위 프로세스는 어릴 때 더 잘 학습되는 반면 의미 관계와 같은 상위 프로세스는 사춘기 이후에 더 잘 학습된다고 말했습니다.

Lightbown과 Spada(1993:50)에 따르면 10~12세에 늦게 시작하는 학습자는 더 어릴 때 L2 학습을 시작하는 학습자를 매우 빠르게 따라잡습니다. 또한 다음과 같이 덧붙입니다. 모든 학교 프로그램은 제2외국어를 배우는 데 걸리는 시간에 대한 현실적인 추산을 기반으로 해야 합니다. 7~8년 동안 일주일에 한두 시간 정도는 제2외국어를 능숙하게 구사하는 사람을 생산하지 못할 것입니다. 우리는 일찍 시작하는 것 자체가 자동적으로 유리하지 않다는 결론만 내릴 수 있습니다. 조기 시작은 L2 학습의 성공에 큰 역할을 하는 많은 학습자 요인의 영향을 받습니다. 여기에는 동기의 수준(levels of motivation)과 자신감, 언어 적성 및 성격의 차이가 포함됩니다. 이것들은 교육의 질 및 학습을 위한 적절한 시간 제공과 같은 상황적 요인과 함께 고려해야 합니다. Singleton(1989)은 기본 ELT 정책이 고품질 자료, 적절하게 훈련된 교사 및 우호적인 대중 태도에 의해 지원되지 않는 한 경험이 부정적이고 효과가 역효과를 낼 수 있다고 결론지었습니다.

3.5 이중 언어 및 다국어 사용

많은 아이가 서로 다른 국적을 가진 부모에게서 태어나거나 공식 언어, 학교에서 교육 수단으로 사용되는 언어 및 집에서 사용되는 다른 언어가 있는 이중 언어 또는 다국어 환경에서 태어납니다. 모든 어린이에게 이중 언어 교육을 제공할 것을 권장하는 것은 어린이가 언어를 쉽게 배울 수 있는 능력을 활용하는 것처럼 보이기 때문입니다. 많은 국가에는 아이들이 두 가지 언어로 거의 동등하게 가르치는 이중 언어 학교가 있습니다. 룩셈브르크는 전국적으로 3개의 언어가 통용되는 나라입니다. 집에서 사용되는 룩셈부르크어 국가 언어 외에도 독일어는 초등학교 1학년 때부터, 프랑스어는 초등학교 3학년 때부터 가르칩니다. 독일어와 프랑스어 이 두 언어는 초등 및 중등 교육의 수단입니다. 이 초기 3개 국어 사용은 중등학교에서 영어교육으로 보완됩니다. 그러나 대부분의 학교에서 이중 언어 및 다국어 사용은 시간의 제한, 학생 수 및 다른 과목의 상충하는 주장을 고려할 때 목표로 삼는 현실적인 목표가 아니며 또한 그렇게 될 수도 없습니다. 언어 학습 기회의 차이와 목표 언어에 대한 노출의 차이는 국가 간뿐만 아니라 국가 내에서도 발생한다는 것을 기억하는 것이 중요합니다. 예를 들면, 종종 시골/도시 구분이 있는데, 어린이들이 주요 도시 외부에 사는 경우 목표 언어와 많이 접촉하지 않을 수 있습니다. 일부 국가에서는 언어 교사가 대도시 외부에서 일하도록 설득하는 것이 어려울 수도 있습니다. 덴마크, 스웨덴과 멕시코 같은 나라에서 사는 아이들은 시골이나 작은 마을에 사는 아이들에 비해 영어로 된 미디어- 텔레비전, 영화와 대중문화에 쉽게 접근할 수 있다. 이것은 도시에 사는 아이들이 영어에 더 많이 노출되고 구조화되지 않은 영어 코퍼스를 가지고 학교에 올 수도 있습니다. 더 중요한 점은 그들은 영어로 말하는 사람을 한 번도 만나보지도 못하고 영어로 만들어진 텔레비전, 영화와 음악도 들어보지 못한 아이들에 비해서는 언어 학습에 대한 매우 긍정적인 태도와 더 높은 동기부여와 관심이 있다는 것이다. 이점은 우리가 이미 알고 있듯이, 동기부여는 성공적인 언어 학습을 위한 가장 중요한 요소 중 하나이다.

3.6 어떤 조건에서 어떤 언어를 얼마나 많이 배우나?

Baker(1993)에 따르면 L2 또는 이중 언어 사용의 개발에서 핵심 질문은 누가 어떤 조건에서 어떤 언어를 얼마나 많이 배우는가(*Who learns how much of what language under what condition?*)입니다. 첫 번째 질문인 누가 배우나요?(*Who learns*)의 답변은 나이, 적성 및 동기를 포함한 개별 학습자 차이에 의해 영향을 받습니다. 예를 들면, 훌륭한 언어 학습자에 관한 연구에 따르면 성공적인 학습자는 기꺼이 실수하고, 추측과 정확한 예측을 잘하며, 언어의 패턴을 찾고, 자신감이 많습니다(Lightbown and Spada 1993 참조).

두 번째 질문인 어떤 언어를 얼마나 많이 배우는가? (*how much of what language?*) 언어 학습의 목표, 커리큘럼 및 강의 계획서 및 시험의 효과와 같은 요인에 의해 결정됩니다. 목표는 언어 학습 및 대상 문화에 대한 의사소통 능력 및 긍정적인 태도의 개발에 초점을 맞출 수 있습니다. 많은 상황에서 초등 나이 아동은 준비해야 하는 종류의 시험에 대처하기 위해 특정 문법 능력 수준을 발달시킵니다.

마지막 질문 부분, 어떤 조건에서(*under what condition?*)? L2가 학습되는 상황과 맥락을 강조합니다. Ellis(1985)는 제2 언어의 발달에는 세 부분이 있다고 제안한다. 첫 번째는 어린이가 L2 학습에서 이동하는 **배열**(sequence) 또는 일반 단계입니다. Ellis는 자연스럽고 거의 변하지 않는 발전 순서가 있다고 제안합니다. 간단한 어휘에서 기본 구문으로 이동한 다음 간단한 문장의 구조로 이동하고 마지막으로 더 복잡한 문장으로 이동합니다. 두 번째 부분은 습득한 언어의 **순서**(order)에 관한 것으로, 이는 어린이마다, 교실마다 다를 수 있습니다. 마지막 부분은 **발달 속도**(rate of development)이며, 그 속도는 학습자마다 크게 다를 수 있습니다. 이 질문의 첫 번째 부분과 마지막 부분을 더 자세히 살펴보겠습니다.

아이들이 L2를 얼마나 잘 배우는지는 단순히 아이들이 어떤 환경에 있는지, 어떤 방법이나 교과서를 사용하는지, 어떤 선생님이 있느냐의 문제가 아닙니다. Kubanek-German(1998)은 의사소통적 접근을 위한 '이상적인' 학습자를 외향적이고, 수다스럽고, 자신감 있고, 위험을 감수한다고 언급했습니다. 연구를 통해 '좋은 학습자'의 특성을 포함하여 L2 학습과 관련이 있는 것으로 보이는 개인차 중 일부를 나열할 수 있었습니다. 그러나 지금까지 이러한 요소가 단독으로 또는 다른 요소와 결합하여 작동하는 방식과 상대적 중요성을 정확히 보여주는 명확한 결과는 없습니다. 이러한 차이점 중 많은 부분이 L2 획득 속도에 영향을 주지만 배열이나 순서에는 영향을 미치지 않습니다. 인지 스타일과 관련하여 최근 다중 지능(multiple intelligences) 개념에 많은 관심이 있었습니다. 이것은 일반적으로 IQ 테스트에서 측정되지 않는 학습자가 가질 수 있는 다양한 종류의 적성을 나타냅니다.

조건(condition)은 누가 누구를 대상으로 하는지, 상호작용 환경, 교실 유형 및 토론되는 주제의 종류를 나타냅니다. 상황적 요인과 맥락은 학습자가 받는 언어 입력 유형과 마찬가지로 여기에서 특히 중요합니다. 아동이 L2에서 듣거나 읽을 때 받는 입력은 언어 학습의 목표, 사용 중인 강의 계획서, 교사의 신념, 학습 및 언어 학습에 대한 신념, 교사의 언어 수준 및 교수 스타일, 클래스의 크기와 사용 가능한 리소스 유형에 좌우된다. 연구에 따르면 이해 가능한 입력(*comprehensible input*)은 어린 학습자를 다룰 때 특히 중요한 핵심 요소입니다.

이는 언어 수준(language level), 물리적 맥락(physical context) 또는 보조 시각 자료의 사용에 관한 신중한 계획으로 인해 학습자가 말하는 내용을 쉽게 이해할 수 있는 맥락을 만드는 것을 의미합니다. 고도로 상황에 맞는 활동을 제공하는 좋은 방법은 어린이가 말한 내용에 대한 반응으로 신체 활동을 수행하는 TPR(Total Physical Response)의 사용에서 볼 수 있습니다. 이것은 초보자에게 높은 수준의 이해하기 쉬운 입력을 제공하는 것으로 밝혀졌습니다. 반면에 비맥락화된 발음, 문법 또는 어휘 훈련은 특히 어린 학습자에게 훨씬 낮은 수준의 이해력을 제공합니다. 대부분 교재와 강의 계획서는 적절한 난이도에서 신중하게 통제된 언어 입력을 제공하려고 노력합니다. 입력 유형의 차이는 의사소통의 의미 또는 '문법 커버'와 규칙 학습에 중점을 둔 정도에 따라 다릅니다. 예를 들면 '실제' 책(FL 용이 아닌 원어민 어린이용)은 때때로 교과서에서 주의 깊게 통제된 언어보다 조금 더 어려울 수 있습니다. 좋은 이야기라면 아이들에게 동기부여가 되고, 적절한 시각 자료를 활용한다면 문법보다는 이야기의 의미에 집중하기 때문에 아이들이 이해하게 될 것입니다. 주목해야 할 점은 새로운 언어가 단기 기억에서 장기 기억으로 이동할 때 실제 학습 과정을 설명하는 용어인 이해 가능한 입력을 듣는 것이 항상 흡수(intake)를 권장하는 것은 아니라는 점입니다. 섭취가 있을 때만 언어가 실제로 학습되며, 이는 언어가 선별되고, 처리되고, 조직화 되었음을 의미합니다. 이해할 수 있는 입력(comprehensible input)에 대한 필요성은 이해 가능한 출력(comprehensible output) 또는 언어 생산(language production)에 대한 필요성으로 최근에 보완되었습니다. 짝 활동(pair work)의 사용은 학습자가 독립적으로 언어를 생각하고 생산하고 그들이 개발한 언어 자원을 활용하도록 하는 가장 중요한 방법의 하나입니다.

L2 학습이 L1 학습과 같다면 아이들은 다음과 같은 방법으로 외국어를 배워야 합니다.
1969년 Stern은 이 견해를 아래에 주어진 여섯 가지 진술로 요약했습니다.

1. 아이들은 언어 수업에서 모든 시간을 매우 통제되거나 안내된 방식으로 언어를 모방하고 연습하는 데 보내야 합니다.
2. 그들은 별도의 소리로 시작하여, 단어로 구성한 다음, 문장으로 구성해야 합니다.

3. 아이들은 말하지 않고 듣기만 하는 데 많은 시간을 보내야 합니다.
4. 일정 시간 동안 듣고 말하고 난 후에야 읽기와 쓰기 기술을 추가해야 합니다.
5. 어린이는 L1에서 L2로 또는 그 반대로 번역해서는 안 됩니다.
6. 어린 학생들에게 형식적인 문법을 가르치는 것은 적절하지 않습니다.

아이들이 언어를 배우는 방법에 대한 당신의 믿음은 당신이 아이들을 가르치는 방법에 큰 영향을 미칠 것입니다. L2 학습에 대한 행동주의적 관점은 교수법에 대한 위의 모든 신념에 기반합니다. 행동주의적 관점과 가장 밀접하게 관련된 방법론은 청화식(audio-lingual) 접근입니다. 이것은 탈맥락화 상황에서 훈련의 반복(repetition)과 암기(memorization)를 강조합니다. 교사는 종종 자신이 배운 것과 같은 방식으로 가르칩니다. 이것이 이 접근법이 여전히 인기 있는 이유입니다. 그러나 인지 심리학자 Ausubel은 1964년에 탈맥락화된 훈련이 학습자의 이해를 지원할 수 있는 의미가 없다고 경고했습니다. TPR은 아이들이 지시를 듣고 행동을 수행하면서 배우지만 처음에는 아무 말도 하지 않는 믿음을 기반으로 합니다. 이 접근 방식은 초보자에게 매우 성공적인 것으로 나타났습니다. 엄격한 의사소통 관점에서는 번역(진술 5)이 권장되는 좋은 일이 아니지만, 현재 이러한 입장이 바뀌고 있으며 L1의 일부 사용이 때때로 정당화될 수 있다고 주장합니다.

의사소통 방식을 사용하는 일부 교사는 귀납적 문법 연습을 장려할 수 있지만 형식 문법(진술 6)을 명시적으로 가르치지 않을 것입니다. 여기에서 학생들은 언어 사용의 예에서 사용하고 스스로 문법을 해결하려고 노력합니다. 아주 어린 아이들과 4세에서 7세 사이의 초보자를 가르칠 때 당신은 **진술 3, 4, 5, 6에 동의**했을 것입니다. 그래서 우리는 언어가 어떻게 학습되는지에 대한 언어 정책을 만드는 사람, 교재 집필자, 교사용 강의 계획서 디자이너의 신념이 교실 방법론에 얼마나 큰 영향을 미칠 수 있는지 알 수 있습니다.

CHAPTER 04

아이들은 어떻게 생각하고 배우는가?

4.1 아이들을 가르치는 것은 무엇이 다른가?

어린아이들은 다음과 같은 이유로 나이가 많은 학습자와 다릅니다.

- 많은 육체적 에너지를 가지고 있고 종종 육체적으로 활동적일 필요가 있습니다.
- 다양한 감정적 욕구가 있다.
- 감정적으로 흥분된다.
- 개념적으로 발전하고 있으며 학교 교육의 초기 단계에 있습니다.
- 여전히 모국어로 읽고 쓰는 능력을 개발하고 있습니다.
- 더 천천히 배우고 빨리 잊어버린다.
- 자기중심적이고 자기 세계에 몰두하는 경향이 있습니다.
- 쉽게 지루해한다.
- 훌륭한 흉내(모방)를 잘 낸다.
- 관심이 있으면 놀라울 정도로 오랫동안 집중할 수 있습니다.
- 쉽게 주의가 산만해질 수 있지만 매우 열정적입니다.

물론 연대순 적 나이가 발달 연령과 항상 같지는 않다는 것을 기억해야 합니다. 연령대 내 및 연령대에 따른 학습자의 개인차는 특히 초등 수준에서 두드러집니다. 이러한 이유로 모든 연도 그룹을 동일한 특성과 요구 사항을 가진 것처럼 그룹화하지 않는 것이 중요합니다.

그러나 일반적으로 3~6세, 7~9세, 10~12세의 세 가지 연령대를 구별하는 것이 유용할 것입니다. 부모의 지원과 관심은 어린이 학습의 핵심 요소입니다. 좋은 부모의 지원으로 일부 어린아이들은 액션 노래, 숫자 세기, 잠자기 전 이야기, 컴퓨터 게임 등을 배운 후 좋은 집중력과 암기 기술로 학교를 시작할 수 있습니다. 그들은 알파벳을 알고 책을 다루는 방법, 인쇄물을 인식하는 방법, 계산하는 줄을 사용하는 방법 등을 알고 있습니다. 다른 아이들은 그렇지 않을 것이며, 연구 결과에 따르면 그러한 아이들은 이미 불리한 상황에 놓여 있지만, 일부는 쉽게 따라잡을 것입니다.

(1) 신체적, 정서적 차이

초등학교 나이의 모든 학습자는 학습에 대한 자존감 및 자신감 개발과 같은 정서적 요구가 있습니다. 아주 어린 학습자는 여전히 매우 자기중심적인 방식으로 행동할 것이며, 다른 사람을 고려하는 것이 어렵고, 나이 든 어린이만큼 효과적으로 다른 사람과 협력하지 않는 경향이 있으며, 자신의 요구가 충족되지 않으면 쉽게 좌절할 수 있습니다. 이 학습자들은 연필 잡기, 뛰기, 건너뛰기, 균형 잡기, 그림을 깔끔하게 색칠하기, 간단한 글자 복사하기 등과 같은 손과 눈의 협응과 같은 운동 기술을 아직 개발 중입니다. 그들은 또한 나이가 많은 아이들보다 육체적으로 더 안절부절못하며 짧고 다양한 활동이 필요하며 때때로 에너지를 소모할 수 있어야 합니다. 정서적으로 불안정하고 갑작스러운 감정 폭발이 있을 수 있습니다. 아주 어린 아이들은 자신감과 자존감을 개발하고, 다른 아이들과 공유하고 놀 수 있고, 신체적으로 활동적인 학습에 참여하고, 안정감과 따뜻하고 격려적인 교실을 제공하는 일과를 가질 필요가 있습니다. 학습에 성공하고 칭찬받을 기회가 있다고 느끼는 분위기를 만들어줘야 합니다.

(2) 개념적, 교육적, 언어학적 차이

어린아이들은 여전히 모국어에서 수리력과 문해력을 개발하고 있으며 사춘기가 될 때까지 L1을 말하거나 쓸 때조차도 복잡한 문법 표현을 익히는 법을 배웁니다. 3세에서 6세 사이는 그림이 실제를 대신할 수 있는 상징적 사고를 할 수 있는 반면, 7세 이상 아동은 현실적이고 합리적인 사고를 할 수 있습니다. 그들은 행동을 선택하고 결정할 기회가 필요합니다. 조사하고, 탐구하고, 호기심을 갖기 위해 문제를 해결하기 위해 질문하도록 권장합니다. 기억력 및 집중력 개발과 주의 집중을 하는데 도움이 되는 활동; 구술 기술을 개발하고 개념을 개발하는 활동 및 강화 활동의 기회를 만들어줘야 합니다.

Curriculum Council for Wales(1991:4)에 따르면 '5세 미만 어린이 교육의 목표는 행복하고 자신감 있고 탐구심이 많고 삶에 관심이 있고 직면하는 도전에 대해 열정적인 어린이를 만드는 것입니다'.

according to the Curriculum Council for Wales(1991:4) 'the aim of educating the under fives is to produce happy, confident, enquiring children, interested in life and enthusiastic about the challenges they encounter'.

우리는 이것이 5세 미만에만 해당하는 것이 아니라 모든 어린이가 학습에 대한 열정을 갖도록 자극적인 경험이 필요하다고 생각됩니다.

4.2 아이들이 생각하고 배우는 방법

이 견해는 행동주의자들이 아동의 학습에 대해 일반적으로 생각하는 방식에 의해 형성되었습니다. 여기서 아동은 다양한 종류의 자극과 그들이 받은 긍정적 또는 부정적 피드백에 수동적으로 반응하여 학습하는 '백지상태'로 간주하였고 이 견해는 가르치는 것이 배움과 같다고 주장하였습니다. 대조적으로, 피아제는 아동이 물리적, 사회적 환경에 따라 행동함으로써 자신의 사고를 능동적으로 구성하는 것으로 보았다. 모든 어린이는 지적 발달이 명확하게 정의된 일련의 단계를 거치는 것으로 나타났습니다. 4세에서 8세 사이의 대부분 어린이는 구체적인 상황에서 크게 맥락화되는 경우에만 모든 학습이 발달하는 구체적 조작기 상태(*concrete-operational stage*)에 있습니다. 11세가 되면 일부 아이들은 더 추상적인 사고를 할 수 있고 보다 비맥락적인 방식으로 학습할 수 있는 형식적 조작(formal operation) 단계로 이동할 수 있습니다. 이것은 어린아이들이 준비될 때까지 무언가를 가르칠 수 없다는 의미로 널리 해석되었습니다. 이제 Piaget의 언어의 역할과 어린이의 학습을 돕는 성인의 역할을 과소평가하고 놀이의 역할은 과대평가했다는 사실이 널리 받아들여지고 있습니다. 그러나 그의 연구는 어린아이들이 주어진 과제와 관련하여 아이들의 행동을 관찰함으로써 어떻게 생각하고 배우는지를 탐구하는 데 엄청난 관심을 불러일으켰습니다.

Burner(1983)는 아이들이 학교 학습을 어렵게 느끼는 이유를 조사했습니다. 그는 이것이 아이들이 실제 생활과 매우 분리된 경험을 하기 때문이라는 것을 발견했습니다. 그의 학습 이론은 본질적으로 구성주의적이며, 아동이 세상을 보고 해석하는 고유한 방식에 따라 형성되는 지식을 구성하기 위해 정보를 학습, 선택, 유지 및 변형하는 데 있어 능동적인 주체로 간주되는 학습 모델입니다. 이것을 그는 비계 설정(*scaffolding*)이라고 불렀습니다. 집을 짓는다고 생각하면 어린이가 배우는 방식과 몇 가지 유사점을 볼 수 있습니다. 집 짓는 과정에서 비계 설정은 건축 과정을 지원하기 위해 세워집니다. 이것은 몇 단계로 나뉩니다. 먼저 기초, 그다음 벽과 천장, 모든 것을 함께 연결하는 시스템(배관 및 전기)입니다. 이러한 다양한 단계는 내부 강점을 구축하여 발판 재료(scaffolding)가 제거될 때까지 집이 지지하도록 합니다. 이러한 방식으로 Bruner는 아동의 학습이 단순한 산물이 아니라 학습을 단계로 나누고 이들을 함께 연결하는 빌딩 블록과 시스템을 제공함으로써 가속화되거나 향상될 수 있는 과정이라고 생각했습니다. 그는 아이들의 학습이 세 가지 표현 방식, 즉 그것을 함으로써 무언가를 아는 것, 그림이나 이미지로 작업하는 것, 언어와 같은 상징적 수단을 사용하는 것을 통해 움직이는 것으로 보았다. 아주 어린 아이들이 학습 경험을 통합하는 방법에 관한 연구는 이 세 가지 기능을 반영하는 흥미로운 패턴을 보여줍니다.

Vygotsky(1978) 또한 어린이 학습에서 어른의 역할과 언어의 역할을 강조했기 때문에 매우 중요하다. 그는 정신 발달의 과정을 현재 실제 수준과 미래 잠재적인 발달 수준 두 가지 로 보았다. Piaget와 Vygotsky의 견해의 차이점은 첫 번째는 아동이 자신의 개별 행동과 탐색을 통해 학습한다고 믿는다. 반면, 두 번째는 성인/교사가 아동의 발달 수준을 향상하기 위해 적극적으로 노력한다고 믿는다. Piaget와 Vygotsky의 또 다른 주요 차이점은 학습에서 언어의 역할에 대한 관점입니다. Vygotsky는 말이 생각보다 앞서기 때문에 아주 어린 아이들은 자신이 하는 일에 대해 큰 소리로 말하는 것이 도움이 된다는 견해를 지지했습니다. Piaget와 Vygotsky의 주요 차이점은 학습에서 언어의 역할에 대한 관점입니다. Vygotsky은 어린아이들이 생각을 발전시키기 위해 말할수 있는 기회를 개발하는 것이 중요하다는 것입니다. 그의 학습 모델인 사회구성주의는 아이들이 모든 가능성과 한계가 있는 학습 맥락의 사회적 상호 작용을 통해 이해를 구성하는 것으로 봅니다. Anning(1991)은 아이들이 학습 경험에서 가져오는 것은 독특하지만 동일한 종류의 학습 전략을 사용하는 경향이 있다고 했다. 이는 학습자를 개인차가 있지만 다른 아동과 유사한 상태를 사용하여 학습하는 학습자로 생각할 수 있음을 의미합니다. 아이들이 생각하고, 계획하고, 기억하는 법을 배우는 방법과 관련된 메타인지의 개념은 지난 15년 동안 점점 더 중요해졌습니다. Ellis와 많은 사람들은 아이들이 어떻게 생각하고, 계획하고, 기억하는지에 대한 통찰력을 얻도록 돕는 것이 유사하고 새로운 과제에 대처할 수 있는 자신감을 개발하는 데 도움이 된다고 믿습니다. 여기서 교사의 역할은 유용한 전략 유형의 모델을 제공하는 것입니다. 우리는 지금까지 학습에 관한 가장 중요한 심리학 이론 중 일부를 고려했지만, 많은 교사는 이러한 종류의 심리학 이론을 실제 교실 실습에 적용하는 데 어려움을 느낍니다. Gipps(1994:26)에 따르면, '이제 우리는 좋은 교육 실제에서 교육 이론을 생성할 필요가 있다는 것이 더 널리 받아들여지고 있다'. 이것은 교사가 교실 경험을 바탕으로 학습이 어떻게 일어나는지에 대한 '상식' 관점에 맞는 이론의 측면을 선택하는 방식에서 볼 수 있습니다. 그녀는 1990년대 초 영국의 어린 학습자(7세 이하) 교사 대부분이 다음을 믿었다고 말했다.

1. 아동은 사고의 구체적인 수준에서 추상적인 수준까지 순차적인 단계에서 발달합니다. 아동은 다음 발달 단계로 넘어갈 준비가 되어 있어야 하며 더 높은 수준의 사고(예: 읽기 또는 쓰기 시작, 숫자 기록)로 이동하도록 강요되어서는 안 됩니다.
2. 아이들은 특히 구조화된 놀이를 통해 직접적인(구체적인) 경험을 통해 배웁니다.
3. 사회 발달에서 아이들은 자기중심주의에서 다른 사람들과 공감하는 능력으로 이동합니다.
4. 아동은 학습자로서 효율적으로 기능하기 위해 모국어 능력을 개발할 필요가 있습니다.
5. 모든 어린이는 그들만의 독특한 방식으로 개별 학습합니다.

이 신념 목록은 Piaget가 교육학자들로 하여금 어린아이들이 추론하는 능력을 과소평가하게 만든 영향을 매우 분명하게 보여줍니다. 애닝은 위에 주어진 여섯 가지 신념 각각이 아이들이 배우는 방법에 대한 새로운 생각에 비추어 어떻게 재해석될 수 있는지 보여줍니다.

■ 학습 및 순차적 단계(진술 1)

Piaget에 기초한 발달 단계에 대한 초기 견해는 교육학자들에게 어린아이들이 추론하는 능력을 과소평가하도록 이끌었습니다. 교사는 아이들이 할 수 있는 것보다 할 수 없는 것에 초점을 맞추는 경향이 있는데, Gipps(1994)는 초등 나이 아동에 대한 낮은 기대라는 결과를 남겼다. 이 관점은 아이들이 얼마나 추리할 수 있는지 알아내기 위해 사용된 몇 가지 테스트를 재고함으로써 도전을 받았습니다. Donaldson(1978)은 추론 작업이 아동에게 의미가 있고, 삶에 대한 아동의 관점을 통합하고, 성인의 관점이나 맥락을 피한다면, 아동은 종종 이전에 불가능하다고 생각했던 방식으로 추론할 수 있다는 것을 발견했습니다.

그녀는 또한 아이들이 구체적인 수준에서 추상적 사고 수준으로 이동할 '준비'가 될 때까지 교사가 다소 수동적으로 기다려야 한다는 생각에 도전합니다. 대신, 그녀는 아이들이 사고력을 구체적인 수준에서 추상적인 수준으로 확장하는 방법을 가르칠 수 있다고 주장합니다.

이 견해는 어린이들에게 사고력을 가르치는 것에 대한 최근의 관심을 설명하고, 배우는 방법을 배우는 데 있어서 많은 교사들에게 이것은 흥미롭고 새로운 움직임입니다.

프랑스 파리의 British Council Young Learners Center에서 학생들은 단순히 '나는 놀았다'라고 말하는 것이 아니라 어떤 활동과 어떤 언어를 사용하는지 말할 수 있도록 활동의 학습 포인트를 인식하도록 훈련됩니다. 이것은 또한 부모가 이러한 활동 중 일부의 관련성을 이해하는 데 도움이 된 것 같습니다.

■ 학습, 자기중심주의 및 놀이의 역할(진술 2-4)

학교 맥락에서 아이들은 사회적 존재가 되는 방법을 배웁니다. 많은 경우에 이것은 시행착오를 통해 이루어지지만, 어른이 아이들이 짝이나 그룹으로, 교대로 게임을 하는 것에 대해 배운 것을 의식적으로 성찰하도록 격려하면 유용합니다. 외국어 수업에서 이것은 L1의 어린아이들과 함께 할 것입니다. 일부 국가에서는 게임이나 조립 활동과 같은 놀이가 특히 학교 교육 첫 1~3년 동안 어린이 학습의 중요한 부분이 될 수 있습니다. 놀이의 중요성에 대한 교사의 견해는 학부모와 경영진에 대한 교사의 견해를 비롯한 다양한 요인에 따라 달라집니다. 일부 교사들에게 놀이는 지적 발달을 촉진하는 데 있어 상상력과 감정의 중요성에 대한 중요한 인식을 제공하는 것으로 간주합니다. 다른 사람들은 신체 및 인지 발달, 사회적 능력 개발에 중요하며 일종의 정신건강 역할을 한다고 말합니다. Bruner(1972)는 그것이 '기능적 압력 아래에서 시도되지 않을 행동의 조합을 시도할 수 있는 훌륭한 기회'라고 씁니다. 특정 종류의 놀이는 어린이가 자신의 활동에 완전히 참여하고 얼마 동안 관심을 유지하는 방법을 보여줍니다. 그러나 능동적으로 개념을 탐구하는 육체적 에너지를 발산하는 등 각기 다른 목적을 가진 다양한 종류의 놀이가 있습니다. 사실, 연구에 따르면 학교에서 하는 모든 놀이가 인지적 도전 과제가 매우 높은 것은 아닙니다. 한 연구에서 가장 도전적인 놀이 유형은 음악, 예술 및 건축 모형과 같은 건축에 기반한 놀이로 밝혀졌습니다. 이러한 활동의 공통점은 명확한 목표와 자료였습니다. 즉, 주어진 일련의 활동이 성공했는지를 보여줍니다. 일부 문화권에서는 학교에서의 놀이가 사소하고 학습에 전혀 기여하지 않는 것으로 간주합니다. 그러나 어린아이들과 함께 놀이는 사회 발달의 중요한 측면이 될 수 있습니다. 인지적으로 도전적인 놀이는 아이들이 짝이나 그룹으로 할 때 더 많이 나타나는 것으로 나타났습니다.

■ 모국어의 역할(진술 5)

여러 연구에서 어린이의 언어 및 인지 발달, 특히 어린이가 개별 탐험가가 아닌 사회적 존재로 여겨지는 현재, 담화(discourse), 상호 작용(interaction), 이야기(stories) 및 운율(rhymes)이 중요합니다. Wells(1986:44)는 어른이 '자신이 하는 것, 해 본 적이 있는 것 또는 할 계획과 같은 어린이와 관련된 문제에 대해' 어린이와 상호 작용할 필요가 있음을 강조했다. 그는 이것이 어린이와 성인이 같은 대상과 사건에 초점을 맞추고 상황을 비슷한 방식으로 해석할 가능성을 높인다고 주장합니다. Wells(1986:194)는 또한 아동의 사고력, 쓰기 능력을 발달시키는 데 있어 이야기의 역할을 연구했는데 마음속 이야기를 작성하는 것은 학습의 모든 측면에 퍼지는 활동과도 같은, 의미를 만드는 가장 기본적인 수단 중 하나라고 하였다. 마지막으로, 모든 문화에는 특히 어린 아이들에게 동요(nursery rhymes), 액션 라임(action rhymes), 건너뛰기 라임(skipping rhymes), 농담(jokes), 전통 이야기(traditional tales) 및 노래를 가르치는 구전 전통이 있습니다. 이것은 L1의 소리와 문화에 아이를 맞추는 중요한 방법이며 이러한 구두 활동은 가족 구성원이 공유하기 때문에 안정감을 제공하는 데 도움이 됩니다. 이 모든 문제는 아동의 L2 발달에 매우 중요합니다.

■ 학습자의 독창성(진술 6)

어린이 중심의 교육이 많이 이루어졌으며 이는 초등 영어교육과 교재에 상당한 영향을 미쳤습니다. 1990년대 초의 초등 ELT 코스 북은 종종 학생 또는 학습자 중심의 교육을 언급했습니다. 이 용어는 모든 아이가 각각의 새로운 학습상황에 고유한 경험과 이해를 가져오고 점차 자신의 세계관을 구성하는 고유한 개인임을 의미합니다. 그러나 초등교육 전문가들은 '교사에 관한 한 아동의 반응과 행동 전반에 걸쳐 학습 발달 패턴이 있음을 확인하는 것이 가능하고 필수적이라는 점'을 인식합니다(Anning 1991: 42). 그녀는 각 어린이의 독특함에 대한 통찰력을 유지하고 개별성을 존중하는 것이 중요하지만 유사점을 인식하는 것도 똑같이 중요하다고 덧붙였습니다.

4.3 학습 스타일 및 다중 지능

모든 학습자는 고유하지만, 교사가 학습자의 유사점과 차이점을 어떻게 인식해야 하는지 살펴보았습니다. Anning이 제안한 것처럼 교사가 학습자의 반응 및 행동 패턴의 유사성에 초점을 맞추면 이는 30명 이상의 학생을 대할 때 교사가 압도되는 감정을 극복하는 데 도움이 됩니다. 이 분야에서 우리에게 도움이 될 수 있는 흥미로운 연구는 1970년대 심리학에서 개발되어 신경 언어 프로그래밍(NLP)으로 알려지게 되었습니다. 이것은 마음과 언어 사이의 관계와 이 관계가 우리의 행동을 '프로그래밍'하는 방법을 설명합니다. Berman(1998)에 따르면 우리는 학습 스타일에 따라 정보를 받아들입니다. 주로 시각 학습 스타일이라면 정보는 주로 눈을 통해 학습되고, 청각 학습 스타일은 듣는 것을 기반으로 하는 학습을 선호하며, 운동 감각 학습 스타일은 움직임과 사물 조작을 통한 학습에 기반합니다. 그는 성인의 평균 클래스에서 29%는 주로 시각 학습자, 34%는 청각 학습자, 37%는 운동 감각이 될 것이며 5세에서 7세 사이의 어린이에 대한 이해는 손을 통해 이루어진다고 덧붙였고 눈, 귀가 있으므로 신체적 세계가 항상 지배적입니다. 그는 또한 대부분 어린아이가 '기억을 감각과 연관 지어 기억을 저장하는 능력이 있고 심지어 '교차 감각'하는 능력을 갖출 수도 있다고 말했습니다. 그들은 색깔을 듣고, 소리를 보고, 시간을 맛보고, 냄새를 만질 수 있습니다(1998; 187). 이 능력은 낙담하는 경향이 있으며 어린이가 자라면서 사라집니다. 일반적인 외국어 교실에서는 모든 어린이의 학습 스타일을 결정하는 것이 불가능할 수 있지만, 시간이 지나면서 개인의 선호도를 알게 될 것입니다. 세 가지 학습 스타일 외에도 지능의 종류는 모두 학교 학습에서 인식되지 않습니다. Gardner(1993)는 NLP가 제안한 세 가지 학습 스타일 외에도 여러 종류의 지능이 있으며 모든 유형이 학교 학습에서 인식되지 않는다고 제안했습니다. Berman이 설명한 다중 지능 점검표에는 8가지 종류의 지능이 포함됩니다.

1. 언어 지능: 좋은 어휘를 가진 학습자; 이야기에서 잘 배우고 낱말 맞추기를 좋아하는 훌륭한 독자
2. 논리-수학적 지능: 컴퓨터를 잘 사용하거나 사용하는 것을 좋아하고 문제해결에 능숙하며 분류, 순서 지정 및 순위 지정 활동을 좋아하는 학습자
3. 공간 지능: 그림 그리기를 즐기는 학습자, 그림, 도표, 지도, 다이어그램을 사용하여 잘 배우는 학습자 등 마인드 또는 단어 지도 또는 웹 완성도 즐깁니다.
4. 운동 감각적 지능: 사물을 조작하고 움직이는 것과 생생한 활동을 통해 배우는 학습자 - 액션 운율(action rhymes)과 게임
5. 음악적 지능: 챈트(chant), 운율(rhymes) 및 노래(songs)를 사용하여 잘 배우는 학습자
6. 대인관계 지능: 면접(interviews), 게임(games), 설문조사(surveys) 등과 같은 짝 또는 그룹 활동을 통해 잘 배우는 학습자

7. 개인 내 지능: 자기 평가를 잘하고 자기 평가 연습, 학습 일기 등 반성하기를 좋아하는 학습자 프로젝트 작업, 발표와 같은 독립적인 학습을 좋아하는 학습자; 창의적인 글쓰기를 좋아하는 사람
8. 자연주의 지능(예: 사물의 패턴을 잘 인식하는 학습자): 사물의 유사점과 차이점을 알아차리는 사람, 분류하고 정리하는 데 능숙한 사람.

이러한 종류의 지능은 다른 7가지 지능을 풍부하게 합니다. 이러한 지식으로 무장한 교사는 가능한 한 많은 학생의 학습 잠재력을 활용할 수 있도록 다양한 활동을 제공할 수 있습니다. 초등학교 마지막 1년 또는 2년에 접어든 더 나이 많은 아이들은 그들이 가지고 있는 지능의 종류를 결정하기 위해 설문지를 만들고 싶어 할 수 있습니다. 학습자가 나이가 어릴수록 더 많은 신체 활동이 필요하고 모든 감각을 더 많이 사용해야 하는 경향이 있습니다. Berman은 아이들이 이미지를 그리거나 시각화할 수 있다면, 먼저 입속에서 우물거리거나 움직일 수 있다면 그것에 대해 더 쉽게 말하거나 글을 쓸 수 있다고 제안합니다. 초보자와 어린 학습자에게 잘 맞는 언어 교수법은 TPR (Total Physical Response)입니다.

1960년대에 Asher가 발명한 이 방법은 학습자가 무언가를 듣고 행동과 반응으로 이해한 것을 보여주는 것을 포함합니다. 아이들은 또한 설명을 들으면서 그림을 그리고, 동요를 율동으로 표현하고, 설명을 들으면서 지시를 따르거나 모양이나 간단한 모형을 만들 수 있습니다. 이것은 귀와 눈으로 배우는 학습에 의존하며 신체 운동 감각 지능을 가진 사람들에게 좋습니다. 8세에서 10세 사이는 자신의 학습에 관한 결정을 더 잘 내릴 수 있고 공정성을 더 많이 갖습니다. 예를 들어, 그들은 다른 아이들의 실수를 비웃을 가능성이 작습니다. 이 나이까지 학습자는 사물을 일반화하고 분류할 수 있으므로 게임 및 활동 분류를 사용하고 개체를 범주로 분류하기 위해 좌표(grid)를 사용하는 것이 이 단계에서 유용합니다.

아래 표는 8가지 지능을 각각 개발하는 활동의 종류를 보여줍니다.

Linguistic(언어)	Musical(음악적)
word games	Songs
Reading games	Action rhymes
Writing games	Chants
Storytelling	
Show and tell	
Role-play	
Using puppets	
Tongue twisters	
Crosswords/Anagrams	
Logical-mathematical(논리-수학)	**Interpersonal(대인관계)**
Word puzzles	Pair work
Reading puzzles	Group work
Writing puzzles	Brainstorming
Logical problem solving	Peer teaching
Computer games	Dialogues
Number puzzles	Interviews
Classifying	Surveys
Ranking	
Sequencing/Ordering	
Spatial(공간)	**Intrapersonal(개인 내)**
Shape puzzles	Learning diaries
Mind maps	Reflection
Drawing	Creative writing
Visualizations	Project work
Diagrams	Personal goal-setting
Constructing models	
Maps and coordinates	
Drawing	
Learning from videos & CD-ROMs	
Bodily-Kinesthetic(신체 운동 감각)	**Naturalist(자연주의자)**
TPR	Patterns
Craftwork	Classifying
Dancing	Sorting
Physical activities	Nature projects
Action rhymes, songs and games	

아이들의 학습에 대해 생각해보기

학생들이 가장 효과적으로 학습하는 방법에 대한 교사들의 의견을 보십시오. 아래 질문에 당신의 생각과 얼마나 일치하는지 생각하고 그 문장을 T/F로 표시해보세요.

- 아이들은 종종 그림과 같은 초기 자극에 반응하지만, 활동이나 과제(task)를 시작하는 방법에 대한 지침이 필요하다.
- 교사는 과제 수행과 관련된 기술과 언어를 모형화해야 한다.
- 아이들은 활동을 시작할 때 명확한 목표를 주기를 선호한다.
- 아이들은 활동의 목적을 볼 수 있는 의미 있는 과제가 주어질 때 잘 배운다.
- 아이들은 실수를 두려워하지 않는 비교적 편안한 교실 분위기에서 더 잘 배웁니다.
- 아이들과 자원이 조직화하여 아이들이 접근을 통제하면서도 여전히 독립적이면 시간을 절약할 수 있습니다.
- 아이들은 나중에 스스로 관련 작업을 할 수 있도록 그들이 받는 모든 입력을 흡수할 시간이 필요합니다.

더 상세한 내용은 Jean Brewster and Gail Ellis with Denis Girard(2004)을 참고하세요.

02

학습 및 언어 기술 교육

CHAPTER 05 아이들에게 영어를 가르치는 방법

CHAPTER 06 어린이영어 교수법

CHAPTER

05

아이들에게 영어를 가르치는 방법

이 장에서 우리는 아이들을 가르치는 데 유용한 원리와 지침을 살펴보겠습니다. 교실 방법론에 영향을 미치는 요인에는 영어가 학습되는 맥락과 커뮤니티 내에서 영어가 수행하는 역할, 영어의 목표와 강의 계획서, 일반적인 교수 및 학습, 특히 언어 교수 및 학습에 대한 신념이 포함됩니다. 또한, 언어 교사와 그들의 훈련에서 발생하며 이용 가능한 자료, 자원 및 시간, 그리고 마지막으로 평가의 양과 유형입니다.

이제 L1에서 L2로 이동하는 어린이를 지원할 수 있는 방법에 대해 살펴보겠습니다.

5.1 모국어에서 제2 외국어로의 언어 학습 기술 이전 지원

모국어와 제2외국어 학습 사이의 과정과 조건을 비교하면 교사가 가능한 한 항상 인식하고 사용해야 하는 특정 원칙이 있음을 알 수 있습니다.

1. 아이들은 뛰어난 관찰자이며 신체 언어(body language), 억양(intonation), 몸짓(gesture), 표정(facial expression), 사회적 맥락(social context) 및 언어 자체(language itself)와 같은 다양한 출처에서 모국어(L1)의 의미를 파악하는 자연스러운 능력을 가지고 있습니다. 교사는 언어 사용이 상황에 맞는지 확인하고 가능한 한 시각적 지원을 제공하여 학습자가 제2외국어(L2)에서 이 기술을 활용하도록 도울 수 있습니다.
2. 모국어(L1)를 배우는 아이들은 소리와 의미에 완전히 익숙해지기 위해 종종 단어와 구문을 반복합니다.
3. 모국어 습득을 못 한 어린이는 그들의 수수께끼 같은 가설 테스트 기술을 연마하는 데 몇 년을 보낸다. 예를 들어, 문법 규칙을 스스로 해결하려고 하는 L2에서 귀납적 연습을 사용하면 L1에서 수년 동안 수행한 작업을 정확하게 반영합니다. 교사는 상황에 맞는 동기를 부여하는 언어 '데이터'가 충분히 있는지 확인하기만

하면 됩니다.

4. 아이들은 추측하고 예측하는 데 능숙하며 교사는 이러한 기술과 학습 학습의 일부로 요약된 기타 사고 과정을 유용하게 활용할 수 있습니다.
5. 아이들은 언어를 많이 알지 못하더라도 종종 두세 단어와 주요 억양 패턴으로 말하기를 좋아합니다. 이것은 L2 개발에서 사용할 수 있는 유용한 전술이기도 합니다. 학습자는 의미를 전달하기 위해 어떤 수단을 쓰든지 같은 작업을 수행하도록 권장되어야 합니다. 이것은 규칙의 지나친 일반화, 새로운 단어의 합성과 같은 문법적 또는 어휘적 부정확성을 초래할 수 있지만, 교사는 가능한 한 의미 있는 의사소통 활동의 기회를 제공하려고 노력해야 합니다.
6. 교사는 교실에서 지원을 제공하는 것과 도전을 제공하는 것 사이에서 균형을 유지해야 합니다. 모든 언어 작업이 지나치게 유도되면 너무 쉽고 안전하거나 반복적입니다. 마찬가지로 모든 작업이 도전적이고 너무 어렵고 위협적이라면 학습자는 의욕을 잃게 됩니다.
7. 모국어를 배울 때 위험을 감수하고 실험을 잘하는 것처럼 그들의 의지를 격려해야 하며 지속적인 교정이나 지나치게 엄격한 분위기로 인해 너무 기가 꺾이게 해서는 안 됩니다.

이러한 원칙은 우리가 아이들의 능력을 과소평가하지 않고 학습 중심의 언어 커리큘럼에 초점을 맞추도록 하기 위한 첫 번째 단계입니다. 어린 학습자에게 영어를 가르치는 것은 중등학교에서 언어를 배우는 데 심리적, 언어적, 문화적 이점이 있는 것으로 보입니다.

이미 우리가 알고 있는 것처럼, 이것은 교사가 학습을 위한 가장 효과적인 조건을 만들면 달성할 수 있습니다.

5.2 교사 중심인가 학습자 중심인가?

교사의 역할이 무엇을 의미합니까? 교사가 지휘자와 같은 전통적인 전체 학급 교육은 언어 교육의 중요한 부분입니다. 새로운 언어를 소개하고, 반 전체 혹은 그룹 언어 연습을 할 때 언어 요점을 설명하거나 소규모 그룹에서 수행되는 작업에 대한 모델링 언어 및 절차를 제공하는 데 유용합니다. 그것은 학습자에게 영감, 지침, 구조 및 목적을 제공할 수 있습니다. 우리가 교사 중심이라고 부르는 기법은 교사가 교실에서의 행동을 통제하고 설명하고, 지시하고, 학생들이 대답하도록 많은 질문을 함으로써 교사가 더 많은 말을 하는 것을 의미합니다. 어떤 상황에서는 학습 관리의 가장 일반적인 방법일 수 있습니다. 이것은 아이들이 교사가 말하는 것을 반복하는 것 이상을 할 기회가 거의 없고 실제 상호작용을 위한 기회가 없음을 의미할 수 있습니다. 이 기법은 또한 아이들이 상대적으로 수동적일 것으로 예상되고, 짝이나 그룹으로 작업하는 데 많은 시간을 보내지 않으며, 교사가 학습을 '책임진다'라고 느끼기 때문에 학습에 대해 성찰하도록 권장되지 않을 수 있음을 의미할 수도 있습니다. 다른 각도에서 생각했을 때, 교사는 이러한 보다 가르치기 교육 중심적인 활동과 아이들이 서로 조직적인 대화에 참여하기 위해 과제를 수행할 기회가 있는 보다 학습(learning) 중심적이거나 상호작용적인 덜 통제되고 더 창의적인 방식으로 언어를 사용하는 활동의 균형을 맞추려고 할 수 있습니다. 예를 들어, 과제는 아이들이 의견을 표현하고, 텍스트에서 정보를 찾고, 서로 질문을 하거나 제안을 하도록 격려할 수 있습니다. 여기에서 교사는 아이들의 관심과 관련된 주제에 대한 수업 중 일부를 기반으로 하고, 짝 및 그룹 작업을 사용하여 학습자가 함께 이야기하거나 읽고 쓸 수 있는 많은 기회를 가질 수 있습니다. 이 스타일은 또한 학생들이 질문을 하거나 심지어 교사의 역할을 하도록 권장합니다. 또한 교실이 조직되어 아이들이 더 독립적으로, 예를 들면 자신의 과제를 선택하고 필요한 자료에 접근할 수 있도록 권장될 수도 있습니다. 이러한 종류의 교실에서는 많은 학습자가 학습 일지 또는 자기 평가와 같은 학습 활동을 학습하여 자신의 학습을 주도하도록 권장됩니다. 언어 교사에게 중요한 것은 그들의 기대에 부합하고 효과적인 학습을 가장 잘 촉진하는 이 두 가지 접근 방식 사이에서 적절한 균형을 찾는 것입니다.

전달식 지도가 대부분의 수업에서 일반적이지만 영어 수업에서 학생들은 더 상호작용적이고 학습 중심적인 형태로 소개돼야 한다. 예를 들어, 전통적인 학교의 교사가 의사소통 방식이나 과제 기반 접근 방식을 시도하는 경우 교사와 학생 모두 처음에는 어려울 수 있습니다. 초기에는 교사나 학생에게 문제가 생길 수 있다. 교사가 더 이상 명확하게 통제할 수 없다면 위협을 느낄 수 있고 학습자는 익숙하지 않은 책임을 갑자기 갖게 될 수 있습니다. 옆 교실에서 너무 시끄럽다고 생각하거나 아이들이 영어 수업 후 다음 수업할 때 아이들이 수동적이고 조용한 전통적인 역할로 돌아가는 데 시간이 걸린다는 다른 교사들의 불만이 있을 수 있습니다. 이 경우 동료와 방법을 논의하는 것이 도움이 될 수 있습니다. 또한 짝과 그룹 활동을 점진적으로 도입하는 것을 고려하거나 처음에는 일주에 일부 시간에만 하다가 점차 늘려나가는 방식으로 진행하면 좋습니다.

CHAPTER 06

어린이영어 교수법

6.1 청화식(Audio-Lingual Method: ALM) 교수법

청화식 교수법은 1950년 구조주의와 행동주의에 바탕을 두고 있으며, 제2차 세계대전 동안 미국에서 개발된 교수법이다. 그 당시 사람들은 군사 목적으로 외국어를 빨리 배울 필요가 있었다. 문법 번역식 교수법(Grammar Translation Method)은 사람들이 목표 언어를 말할 수 있도록 준비시키지 못했었다. 목표 언어로 의사소통하는 것이 직접식 교수법(direct method)의 목표지만, 당시에는 기술 언어학 및 행동 심리학 분야에서 나오는 언어 및 학습에 대한 흥미진진한 새로운 아이디어가 있었습니다. 이러한 생각들이 청화식 교수법(Audio-Lingual Method) 개발로 이어졌다. 일부 원리는 직접식 교수법의 원리와 유사하지만 언어의 개념과 이 두 분야에서 배운 것을 기반으로 하므로 많은 부분이 다릅니다.

종종 대화를 기반으로 한 새로운 언어의 반복 사용을 포함합니다. 이것은 교육 중심(teaching-centered)의 경향이 있습니다. 이 접근 방식은 구식이긴 하지만, 수정된 버전은 여전히 여러 국가에서 볼 수 있습니다. 요즘에는 기계적이고 비 맥락적인 반복을 포함하는 암기, 모방 및 연습에 너무 많은 강조를 두어 너무 제한적인 것으로 간주합니다. 언어 연습은 학급 전체와 함께 수행됩니다. 짝과 그룹 작업을 조직하기보다 훨씬 덜 까다롭습니다. 사용되는 언어는 완전히 예측 가능하며 교사에게 너무 많은 요구를 하지 않습니다. 그리고 그것은 학생들이 일하는 방식일 수 있습니다. 이 교수법은 많은 교사에게 여전히 인기가 있습니다. 왜냐하면 그들이 그렇게 배웠기 때문에 그리고 그것은 관리하기가 쉽고, 언어적 수준이 상당히 낮은 교사들에게 특히 유용합니다. 그것은 아이들이 언어 학습의 중요한 부분인 언어의 덩어리(chunk)를 주의 깊게 듣고 암기하도록 격려합니다. 그러나 의미를 충분히 강조하지 않거나 어린이가 스스로 생각하도록 하거나 언어를 독립적으로 산출하도록 장려하지는 않습니다. 이 방법을 사용할 때 초기 이후에는 어린 학습자의 흥미를 끌 만큼 다양성이 충분하지 않고, 외국어 학습에 대한 긍정적인 태도를 장려하지 않을 수 있어서 아이들이 다소 지루해할 수 있다.

청화식 교수법의 특징은 다음과 같다.

- 가르칠 내용은 대화 형태로 제시한다.
- 모방, 구문 암기, 반복을 통한 습관 형성을 하도록 한다.
- 모국어는 허용하되, 되도록 자제한다.
- 반복적인 문형 연습(pattern drill)을 한다.
- 문장 구조는 하나씩 단계적으로 제시한다.
- 제한된 어휘를 맥락 속에서 제시한다.
- 학생의 오류를 줄이기 위해 노력한다.
- 학생의 응답에 대해 즉시 강화를 해준다.
- 언어 기능은 듣기, 말하기, 읽기, 쓰기의 순서로 가르친다.
- 시청각 자료 등을 최대한 활용한다.

위의 교수법은 언어 학습을 일종의 습관 형성 과정이라고 보며, 주로 미리 정해진 대화를 소리 내 모방, 반복, 암기하고 문형 연습을 통하여 익히면, 자동으로 발화가 가능해진다고 생각하고 있습니다. 단어는 언어적, 문화적 맥락과 함께 제시하기 때문에 맥락 없이 제시하지는 않는다. 문법은 학생들이 충분한 문형 연습을 하고 난 다음 귀납적으로 가르친다. 따라서 이 방법은 영어로 의사소통할 수 있는 실제적인 능력의 바탕을 마련하고자 하는 어린이영어교육에서도 학습의 내용이나 수준에 따라서 제한적으로 사용될 수 있다.

청화식 교수법은 학습 초기에 듣고 말하는 능력을 어느 정도까지 길러줄 수 있어서 학생들에게 자신감을 느끼게 해주는 장점도 있으나, 오늘날에는 별로 사용되지 않고 있다.

청화식 교수법의 가장 큰 결점은 학습자가 반복을 통해서 배운 후에도 실제로 의사소통을 하려면 별로 그런 것들이 도움이 되지 않는다는 점이다.

6.2 전신반응교수법(Total Physical Response)

미국의 심리학 교수인 James J. Asher(Richard & Rodgers 1988)가 창안한 방법으로 언어 활동은 신체의 움직임과 함께 이루어질 때 효과적으로 이해될 수 있다고 주장하면서 신체적인 동작을 수반한 듣기 중심의 활동으로 이루어진 전신반응교수법(Total Physical Response : TPR)을 창안했다. 교사는 학생이 알아들을 수 있는 정도의 목표 언어를 사용하여 지시나 명령을 하고, 이 지시나 명령을 받은 학생은 말로 반응을 할 필요 없이 행동으로 반응을 보이게 함으로써 목표 언어를 가르치는 방법이다. 이 방법은 청취 이해를 강조하는 특성이 있으므로 '이해 접근법'이라고도 할 수 있다. 이 교수법은 학생들에게 말하기를 하도록 요구하지 않고, 먼저 듣기를 훈련해서 청취 이해 능력이 어느 정도 길러졌다고 판단되었을 때, 말하기 훈련을 시키는 것이 보다 자연스러운 언어 습득 방법이라는 전제에서 출발한다.

이 전신반응교수법은 어린이가 모국어를 습득하는 과정의 원리를 응용한 것이다. 어린이는 부모 및 주위 사람들에게서 듣는 것으로부터 시작하여 차차 들은 것에 대해 행동으로 반응을 보이다가 일정 시점에 가서는 스스로 말하게 되는데, 이 시기에는 부모나 주변 사람이 억지로 말을 하도록 가르치지도 강요하지도 않는다. 이 같은 모국어 습득의 원리를 그대로 적용한 외국어 교수법이다. 따라서, TPR는 말하기, 듣기, 읽기, 쓰기의 네 가지 기능 중에서 듣기 기능의 배양에 중점을 두는 외국어 교수법이다.

영어도 언어이므로 이와 같은 방법으로 듣기를 집중적으로 시키면, 나중에는 자연스럽게 말을 할 수 있을 것이라고 가정해 볼 수 있다. 특히, Postovsky(1975:21)는 외국어 학습의 초보 단계에서의 집중적인 발화 연습은 학생의 언어 발달에 비효율적이라고 지적하면서, 구어의 이해력이 충분해지기 전까지는 발화 연습을 연기하여야 한다고 하였다. 모국어든 외국어든 이해가 표현보다 앞서고, 이해의 폭과 양이 표현의 질과 양을 훨씬 능가한다는 것은 일반적인 사실이다, 따라서 영어로 말을 하라고 요구하기 전에 충분히 많은 양의 영어를 이해하도록 요구하는 것은 꼭 필요한 일이라 할 수 있다.

아이가 영어를 듣고 이해하였는지 확인하는 방법은 간단한 명령이나 지시를 영어로 하고, 그것을 이해하였으면 행동으로 해보라고 하는 것이다.

TPR의 효과적인 지도를 위하여 Asher(1977 : 54-56)는 다음과 같은 7단계의 지도 절차를 보여주고 있다.

(1) 상황설정

교실 환경을 이용한 자료나 행동을 중심으로 교실 상황에서 실제로 사용하는 내용을 중심으로 상황을 선정한다.

(2) 명령문의 뜻을 동작으로 나타내기

교사가 말하는 명령문을 학습자에게 이해시키기 위해서 3~4명의 시범 학생을 선정하여 교사와 함께 동작으로 명령문의 뜻을 나타낸다. 여기서 중요한 점은 교사는 명령문을 말하면서 행동을 함께할 때 학습자는 말하지 않고 듣기만 하면서 교사가 하는 행동의 뜻을 파악해야 한다는 점이다.

(3) 학습자의 신체 반응

교사의 명령에 따라 학습자는 신체적인 동작을 통하여 명령에 해당하는 반응을 보이는데 이 과정을 통하여 학습자는 외국어를 듣고 이해하는 능력이 함양된다.

(4) 문장 보여주기

교사의 명령과 그에 따른 신체 반응을 통해 습득된 명령문을 문자로 보여줌으로써 명령문의 소리와 구조를 재인식한다. 모든 학생이 명령문을 이해하여 동작으로 잘 나타낸다고 판단될 때 문장으로 보여준다.

(5) 구두 반복

발음이 힘들거나 이해가 어려운 단어를 점검하면서 명령문에 사용된 문장을 모방, 반복하여 따라 읽게 한다.

(6) 학습자 읽기

학생들의 발음과 명령문의 이해 정도를 파악할 수 있는 단계로서 학생들이 교사에게 명령하도록 한다. 만일 발음, 명령문 발화 등에 어려움이 생기면 전체 아동들에게 다시 지도하도록 한다.

(7) 학생명령, 반응 활동

학습자들이 그 시간에 사용된 명령문을 충분하게 이해하였다고 판단 될 때 학생들이 부분적으로 서로 역할을 바꾸어 교대로 명령하고 신체로 반응을 보이게 기회를 준다. 이 단계에서는 기존에 배웠던 명령문을 통해 내재화된 언어능력을 발휘하여 창조적인 문장을 생성하여 명령-반응 활동을 하게 한다.

** 명령문의 예

1) 간단한 행동하기

- Sit down, Stand up, Walk,
- Turn around, Sit down, Stop,

- Jump, Stop, Jump,
- Stop, Turn around, Sit down,
- Open the door.
- Stand between me and the desk.
- Stand beside the door.

2) 신체의 일부 사용하기

- Blink your eyes.
- Scratch your hair.
- Clap your hands.
- Shake your head.
- Nod your head.
- Wave your right hand.
- Open and close your mouth three times.
- Touch your nose with your left thumb.
- Put your ears on your shoulders.

3) 두 단계 행동하기

- Clap your hands before you stand up.
- Jump up after you stand up.

  = Stand up and jump up.
- Stand up, and nod your head while you are standing.

4) 들은 내용 확인 후 행동하기

- If you are wearing glasses, stand up.

- If you see with your eyes, rub your stomach.
- If you have one nose, stand up and sing a song.

5) 같은 행동 반복하기

- Clap your hands three times.
- Jump forward two times.

6) 동작 이어 하기

- Write your hands name on the top left side of your paper.
- Draw a circle in the center of the paper.
- Draw a triangle on top of the circle.
- Draw two small circles at the bottom of the square.

7) 지시대로 행동하기

- Point to Monday on the calendar.
- Find your birthday on the calendar.
- Lean to the right side.
- Look at the picture.
- Look inside the box.
- Move your head to the left.
- Move your eraser to the right of the pencil.
- Open your eyes wide.
- Open your book with your right hand.
- Pull your chair toward the desk.
- Stand in line.

- Stand up by the right side of your desk.
- Take your pencil in your right hand.

8) 10단계의 연결된 동작 이어 하기

- Stand up.
- Go to the window.
- Open the window.
- Look out of the window.
- Lean out of the window.
- Close the window.
- Lock the window.
- Come to the desk.
- Go back to your chair.
- Sit down.

9) 준비물을 이용한 활동(포장용 종이, 포장용 끈 등)

- Come out here.
- Take a big sheet of paper.
- Spread it on the table.
- Put this book on the paper.
- Wrap the string round the wrapped book.
- Fold the ends of string.
- Wind the string round the wrapped book.
- Take this piece of string.

- Tie the two ends of the string together.
- Go to your place and sit down.

10) 기타

- Tell me the numbers from one to ten.
- Name the four seasons.
- Name four meats you want to eat.

6.3 의사소통적 교수법(Communicative Language Teaching: CLT)

의사소통적 교수법은 언어의 사회적 기능을 중시하면서 외국어 교육의 목표는 의사소통 능력(communication competence)을 신장시키는 것을 목표로 영국과 유럽을 중심으로 시작되었다. Hymes(1972)에 의해 처음 사용된 용어로 성공적인 의사소통을 위해서는 언어 형태의 정확성보다 언어 의미의 유창성이 절실히 요청된다. 따라서 CLT에서는 언어의 사회적 맥락이 중요하기 때문에 맥락이 배제된 문법 학습으로는 결코 언어에 숙달했다고 할 수 없으며 사회적 맥락 속에서 문법이 갖추어져야 한다.

의사소통적 교수법은 문법과 어휘의 중요성을 무시하지 않으면서도 제대로 언어 사용(language use)을 할 수 있도록 가르치는 것을 추구하는 방법이다. 의사소통하려면 우선 설득하기, 약속하기 등 기능(목적)이나 의도를 이해하고 사회적 상황(맥락)에서 실행해야 한다. 의사전달은 하나의 과정이므로 외국어의 형태와 의미 기능을 아는 것으로 충족되지 않고, 이 같은 지식을 이용하여 의미를 주고받아야 한다. 화자와 청자가 상호작용 속에서 의미 협상을 거치면서 비로소 의미가 드러나고, 청자가 이해한 것을 확인하고 화자가 자기 말을 정정하든가 결론을 짓고 행동에 옮기게 된다.

CLT의 목표는 의사소통 능력을 갖추게 하는 것이다.

제2 언어 습득에 관한 최근 연구는 학습자가 학습이 이루어졌음을 보여주기 위해 산출물을 생성하는 것의 중요성을 강조했습니다. 어린이의 경우 이 접근 방식은 언어 교사가 주의 깊게 준비된 언어를 사용하여 의미 있고 상황에 맞는 작업을 기반으로 그리기, 행동하기, 듣기, 말하기, 읽기 또는 쓰기에 학습자를 참여시키는 것을 의미합니다.

의사소통 방식에 기반한 많은 교과서는 연결된 주제와 언어 기능으로 구성된 구조적 강의 계획서를 사용합니다. 이 접근 방식은 종종 활동 기반이라고 하며 일반적으로 세 가지 유형의 활동; 식별(identifying), 일치(matching), 순서 지정(sequencing), 우선순위 지정(prioritizing) 및 분류(classifying)와 같은 **문제해결 활동**(problem-solving activities); 설문조사(surveys) 또는 인터뷰(interviews) 수행과 같은 **양방향 활동**(interactive activities); 마스크 만들기(making masks), 생일 카드 만들기(birthday cards) 등과 같은 **창의적 활동**을 사용합니다. 이 모든 것은 어린이의 필요와 열정을 충족시키면서 학습자의 의사소통 능력을 개발하는 것을 목표로 합니다.

활동에 내재한 사고와 언어능력은 언어 학습에 필수적인 간단한 구문이나 구조의 반복을 요구합니다. 그러나 이 접근 방식은 의사소통과 유창성에 너무 집중하고 문법적 정확성을 간과한다는 이유로 후기 의사소통 접근법(Post-communication Approach), 효과적인 의사소통을 위해서는 언어의 의미가 중요하지만, 언어의 형태도 중시되어야 한다는 형태 초점 교수법(Focus-on-Form), 어휘와 문법의 이원화된 언어 습득에서 어휘구라는 일원화된 언어 습득으로 접근하는 어휘적 접근(Lexical Approach), 서로 다른 문화 속에서 상대방을 이해하고 자기를 표현하여 의사소통할 수 있는 능력 즉 문화간 의사소통 능력을 배양시키고자 하는 문화간 의사소통적 교수법(Intercultural Communicative Competence: ICC)이 나타났다.

6.4 과제 수행 교수법(Task-based Approach/Learning)

과제 수행형 교수법이란 교사의 가르침보다는 주로 학습 과제 자체가 학생들을 학습의 과정 속으로 끌어들여, 학생들이 학습의 과정에 능동적으로 참여하도록 하는 의사소통 중심 언어 교수법의 한 부분이다. 이것은 학생들에게 영어를 사용하여 서로 협력해야만 해결할 수 있는 과제를 제시하고 그 과제를 완수하도록 하는 방법이다. 이 과정에서 교사는 주로 학생들의 과제 수행상의 어려움 등을 해결해 주고 도와주는 활동을 한다.

여기서 과제란 무엇이며, 어떤 것인가가 매우 중요하다. 과제란 학생 자신이 가지고 있는 모든 지식, 경험 등을 총동원하여 다른 학생과 상호 간에 영어로 정보를 구하고 제공함으로써 영어를 배우도록 하는 학습 문제라고 할 수 있다. 이를 위해서는 과제 수행에 참여하는 학생 누구에게도 문제해결에 필요한 정보를 전부 주지 않고 서로에게 나누어 줌으로써, 상호 간에 정보를 교환하지 않으면 과제의 완수가 불가능하게 한다. 즉, 정보의 공백을 의도적으로 만들어 줌으로써 그 정보의 공백을 학생들이 영어를 사용하여 상호 협력하여 메우면 그 과제가 해결되도록 한다. 대부분 과제는 이처럼 정보의 공백(information gap)을 이용하여 만드는데, 그 밖에도 학습의 목표나 내용에 따라서 의견의 차이(opinion gap), 추론의 차이(reasoning gap) 등을 이용하여 과제를 만들 수도 있다.

과제 수행형 교수법은 학생들에게 단일 문장 수준의 표현을 단순히 외워서 발화하지 않고, 주어진 과제의 성격이나 목적에 맞게 자기 말을 하게 할 수 있다는 점과 과제 수행에 참여하는 모든 학생이 영어를 사용하며 서로 의미를 논의하고 절충하고 전달하는 활동을 지속적으로 하게 할 수 있는 점 등이 장점이라고 할 수 있다.

과제 수행형 교수법을 요약하면 ① 학생이 더 즐겁게, 보다 효과적으로 영어를 배울 수 있도록 영어로 옆의 친구와 이야기할 수 있는 목적, 이유, 조건을 제공해주고, ②

머릿속으로나 육체적으로 영어를 사용하여 뭔가를 실제로 능동적으로 할 수 있는 과제를 준다. 이때 학습의 내용이나 요구되는 활동은 가능한 한 간결하고 명료하여야 한다. ③ 학생들이 조별, 그룹별로 하는 행동, 활동에 대하여 구성원 전부가 책임감을 느낄 수 있도록 해주어야 한다. 과제 수행형 교수법은 엄밀하게 조정된 언어 자료를 투입하고, 또 투입된 것이 그대로 표출되기를 기대하지 않는다. 여러 가지 다양한 언어 요소가 사용될 수 있는 과제를 제시하고, 어떤 형태의 언어 자료가 표출되는가를 학생들의 과제 수행의 과정이나 결과를 보고 판단하는 방식을 취한다. 즉, 일상의 실제적인 의사소통의 모습과 유사한 조건을 마련하여 의사소통 연습을 시킴으로써 외국어를 가르치는 방법이라 할 수 있다(이완기, 1997).

이러한 비판에 대한 대응책은 ELT에서 가장 최근의 방법론적 접근 중 하나인 과업 기반 학습(TBL)이었다. TBL의 약한 형태로 간주 될 수 있는 활동 기반 학습과 때때로 같은 의미로 사용되기 때문에 이름이 혼란스럽다. 여기에는 다음이 포함된다. 학습자는 단순히 학습을 위해 언어를 연습하는 것 이상의 목적을 위해 언어를 사용한다. 언어의 목적이 나타나는 맥락; 학습자가 언어를 통해 무언가를 하도록 자극하는 목적과 맥락; 그리고 목적이 있는 활동은 제품으로 이어진다. Skehan(1998)에 따르면 강력한 형식에서 TBL은 정확성과 유창함의 균형을 유지하고 학습자로부터 보다 진정한 출력을 장려함으로써 의사소통 방식을 개선하려는 시도이다. 이는 학습자가 자신의 작업을 공개적으로 발표하도록 장려함으로써 이루어지며, 이를 통해 학습자는 발표 내용에 대해 더 많은 책임과 선택권을 갖게 된다. 공개 프레젠테이션 후에는 대중이 과제 완료 후 언어의 정확성에 초점을 맞추는 언어 분석 활동이 이어진다. 학생들은 처음부터 끝점이나 결과물을 인지하게 되므로 교사가 소개하고 실습하는 언어가 어느 정도 의미가 있거나 명확한 목표를 제시하는 것으로 보인다. 이 접근 방식은 세 단계로 구성됩니다. 과업 전 단계(pre-task preparation) 사용할 새로운 언어 및 절차 소개, 과업 수행단계(the task itself), 결과에 대한 최종 공개 요약과 함께 거시 작업을 수행하는, 마지막 단계인 언어 초점단계이다.

이 내용을 그림으로 보면 다음과 같다.

과업 전(Pre-task) 단계 • 주제 및 과제 소개 • 교사들은 주제에 관해 이야기하기; 그림(picture), 실험 교수(demonstrations), 노래(songs) 사용. 주제와 과업 활동을 소개, 주제에 대한 설명을 해주고 수업 주제와 연관된 어휘를 브레인스토밍과 같은 활동을 할 수 있도록 한다. 분류하기, 틀린 것 찾기, 그림과 단어 또는 문장 연결, 기억하기, 마인드맵, 유사 경험 열거 등
과업 수행(Task cycle)단계 • ① 과업을 수행하는 단계와 ② 과업 수행 보고를 계획하는 수행 결과 보고 계획 단계, ③ 결과를 보고하는 과업 결과 보고 단계의 세 단계가 있음 • 짝, 그룹, 학급 전체로 과업중심 수업을 하며, 교사는 모니터하면서 학생들을 격려, 시간 확인하는 역할을 함 • 과업 수행이 끝나면 교사는 과업 활동 내용에 대해 간략하게 언급하고 학생들의 행동을 평가한다.
언어 초점(Language focus)단계 • 중요 표현을 배우고 익히는 과정을 거친다. • 분석단계와 연습단계로 나누고 교사는 학생들을 통제, 안내자의 역할로 학생들이 상호작용을 통해 학생 중심 활동을 하도록 도와주기 분석단계: 교재와 예문들을 분석하고 교사는 학생들이 과업 활동 중에 사용한 구체적 언어 형태들을 조사하고 토의하여 분석한 것을 검토함

연습단계: 분석단계에서 얻어진 단어나 구문, 문장을 연습하는 단계(듣고 완성하기, 빈칸 채우기, 기억력 도전하기, 녹음하기, 컴퓨터 게임, 문장 묶어 쓰기, 문장 풀어쓰기 등)

- 공통 단어와 구를 찾고 식별하고 분류하기
- 교실 언어 및 사회적 표현 연습
- 개인 사전 보관

매크로 과제(macro task)는 연기하기, 녹음 또는 이야기 쓰기, 모델 또는 보드게임 만들기, 퀴즈 쓰기, 삽화가 포함된 정보 책자 만들기, 콜라주, 설문조사 등이 포함될 수 있습니다. 아이디어는 특정 언어에 초점을 맞추는 요점을 처음부터 학생들에게 명확하게 하여 그들이 특정 언어를 배우는 이유와 더 중요하게는 그 언어로 무엇을 할 것인지 알도록 하는 것입니다. 언어 집중 단계(language focus)에서는 언어 인식을 개발하거나 추가 언어 연습을 포함하는 활동이 사용됩니다. 이 접근 방식을 사용하여 교사는 매크로 작업에 대한 뼈대와 지원을 제공한 다음 허용함으로써 학생들이 최근에 배운 언어를 사용하도록 권장하고, 학생들이 자신의 목적과 의미를 위해 언어를 사용하도록 합니다. 창의성과 개인화의 여지를 허용함으로써 학생들은 그들이 실제로 필요로 하는 언어의 종류를 더 잘 알게 될 것입니다.

교사는 학생들이 이 언어에 대한 구체적인 조언과 지도를 받도록 격려해야 합니다. 이 접근 방식의 기본 원칙은 교사가 필요하다고 결정한 언어보다 학생들이 필요하다고 결정한 언어를 기억할 가능성이 더 크다는 것입니다. 이러한 매크로 과제(macro task)의 공개 공연 또는 전시 후에 교사는 발생한 문제와 문제를 기반으로 몇 가지 후속 언어 작업을 수행합니다.

6.5 이야기 기반 방법론(Story-based methodology)

스토리텔링은 아동의 사회적, 지적, 문화적 발달의 중심에 있는 보편적인 현상입니다.

Rosen(1985)의 말에 따르면 이야기는 '인류의 가장 일반적인 소유물 - 우리 세계 문법의 깊은 구조의 일부'입니다.

Rosen(1985) stories are 'the commonest possession of humankind - part of the deep structure of the grammar of our world'.

Kubanek-German(2000)은 스토리 기반 방법론의 사용에 많은 관심이 있다고 언급했다. 예를 들어, 크로아티아의 초등 단계에서 ELT에 대한 8년 종단 연구는 그것이 '극도로 생산적'이라는 것을 발견했습니다(Djigunovic and Vike, 2000). 많은 현대 교과서에는 언어 발달을 위한 이야기 사용이 포함되어 있습니다. Ellis and Brewster (1991, 2002)에 의해 생성된 것과 같은 스토리 기반 방법론은 많은 예를 제공하며 뒷장에서 자세히 살펴보겠다.

6.6 자연적 교수법(Natural Approach)

자연적 교수법은 스페인어 교사였던 Tracy Terrell의 실제적인 교육 경험과 Stephen Krashen의 이론의 접목으로 태어난 새로운 언어교수 방법의 한 갈래이다. 자연적 교수법의 기본 원리는 학생의 모국어에 의존하지 않고 어린아이가 모국어를 자연스런 환경에서 자연스럽게 배우는 원칙을 적용하여, 의사소통 상황 속에서 목표 언어를 직접 사용해서 가르치는 방법이다. 따라서 목표 언어의 문법적 분석이나 문법 연습 등을 하지 않으며, 특정한 문법 이론 등을 따르지 않는다. 직접 교수법(direct method)과

혼동하는 경우가 있으나, 직접 교수법과 다른 점은 교사가 홀로 말하거나, 학생들이 교사의 말을 직접 따라 하게 하거나, 형식에 맞춰 질문과 대답을 하게 하는 경우가 적으며, 발화할 때의 언어 구조적 정확성을 강조하지 않는다는 점이다. 자연적 교수법은 특히 학생들이 목표 언어에 관한 연습보다는 목표 언어 자체를 가능한 한 많이 접촉하도록 하고, 언어를 배우려고 하는 심리적 태세를 극대화하며, 발화보다는 듣기에 더 큰 비중을 둔다. 또 이해 가능한 투입의 자료로서 글이나 그림 등의 여러 가지 자료를 적극적으로 이용한다는 것이 특징이다. 자연적 교수법의 특징은 이해 우선, 이해 중심의 교수법이라 할 수 있다(Richards & Rodgers 1986:129).

Krashen과 Terrell은 언어의 성질에서 의미의 중요성을 강조하였는데, 그것은 언어 교육에서 어휘의 역할을 강조한 것으로 이어진다. 언어란 본질적으로 어휘이며, 문법은 의미를 어떻게 생성하고 전달하는가를 부수적으로 결정하는 것일 뿐이라는 것이 이들의 견해의 근저를 이루고 있다. 언어란 의미와 메시지 소통의 수단이며, 언어의 습득은 목표 언어의 의미를 이해하여야만 가능하다(Krashen & Terrell 1983 : 19)는 견해를 가졌으나, 결과적으로 나타난 그들의 교수 방법의 기본 원리는 청각 구두 교수법의 원리와 비슷한 '언어 구조의 단계적 숙달'이라는 것으로 요약된다. 즉 학생이 충분히 이해할 수 있는 언어 자료(comprehensible input)보다 언어 구조 면에서 바로 한 단계 높은 수준의 자료(i+1)를 단계적으로, 그리고 지속해서 접하게 함으로써 목표 언어를 습득하게 할 수 있다는 것이 이 교수법 원리의 근간이라 할 수 있다. 의미의 생성과 이해를 위해서 어휘의 인식과 발화가 매우 중요한데, 의미를 생성 전달할 때의 어휘는 항상 문법적인 구성을 해야 하고, 복잡한 의미의 생성을 위해서는 복잡한 문법 구조가 필요하게 된다. 그럼에도 불구하고 그들은 언어 교육에 있어서 문법적 분석을 명시적으로 하는 것은 필요하지 않다고 보았다.

자연적 교수법의 이론적 근거는 Krashen의 언어 습득에 관한 다섯 가지 가설에 기초하고 있다.

(1) 습득·학습 가설(The Acquisition·Learning Hypothesis)

'습득'이란 유의미한 의사소통의 상황에서 목표 언어의 의미를 이해하고 사용함으로써 생기는 자연적 언어 발달의 무의식적 과정이고, '학습'이란 목표 언어의 규칙에 관한 지식이 의식적으로 발달하는 것으로서 언어의 형태에 대한 지식을 명시적으로 설명할 수 있는 능력을 포함한다고 정의하고 있다. 학습을 위해서는 공식적으로 가르치는 일이 필요하고, 학생이 실수하면 교정해 주어야 한다고 보며, 학습은 습득으로 이어질 수 없다고 본다.

(2) 점검 가설(The Monitor Hypothesis)

습득된 언어 규칙은 언어를 사용할 때 발화를 주도적으로 끌어낼 수 있지만, 의도적인 학습은 습득된 언어를 발화했을 때 그것을 점검하거나 수정하는 역할만 할 수 있다고 본다.

(3) 자연적 순서 가설(The Natural Order Hypothesis)

문법 구조의 습득은 어떤 예측된 순서에 따라 이루어지며, 모국어에서 먼저 습득하는 언어 구조나 형태소가 있듯이, 목표 언어의 습득에서도 먼저 습득되는 요소들이 분명히 존재한다는 가설이다. 실수를 한다는 것은 언어의 자연적 발달과정이 존재한다는 것을 보여주는 증표라고 본다.

(4) 투입 가설(The Input Hypothesis)

앞에서 논의한 i+1 수준의 언어 자료를 충분히 접하게 하면 언어 습득이 일어난다. 말을 하는 능력은 직접적으로 가르칠 수가 없고, 투입되는 언어 자료의 의미를 이해함으로써 학생이 언어적 능력(linguistic competence)을 얻게 되면, 독자적으로 생겨나는 것이라고 본다. 따라서 학생에게는 '엄밀 조정된 언어 자료' 대신에 '대략 조정된 언어 자료'를 충분히 공급하는 것이 중요하다고 본다.

(5) 정서적 여과막 가설(The Affective Filter Hypothesis)

학생 개인의 정서적 상태나 태도는 습득에 필요한 투입 언어 자료의 투과를 조절하는 기능을 하는 여과막과 같은 것으로 본다. 이 정서적 여과막은 학생의 학습 동기, 자신감, 심적 불안감 등 이 세 가지 요소와 관련이 깊은데, 이 여과막은 투과가 잘 될수록 습득에 효과적이라고 본다. 불안감이 적고, 자신감이 크다면 새로운 목표 언어를 접했을 때 저항감이 적고, 따라서 보다 쉽게 습득할 수 있을 것이기 때문이다. 이 정서적 여과막은 청소년기 초기에 특히 활발한 것으로 알려져 있다.

6.7 총체적 언어 접근법(Whole Language Approach)

(1) 언어 학습에 대한 관점

총체적 언어 접근법은 언어란 의미를 만들고 다양한 목적을 달성하기 위한 수단이며 문자 언어가 언어 학습의 핵심이라는 전제로부터 출발한다. 총체적 언어란 자연적인 발화이며, Goodman(1986)은 전체(whole)라고 하는 것은 개개의 부분(part)들의 합 이상의 의미이고, 언어의 부분들은 전체 발화(whole utterance) 내에서만 배워질 수 있다고 보았다. 즉 총체적 언어 접근법은 언어의 듣기, 말하기, 읽기, 쓰기 등 네 가지 기능들을 분리하여 학습하거나 단어, 음절, 강세 등 언어를 구성하는 요소들을 따로 떼 학습하는 것은 아동이 실제 의사소통 상황에서 이들을 유기적으로 결합하여 하나의 완성된 발화로 만들어내는 것을 어렵게 한다고 본다. 언어 학습은 작은 단위를 배워서 그것이 모여서 이루는 전체를 알아가는 것이 아니라, 그 반대로 의미를 이루는 큰 부분을 이해하고 싶은 욕구에서 출발하여 그것을 예측하고 수정하면서 지속적인 학습 동기를 유발해 작은 단위까지 스스로 배우도록 해야 한다는 것이다. 이런 의미에서 총체적 언어 접근법은 하향식(top-down) 접근이라고 할 수 있다.

Goodman(1986)은 아동이 언어를 쉽게 학습하는 상황을 실질적으로 언어를 사용할 때, 의미의 덩어리를 다룰 때, 의미를 파악할 수 있을 때, 흥미로울 때, 학습자와 관련이 있을 때, 사회적인 실용성이 있을 때, 언어 사용의 목적이 있을 때라고 하였다.

다음은 언어 학습이 쉬운 상황과 어려운 상황을 보여준다(Goodman, 1986:8).

It's easy when:	It's hard when:
• It's real and natural. • It's whole. • It's sensible. • It's interesting. • It belongs to the learner. • It's part of a real event. • It has social utility. • It has purpose for the learner. • The learner choose to use it. • It's accessible to the learner. • The learner has power to use it.	• It's artificial. • It's broken into bits and pieces. • It's nonsense. • It's dull and uninteresting. • It belongs to somebody else. • It's out of context. • It has no social value. • It has no discernible purpose. • It's imposed by someone else. • It's inaccessible. • The learner is powerless.

총체적 접근법은 언어 발달에 있어 형식(form)은 기능(funtion)을 뒤따른다는 것을 강조한다. 아이들은 언어로 자신들이 무엇을 성취할 수 있는지를 알고, 원하는 것을 성취하기 위해서 언어의 형식을 구사해야겠다는 동인을 느낀다. 아이들은 언어의 필요를 느낄 때, 즉 언어를 기능적으로 사용할 필요가 있을 때 언어를 쉽게 배운다. 따라서 아동의 언어 발달에 있어서 언어의 기능이 언어의 형식보다 먼저 발달한다. 그러나 우리가 아동의 언어 발달에 대해 갖는 고정관념으로는 이와 반대로 소리를 완전히 알아야 말할 수 있고, 음철법(phonics)을 모두 알아야만 글을 읽을 수 있다고 생각한다.

그리고 철자(spelling)를 모두 알아야 쓸 수 있고, 어휘를 알아야 문장을 만들어 사용할 수 있다고 생각한다. 실제로 아이들은 어른들이 사용하는 소리 들을 다 알기 전에 다른 사람이 이해할 수 있는 말을 하고, 문장을 만드는 규칙을 다 알기 전부터 문장을 만든다. 아이들은 언어의 기능을 알기 때문에 언어를 사용하는 것이다. 언어를 가능하게 하려고 시도하는 가운데 언어 사용에는 필요한 형식이 있음을 알게 되고, 기능에 맞는 형식을 구사하기 위해 다양한 실험을 한다. 그러한 실험은 시행착오의 과정이 포함되므로 아이들의 언어형식에 대한 발달은 반드시 실수를 동반한다고 보아야 한다. 따라서 총체적 언어 접근법은 모험과 도전하는 가운데 일어나는 시행착오의 과정, 즉 오류(error)를 통해 학습된다는 원리를 수용한다.

이상에서 살펴보았듯이 총체적 언어 접근법은 언어의 의미 이해에 초점을 두고, 전체(whole)에서 부분의 접근, 언어 기능의 통합, 교과 내용 또는 방법 간의 의미 있는 통합을 포함하는 포괄적인 개념이라고 할 수 있다. 따라서 언어의 의미 파악을 위해 언어의 제 기능들을 주제의 공통성에 따라 통합된 교육과정 속에서 유기적으로 결합하여 교수·학습하여야 한다는 것이다.

(2) 총체적 언어 접근법의 원칙

총체적 언어 접근법의 원칙은 다음과 같다.

첫째, 의미의 강조이다. 총체적 언어 접근법은 의사소통이란 사회적 맥락 속에서 총체적 언어로 언어 사용자가 자신의 필요에 따라 정보를 전달하고 전달받는 상호작용적인 행위이기 때문에 의사소통 능력이란 실제 상황에서 의미교섭을 할 수 있는 총체적 능력이라고 본다. 따라서 총체적 언어 접근법에 기초한 지도는 편의성을 위해 언어를 단편적인 지식으로 쪼개지 않고, 언어 학습 초기 단계부터 학습자의 일상생활과 흥미를 최대로 고려한 자연스러운 언어 사용 맥락 속에서 이야기가 담긴 교재를 주는 것이 바람직하다.

둘째, 실수의 허용이다. 실수·오류·잘못된 해석과 개념들을 수용하는 분위기를 만들어 주어, 학습자가 자기 생각과 느낌을 자유롭게 언어로 표현할 수 있도록 해야 한다. 즉, 학습자 개개인이 언어의 규칙 형성을 하도록 시도하게 하며, 실수하면 여러 번 수정하며 고쳐나가는 글쓰기의 절차를 존중해야 한다.

셋째, 학습자의 주변과 경험에 바탕을 둔다. 의사소통 활동에 참여할 때 사전 지식구조나 경험을 활용하는 것처럼 자신의 필요와 의도를 실현하기 위해 언어를 사용하도록 학습자와 관련된 것, 경험에 기초를 두고 의사소통이 유발될 수 있는 자연스러운 언어 상황을 만든다.

넷째, 학습 자료와 활동의 실제성(authenticity)이다. 총체적 언어 접근법은 학습 초기부터 한편의 글을 가지고 가르치는 것으로서, 이는 아동들이 글 속에서 언어가 의미하는 바를 탐구한다는 것을 뜻한다. 이러한 생각은 아동들이 생활 속에서 이미 언어가 의미하는 바를 탐구한다는 것이므로, 생활 주변에서 매일 접할 수 있는 교통신호·TV 광고·상품의 포장지 등을 이용하고, 책·신문·메모를 통해 문자, 단어, 내용을 전달할 수 있는 활동을 하도록 한다.

총체적 언어 접근법을 수업에 적용하기 위해서는 학습자의 주변과 경험에 바탕을 둔 내용을 선정하고, 실제적이면서도 의미의 이해에 초점을 둔 학습 자료와 활동을 통해 자연스럽게 의사소통이 유발될 수 있는 언어 상황을 만들도록 하여야 하며, 학습자의 실수를 허용하는 분위기를 조성하여야 한다.

6.8 화제/주제 중심 교수법(Topic-based Approach)

화제 중심 교수법은 내용 중심 교수의 일종이며 이 교수 방법의 학습원리는 내용 중심 교수법과 같다. 이 교수법은 학습자가 현재의 흥미를 끌고 있는 화제를 선정하여 그

화제와 관련된 기사나 책, 영화, 다큐멘터리 등의 매체를 통하여 쟁점을 논의하고 해결점을 제안한다. 논의한 화제에 대해서는 과제가 부여되고 이를 언어의 4기능 모두 동원하여 통합적인 학습이 이루어지게 된다. 화제 중심 교수법의 학습 활동을 응용한 지도 방법은 다음과 같다(Brown, 1994).

① **토론**: 주제와 관련된 기사, 통계를 읽고 토론하고 글을 써본다.

② **연구 프로젝트 시행**: 개인 또는 팀을 구성해서 자료를 찾아 수집하고 종합한다. 그 내용을 구두 발표 또는 소논문을 작성한다.

③ **작품 만들기**: 화제와 관련해서 학습자가 직접 드라마, 인터뷰, 뉴스, 보고서, 포스터, 신문 기사나 소책자를 완성하는 것이다.

④ **현장 학습**: 현장 학습 이전에 관련 기사를 읽고 조사하고, 현장에 다녀와서 그 결과를 요약한다.

⑤ **시뮬레이션**: 화제와 관련하여 시나리오를 만들고 게임을 구성한다.

화제 중심 교수의 특징은 다음과 같다.

① 화제는 학습자의 관심사로 선정하여 언어와 내용에서 다양한 흥미를 제공한다.

② 의미 있는 학습상황에서 언어가 제공된다.

③ 학습자의 호기심과 학습 동기를 자극한다.

④ 학습 과정에서 다양한 지식을 얻게 되고 의사소통 능력까지 습득할 수 있다.

⑤ 4기능을 통합적으로 학습하고 기능 간에 습득을 촉진한다.

주제 중심 교수법(thematic approach)이란 언어 학습과 내용 학습의 전체적인 통합을 도모하며 교과목 내용이 언어 학습을 위한 내용으로 제공되는 교수법을 뜻한다. 여기에서 내용이란 제 2언어 교수의 목적을 위해서 주제를 사용하는 것을 말한다.

이 교수법에서는 언어 그 자체 보다 의사소통되고 있는 또는 수업 시간 중에 다루어지는 주제에 초점을 맞춘다. 또, 학습자 자신이 활동하고 싶은 주제를 정하고 그 주제에 필요한 실제적인 목적을 위한 활동을 실행해 가게 한다. 이 과정에서 학습자가 강한 학습 의욕과 자신감을 갖게 되며 일상생활의 경험을 통해 새로운 지식과 기술을 습득하게 된다고 박미희(2003:15)는 설명하였다.

이 교수법의 특징을 살펴보면 다음과 같다.

첫째, Brown(1994)은 국가가 제시하는 교육과정 내용과 연계지어 거미줄 모형으로 계획하는 것이 특징이라고 보았다. 또한, 학습자가 현재의 흥미를 끌고 있는 주제를 선정하여 그 주제와 관련된 기사나 책, 영화, 다큐멘터리 등의 매체를 통하여 쟁점을 논의하고 해결점을 제안한다.

둘째, Goodwin(2004)은 주제 중심의 내용이 있는 것으로 정의하고 거미줄 모형으로 계획될 수 있는 많은 내용이 있으며 이를 통해 학습자가 주제와 관련된 많은 개념을 쉽게 배운다고 했다. 좀 더 일관성 있는 것, 교육과정과 밀접한 관계가 있는 내용을 위주로 과목 영역에서 상호 연결되고 상호 보완되어 통합적 계획과 교육을 할 수 있다는 것이다.

셋째, Snow와 Brinton(1997)은 "내용과 언어 교육의 목표를 통합하는 것이다."라고 하며 내용 지식과 언어를 동시에 공부하는 것으로 보았다. 내용을 목표 언어로 배우다 보면 말이 배워진다는 효과가 있다는 것이다.

넷째, 정동빈(2002)은 이 교수법으로 아이에게 알맞은 주제를 선정하여 어린아이의 흥미와 관심을 높여주고 이런 주제의 자료를 활용하여 반복하여 듣고 인식하게 한 후에, 그에 반응을 하게 하며, 어린아이와 상호작용을 하게 한다고 하였다.

6.9 역할 놀이(Role-play)

1963년 Spolin(1963)에 의해 즉각적인 반응성, 실제성, 자연스러움 등을 목적으로 하는 배우 훈련에 사용되었던 역할 놀이는 Shaftel(1967)에 의해 언어를 가르치기 위한 목적으로 사용되기 시작하였다(Dubin & Olshtain 1986;136). Paulston(1977: 32)이 상정한 것처럼, 역할 놀이는 상황(situation), 역할(roles), 유용한 표현(useful expression) 등 이 핵심적 구성 요소이다.

학습 내용이 언어 사용에 관한 것일 경우, 언어 사용은 언제나 상황을 포함한다. 그 상황은 매우 다양한 변수를 포함하고 있다. 역할 놀이란 학생에게 언어 사용과 관련된 역할을 가상으로 부여하고 주어진 상황에 맞도록 말하고 행동하도록 하는 수업 방식이라고 할 수 있다. 학생은 a. 상황에 대한 정확한 인식과 이해-참여자가 누구이며, 그들 간의 관계는 어떠하며, 어떤 조건하에서 어떤 일이 일어나고 있는가 등등, b. 자신의 역할에 대한 정확한 이해 및 인식. c. 상대방의 역할에 대한 정확한 인식을 반드시 필요로 한다. 그러므로 교사는 역할 놀이를 하는 학생들이 위의 3가지를 확실하게, 충분히 이해시켜야 하고, 학생의 이해가 확실하다고 판단되었을 때 이 활동에 들어가야 한다.

역할 놀이를 통하여 학생들은 가상 인물의 역할에 대하여 매우 큰 흥미를 느끼는 경향이 있어 학생들의 수업 과정에서의 적극적인 참여를 유도할 수 있다. 또, 그 가상적 역할의 수행을 통하여 언어의 기능에 대한 보다 명확한 이해와 실제 언어 사용 상황에 매우 근접한 사회언어학적 언어의 기능, 의미의 미묘한 차이, 어법 등을 익힐 수 있는 좋은 기회를 제공해준다.

역할 놀이를 할 때 유의점은 다음과 같다(Dublin & Olshtain 1986: 136-145; 재인용 이완기, 1997 : 267~269).

a. 학생들이 너무나 익숙하게 잘 알고 있는 표현들은 역할 놀이에 사용하지 않는다.

b. 역할 놀이가 당면 학습 내용을 가르치는 데 가장 적합한 것인지를 결정해야 한다. 역할 놀이를 하게 되면, 학생들은 영어 사용 원어민들의 사회적 통념, 관행, 문화

등에 맞게 할 수 있도록 하여야 한다. 즉, 언어표현 연습뿐만 아니라, 상황에 따른 적절한 역할과 행동 등을 배울 수 있어야 한다.

c. 학생들이 준비할 수 있는 충분한 시간과 조건을 마련해 주어야 한다.

d. 학습자는 다른 사람의 모습으로 역할을 수행하기 때문에 어느 정도 안정감을 가진다. 그러나, 자신의 실체를 감춘다는 사실은 한편으론 자신에게 위협적으로 받아들여지 기도한다(Piper, 1983). 역할 놀이에 참여하는 학생 모두에게는 교사는 똑같이 충분한 관심을 보여야 한다.

e. 학생은 훈련받고 있는 배우 지망생이 아니다. 다른 사람의 역할을 수행할 수 있도록 해주는 동기를 잘 부여해 주어야 한다.

f. 학생 자신들이 가지고 있는 문화적 배경이 역할 놀이에 그대로 드러날 경우, 문화간의 차이에 대한 이해를 통하여 영어의 문화를 올바르게 이해하는 데 이용할 수 있도록 해야 한다.

g. 역할 놀이가 끝난 후, 학생들은 왜 그러한 역할 놀이를 했는가에 대한 이유를 알 수 있도록 해주어야 한다. 역할 놀이를 한 이유와 관련이 있는 학습 목표를 한 번 더 강조해 주어야 한다.

교실에서 하는 역할 놀이는 어디까지나 인위적이다. 실제인 것처럼 가정하고 하자는 것이 전제된다. 학생들이 상대방의 역할이나 말에는 관심이 없이 자신의 역할만을 기계적으로 하려고 하는 수가 종종 있다. 이렇게 되면 역할 놀이는 실패다. 역할 놀이에 참여하는 모든 학생과 그 밖의 학생들도 전체적인 맥락과 상황을 잘 알 수 있도록 하는 것이 무엇보다 중요하다. 교사는 역할 놀이를 실제로 시키기 전에 역할 놀이에 대한 보다 전문적인 이해와 적용 기술을 익히는 것이 중요하다. 단순히 정해진 대화 한 줄씩을 외워서 발화하게 한다면, 그것은 역할 놀이가 아니라 단순한 언어 연습에 불과하며, 의사소통 능력의 개발에도 도움이 되지 못한다.

이런 역할 놀이를 통해서 어린이에게 사회성, 공공성, 질서, 도덕성을 함양시켜주는 부수적인 교육효과도 제공한다. 사회성이 부족하여 어린이 사이에 교류가 없는 어린이에게 특히 좋은 기회는 역시 역할극을 통해서 서로서로 상호작용을 할 수 있는 계기를 주는 것이다.

03

언어 요소별 기능별 지도법의 실제

CHAPTER 07 발음 지도
CHAPTER 08 어휘 지도
CHAPTER 09 문법 학습
CHAPTER 10 듣기 지도
CHAPTER 11 말하기 지도
CHAPTER 12 읽기 지도
CHAPTER 13 쓰기 지도

CHAPTER

07

발음 지도

이 장에서는 발음 작업의 범위와 좋은 발음에 대한 학생들의 인식을 높이기 위해 사용할 수 있는 기술 및 활동의 종류를 살펴보고 그다음 아이들이 어휘를 배우는 방법과 가르치는 방법을 마지막으로 문법 학습과 교수법을 살펴보도록 하겠습니다.

7.1 발음의 범위

교사는 발음이 단지 한 측면일 뿐인 개별적인 소리에 관한 것이 아니라는 사실을 주의 깊게 고려해야 합니다.

초등 수준에서 영어로 말할 때 발음 기능의 범위는 다음과 같다.

- **개별 소리** 및 영어에 많은 **자음 클러스터**
- 음절과 강세
- 단어에서 약하게 강세를 받는 음절과 강하게 강세를 받는 음절
  예를 들면, 복합 명사, 동사, 형용사, 긴 단어
- 구와 문장에서 강세가 어떻게 작용하는지
- 사물을 대조하는 데 강세가 어떻게 사용되는지
- 의미를 바꾸기 위해 문장에서 강세가 어떻게 사용되는지
- 일부 단어의 소리가 어떻게 결합 되어 구와 문장에서 함께 연결되는지
- 오래된 정보를 언급하기 위해 억양을 사용하는 방법
- 새로운 정보를 언급하기 위해 억양을 사용하는 방법
- 부가 의문문에서 억양이 사용되는 방식; 예를 들면 그렇지 않니? (isn't it, can't she?)

(1) 개별 소리(individual sounds)

학생들의 모국어와 영어 사이에는 항상 발음의 차이가 있다. 모국어에는 없는 자음이 있을 수 있지만 영어에서는 발생하는 소리가 있거나 그 반대의 경우도 있다. 또는 두 언어가 같은 자음을 가질 수 있지만 단어의 다른 위치에서 발생하거나 영어에서 발생하는 자음 그룹 또는 클러스터가 모국어에서는 발생하지 않을 수 있다. 일부 차이점은 문제로 이어질 수 있거나 일부는 다른 것보다 숙달하기가 더 어려울 수 있다. 모음의 발음은 문제를 일으킬 가능성이 더 큽니다. 교사는 소리를 낼 때 아이들에게 교사의 입 모양과 입술 모양을 잘 보일 수 있도록 해 줘야 한다. 예를 들면 입이 얼마나 열렸는지 닫혔는지, 입술이 얼마나 둥글거나 퍼졌는지를 설명하며 보여줘야 한다. 가능하면 단어를 먼저 보여주고, 발음 연습이 더 의미가 있도록 문장으로 빠르게 이동한다. 소리 인식(sound awareness)을 개발하는 기술을 사용하여 예를 들면 단모음 /I/ 및 장모음 /I:/ 소리의 차이점을 어린이들에게 인식시키기 위해 약간의 시간을 할애해야 할 수도 있다.

아이들은 먼저 소리가 실제로 다르다는 것을 들을 수 없다면 두 소리의 차이를 구별하기 어려울 수 있다. 교사는 듣기 연습과 게임을 사용하여 학생들이 어려워하는 소리에 집중할 수 있도록 도와준다. 이를 통해 아이들은 두 개의 소리가 같은지 다른지 말하는 게임을 하거나, 첫소리(예: tin과 thin)가 다른 두 단어의 소리를 잘 듣고 교사가 말한 한 단어, 집어 들기, 그리고 그 단어의 어디가 다른지 그 지점을 발견함으로써 소리 사이의 차이점을 듣는 법을 배운다. 예를 들면 세 단어 중 이상한 소리가 나는 한 단어 찾기 ‘odd one out’(예: fill, feel, fit)과 같은 활동을 통해 아이들을 이해시켜준다. 아이들은 /hen/과 같이 첫소리 /h/로 공기를 내뿜고 입 앞에서 손으로 공기를 느끼는 연습을 할 수 있다. 또한, 영어 단어 *pop*, *cat*, *time*에서와 같이 첫소리 /p/, /k/ 및 /t/에서도 발생합니다.

(2) 연결된 말 소리(sounds in connected speech)

발음 교육이 개별 소리의 발화에 전적으로 집중하지 않는 것이 중요합니다. 비공식 말에서 소리가 어떻게 혼합되는지 연습하는 것도 똑같이 중요합니다. 영어에 존재하는 발음 기능 중 하나는 '연결(linking)'입니다. 특정 소리가 스타카토 효과를 피하려고 함께 실행되는 경우이다. 이것은 자음이나 모음으로 끝나는 단어 다음에 모음으로 시작하는 단어가 오는 경우 가장 일반적으로 발생한다. 예를 들어 다음 동작 운(action rhyme)에서 볼 수 있다(Jean Brewster & Gail Ellis, 2002).

Chop, chop, choppity-chop.
Cut off the bottom,
And cut off the top
What there is left we will
Put in the pot:
Chop, chop, choppity-chop.

위의 문장에서, 우리는 자음으로 끝나는 단어(철자가 아님)가 모음 소리로 시작하는 경우 다음 단어와 연결되는 방식을 봤다. 예를 들면, cut off, there is. 이런 식으로 단어를 연결하면 영어의 원활한 흐름을 유지하는 데 도움이 된다. 이 운율은 자음 /tʃ/와 단모음 /D/ /^/ 및 /I/을 연습하는 데에도 유용하다. 아이들이 운율을 말할 때 알아챌 수 있도록 연결의 예에 대해 아이들의 주의를 환기해야 한다.

(3) 강세와 리듬(stress and rhythm)

영어는 '강세 박자(stress-times)' 언어입니다. 즉, 각 박자 사이에 얼마나 많은 음절이 있는지에 관계없이 강세가 있는 박자가 거의 동일한 시간 간격으로 발생한다.

이것을 시연하는 유용한 방법은 아이들에게 강한 박자에 손뼉을 치게 하고 박수 사이에 점점 더 많은 음절을 추가하는 것입니다(강한 박자는 대문자로 되어 있습니다):

ONE TWO THREE FOUR

ONE and TWO and THREE and FOUR

ONE and a TWO and a THREE and a FOUR

ONE and then a TWO and then a THREE and then a FOUR.

(Jean Brewster & Gail Ellis, 2002).

노래(songs), 운율(rhymes) 및 재즈 챈트(jazz chants)는 영어에서 강세와 리듬이 작동하는 방식을 잘 보여준다. 다시 말하지만, 각 행의 주요 강세를 고르는 데 도움이 되도록 어린이들에게 손뼉을 치게 할 수 있다. 강세가 있는 단어는 메시지의 주요 부분을 제공하는 중요한 '내용(content)' 단어입니다. 이러한 단어에는 명사, 동사, 형용사 및 부사가 포함된다. 단어가 강세를 받으면 세 가지 특징이 있다. 강조된 단어는 다른 단어보다 약간 크게 들리고 모음은 명확하게 발음된다. 그래서 더 길게 들리는 경향이 있다.

위의 예를 통해 이것을 알 수 있다. 강세가 없는 단어는 일반적으로 다소 빨리 또는 게으르게 말합니다. 즉, 모음 소리가 명확하게 발음되지 않기 때문에 흐릿하게 들릴 수 있습니다. 사실, 이러한 모음은 종종 /ə/; /I/와 /ʊ/같이 쉽게 발음되는 모음으로 변경됩니다. 강한 강세가 없는 단어를 '약한 형태(weak forms)'라고 합니다. 이들은 관사, 동사 또는 조동사, 대명사 또는 전치사와 같은 문장의 문법적 단어에서 가장 일반적으로 발생하지만, 메시지에서 그다지 중요한 부분이 아닙니다. 위의 운율에서 약한 형태는 /Ŏə/, /ən /, /wI/로 발음되는 되는 the, and, we입니다. 노래와 운율(rhymes)은 영어가 어떻게 들리는지에 대한 아이들의 인식을 개발하는 데 특히 유용합니다.

(4) 억양(intonation)

영어에서 억양의 가장 중요한 기능 중 일부는 문장에서 가장 강하게 강조된 단어를 강조하고, 어떤 것이 서술문인지, 의문문인지, 감탄문 등을 나타내는 것과 같이 말하는 내용의 문법적 기능을 보여주는 것이다.

영어에서 가장 일반적인 억양 패턴은 하강 **조**(falling tone)를 사용합니다.

짧은 진술(to make a short statement)을 하자면: My name's Carlos; ↘
Wh-단어가 포함된 질문(questions with wh-words): Where's my bag? ↘
명령(commands): Stick it in here. ↘
놀라움, 분노 또는 경고를 나타내는 감탄사: Be careful! ↘

상승 조(rising tone)를 사용합니다.
요청하기: Can we open it? ↗ (열 수 있습니까?)
진술에서 질문하기: He's too tired? ↗ (그는 너무 피곤합니까?)
예/아니오 질문에서: Would you like a lift? ↗ (리프트를 원하십니까?)
그리고 문장의 주절 앞에 오는 절이나 구에서:
What there is left ↗ we will put in the pot ↘ . (남은 것은 냄비에 담을 것입니다.)

최근에는 미국, 호주 및 영국 영어에서 특히 젊은 세대에서 상승 어조, 심지어 평서문 사용이 더 자유로워졌습니다.

(5) 강세, 리듬 및 억양 지도 방법

① 강세 음절은 큰 동그라미로, 비 강세 음절은 작은 동그라미로 나타낸다. 아이들

이 문자를 알고 있으면 단어 또는 문장을 동그라미 밑에 같이 써 주고 그렇지 않으면 동그라미만을 그린다.

```
Oo          O o  o     Oo    o        O
office      restaurant policeman      hello

   o   O   o   o
What  time is  it?
```

② 강세를 받는 음절 밑에 밑줄을 긋거나 색분필로 철자를 쓴다.

officer　See you tonight.

③ 강세 유형에 맞추어 손뼉을 치는데, 강 음절은 크게 치고 약 음절은 작게 친다. 손뼉을 치는 대신 책상을 가볍게 두드리거나, 강세의 유무에 따라 주먹을 쥐었다 펴는 것과 같은 몸짓으로 강약을 표시할 수도 있다.

Pass the **salt,** **please.**
CLAP clap CLAP(pause) CLAP

④ 그림 카드 등 시각 자료와 실물을 교실로 가져와 이들을 보이면서 강세 연습을 시킨다.

It's a **bot**tle.
It's a **big** bottle.
It's a **small** bottle.

⑤ 의견의 불일치(disagreements)를 나타내는 문장들을 통해 중요한 단어가 강세를 받는다는 것을 알려준다.

A: Two and two are **five**.

B: No, two and two are **four**.

A: Is it the **first** of November?

B: No, It's the **seco**nd of November.

⑥ 강세는 발화의 초점이 되는 새로운 정보로 이동할 수 있다는 것을 보여주기 위해 교사가 기분 문장에서 한 번에 한 단어씩 바꾸어 말을 하면 학생들이 교사가 틀리게 말한 부분을 고쳐 원래의 문장대로 말하게 한다.

기본 문장: Mr. Jones was late this morning.

T: Mr. **Smith** was late this morning.

S: No. Mr. **Jones** was late this morning.

T: Mr. Jones was late **yesterday**.

S: No, Mr. Jones was late this **morning**.

T: Mr. Jones was **on time** this morning.

S: No. Mr. Jones was **late** this morning.

T: **Mrs**. Jones was late this morning.

S: No. Mr ⋯.

That's a **blue pen**.

That's a **red** pen.

That's a red **book**.

That's a **blue** book.

⑦ 리듬 및 억양 지도

아이들에게 영어의 리듬과 억양을 가장 잘 익히게 할 수 있는 방법 중 하나가 노래와 챈트를 통한 지도이다. 유용한 표현을 배우고 말하기, 듣기능력을 향상할 뿐만 아니라 영어의 리듬과 억양을 무의식적으로 자연스럽게 익히게 된다.

*
Is it raining?
*
No, it isn't.
*
Is it sunny?
*
Yes, it is.
*
Is it snowing?
*
No, it isn't
*
Is it cloudy?
*
No, it isn't.
*
Is it sunny?

*

Yes, it is.

*

Is it windy?

*

No, it isn't

출처: Carolyn Graham, 2006. Creating chants and songs.

(5) 다양한 기술과 활동들

일반적으로 발음 교육은 새로운 단어와 문장 패턴의 제시 및 후속 연습 활동의 통합적인 부분을 형성한다. 최소 쌍(minimal pairs)을 사용하는 훈련은 과거에 매우 인기가 있었다(이것은 한 음만 다른 한 쌍의 단어: pig: peg). 최소 대립어, 즉 다른 발음은 똑같고 단지 한 음만 다른 한 쌍의 단어를 대비시켜 연습시킴으로써 아이들이 어려움을 느끼는 두 발음 간의 차이를 인식하게 하는 방법이다. 예를 들어 'pig'와 'peg'는 단지 /i/와 / e/음만 다른 최소 대립어가 된다.

minimal pairs : p**i**g / p**e**g

영어에는 최소 대립어가 상당히 많이 존재하는데, 자음의 경우 발음할 때 성대가 진동하느냐 하지 않느냐, 즉 유성음이냐 무성음이냐에 따라 다음과 같은 최소 대립어들이 있다.

/p/ and /b/ (pete, beat) /θ/ and /ð/ (think, the)
/f/ and /v/ (fast, vast) /tʃ/ and /dʒ/ (choke, joke)

/k/ and /g/ (core, gore) /t/ and /d/ (to, do)
/s/ and /z/ (Sue, zoo)

한국 학생들이 혼동하는 발음을 포함하고 있는 최소 대립어는 다음과 같다.

/f/ and /p/ (fat, pat) /v/ and /b/ (vase, base)
/θ/ and /s/ (think, sink) /ð/ and /d/ (they, day)
/s/ and /ʃ/ (sea, she) /s/ and /z/ (sip, zip)
/r/ and /l/ (correct, collect)

최소 대립어들은 영어 학습자에게 발음상 어려움을 일으키는 자음의 쌍들을 포함하므로 청각적 식별 및 발음의 측면에서 유용하다. 모음도 최소 대립어 훈련을 통해 장모음과 단모음, 비슷한 모음들을 구분하도록 할 수 있다.

/i/ and /I/ (leave, live) /ɛ/ and /əe/ (men, man)
/u/ and /U/ (fool, full) /ɔ/ and /ə/ (walk, work)
/o/ and /ɔ:/ (boat, bought)

아이들이 음을 듣고 어떤 발음인지 식별하도록 하는 연습은 그림 또는 단어를 사용하여 할 수 있다. 칠판에 그림 카드를 붙여놓고 혹은 단어를 칠판에 쓰고 차례대로 번호를 매긴 뒤 교사 또는 원어민이 말하는 단어에 해당하는 번호를 불러 골라낼 수 있다.

혹은 최소 대립쌍을 문장 중에서 식별하도록 연습시키기 위해 단어 대신 단어가 들어간 문장을 말하고 아이들은 자신이 들은 문장이 어떤 것인지 표시하게 할 수 있다.

He's gone to get a cap.
He's gone to get a cab.

There's a flower in the glass.
There's a flower in the grass.

아이들이 교사가 말한 문장이 몇 번인지 말하면 즉시 피드백을 주고 틀린 번호를 선택하면 다시 한번 대립 쌍을 들려주어 두 음의 발음상의 차이를 알 수 있도록 해준다. 최소 대립쌍을 발음할 때 교사는 처음에는 다소 느리고, 과장되게 발음하여 아이들이 학습하고자 하는 발음을 분명하고 정확하게 들을 수 있도록 하고 나중에 자연스러운 발음을 들려주는 것이 좋다. 청각적 식별 훈련은 발음 연습으로 이어질 수 있다(이재희 외 9, 2015).

그러나 어린아이들에게 이와 같은 탈맥락화 연습은 지루하고 의욕을 꺾는다. 소리에 대한 인식을 높이거나 교정 작업에 유용하지만 흥미를 제공하고 무의미한 반복을 피하기 위해 게임과 같은 활동으로 전환해야 한다. 교사는 숫자 eigh**teen(o O)**과 **e**lephant(Ooo) 같은 두 개 또는 세 개의 음절 단어에 대해 올바른 단어 강세를 사용해야 합니다. 아이들은 이 음절의 강세를 들을 수 있어야 하며, **강세를 나타내기 위해 크거나 작은 원이나 사각형과 같은 기호를 사용하면 이를 시각화**할 수 있습니다. 새로운 단어만 제시하는 것에 주의하고 적절한 리듬과 강세를 얻으려면 가능한 한 빨리 문장에 넣어야 한다.

Minimal pairs(최소 쌍) 게임의 예

제목: Telephone game

방법: 1. 각 단어에 번호를 쓰세요.

예: ① pat ② fat ③ ban ④ van ⑤ line ⑥ nine ⑦ witch ⑧ rich ⑨ read ⓿ lead

2. 반 아이들을 팀별로 나누고 팀별로 전화번호를 만들고 각 번호가 의미하는 단어를 연습한다.

예: ⓿①⓿ - ①②④④ - ⑨⑦⑧⑤

lead pat lead - pat fat van van-read witch rich line

3. 팀별로 나와서 문제를 내고 전화번호를 맞춘다.

4. 전화번호를 정확하게 맞춘 팀과 정확한 발음으로 문제를 낸 팀 모두에게 점수를 준다.

주의점: minimal pair(최소 쌍)의 연습 자료를 처음에는 난이도는 쉽게 발음하고 쉽게 구별할 수 있는 낮은 수준에서 시작하여 점차 높은 수준으로 구성한다. 발음 연습이 충분히 이루어질 수 있도록 충분한 시간을 준다.

Minimal pairs(최소 쌍)을 **대화체** 속에 넣어 연습하는 발음지도도 효과적이다. 교사가 지도하고자 하는 단어가 들어있는 대화체를 아이들에게 제시하여 두 학생이 서로 대화를 나눔으로써 목적한 단어의 발음을 익히면 의사소통 능력 향상에 도움이 된다.

예: /i/ and /I/ <leave-live>

S1: Where are you leaving?

S2: I live in Seoul.

S1: No, I said you “leave’.

S2: Oh, I see. “leave’, I am leaving for home.

발음 연습을 위한 전통적 게임 몇 가지를 소개합니다.

① Stress Snap Stress Dominoes

- 활동 목적: 2음절 단어 내 단어 강세 인식 연습
- 교구재: 2음절 단어와 패턴 Oo(예: tiger) 또는 oO(예: eighteen)가 있는 Snap 및 Dominoes 카드
- 절차: 아이들은 동일한 강세 패턴을 가진 단어 카드를 찾아낸다.
  짝 활동 혹은 소그룹 활동으로 2개의 팀으로 나눠서 교사가 제한한 시간 내 올바른 강세 패턴을 더 많이 찾아낸 팀이 이긴다. 교사가 확인할 때는 강세 패턴이 같은 단어들을 큰 소리로 말해보도록 한다.

② Sound Bingo

- 활동 목적: 소리의 유사점과 차이점을 인식하는 연습/소리 구별하기
- 교구재: 빙고 카드(최소한의 쌍이 있는 그림 카드 혹은 단어 카드) 사용
- 절차: 아이들은 동일하거나 동일한 모음 또는 자음이 있는 단어를 뒤집어야 한다.(처음에는 2~3개의 소리로 시작)

③ Happy Sound Families

- 활동 목적: 소리의 유사점과 차이점을 인식하는 연습/소리 구별하기
- 교구재: 4개의 다른 모음 또는 자음 세트로 그룹화된 단어가 있는 카드 사용
  예를 들어 found, house, mouth, sound; chop, cheese, church, catch
- 절차: 카드들을 섞어놓는다.
  아이들에게 카드를 나눠준다.
  아이들은 본인과 같은 그룹화된 단어를 가진 가족을 찾기 위해 다른 아이들에게 질문을 하고 같은 가족을 찾는다. 가장 빨리 가족을 찾은 친

구 팀이 승리한다.

Mix them up.

Deal them out.

And players try to find families by asking each other for words.

(e.g. Have you got a word with /tʃ/ in it?)

④ Phonics Song

- 활동 목적: 소리를 말하고 구별하는 연습하기
- 교구재: 카드의 앞면에는 이중 문자 소리가, 뒷면에는 노래에 나오는 관련 사물이나 동물 그림 카드
- 절차: 노래를 연습한 후 탁자 위나 혹은 바닥에 더블 플래시 카드를 펼쳐놓는다.
  아이들은 노래를 부르면서 카드를 만지면서 노래를 대체할 소리나 그림을 차례로 선택한다.
- 게임 출처: Paul, 1996

⑤ Tiddleywinks

- 활동 목적: 소리를 말하고 구별하는 연습하기, 쓰기와 철자 연습하기
- 교구재: 확대된 Tiddlelywinks 보드, 컬러 카운터(colored counters).
- 절차: 개별적 혹은 팀은 2개 이상의 카운터(counters)를 가지고 있으며 한 카운터(counter)를 사용하여 보드의 다른 카운터를 튕깁니다('flicker 깜박임'은 다른 것보다 커야 한다).
  카운터의 대부분이 정사각형에 떨어지면 아이는 종이에 이 글자 또는 이중 글자 소리를 쓴다.
  아이들은 가능한 한 많은 소리를 수집한 다음 이를 사용하여 단어를 작성합니다.

각 어린이는 각 단어에 대해 점수를 얻습니다. 승자가 가장 많은 점수를 얻습니다.

* 4, 5번 게임 출처: Paul, 1996

⑥ Listening for a specified word

교사는 아이들이 찾아야 할 특정 단어를 정해 주고 여러 개의 비슷한 단어를 말한다. 아이들은 그 중 찾아야 할 단어가 어떤 것인지 번호를 적는다. (e.g. one-'pet', two-'pit', three-'pete').

⑦ Which order?

교사는 종이에 일련의 유사한 단어를 주고 아이들에게 교사가 발음하는 순서대로 번호를 적게 한다(e.g. pit(2), Pete(3), pet(1)

⑧ Rhyming words

교사가 한 단어를 말하면 아이들은 그 단어와 운을 이루는 다른 단어들을 말한다. 연습의 목적이 발음에 있으므로 아이들이 잘 모르는 단어를 사용해도 된다.

T: Tie(넥타이를 가리키며)

S: My, eye why, cry….

T: Pear(그림 카드 가리키며)

S: bear, chair….

⑨ Same or different?

교사가 두 개의 단어를 차례로 말하면 아이들은 두 단어의 발음이 같은 경우 'same'이라고 말하고 다른 경우 'different'라고 외친다.

T: Royal, (잠시 멈췄다가) Royal.

S: Same

T: Royal (잠시 멈췄다가) Loyal.

S: Different.

⑩ Odd one out

교사가 세 개 또는 네 개의 단어를 말하면 아이들은 그중 발음이 다른 단어를 고른다.

T: One-pear (잠시 멈췄다가) Two-Pear (잠시 멈췄다가) Three-Bear

S: Three

7.2 발음 목표

발음 기술은 오랜 기간에 걸쳐 개발되지만, 앞에서 보았듯이 어린 학습자는 이 영역에서 몇 가지 이점이 있을 수 있다. 아이들의 발음은 그들이 듣는 모델만큼 뛰어나며 그들의 주요 모델은 교사이다. 하지만, 교사 대부분이 원어민과 같은 발음으로 말할 것이라고 기대하는 것은 비현실적이다. 그 주요 목표는 외국어 억양의 징후가 있더라도 원어민이 이해할 수 있을 만큼 충분히 좋은 말을 하는 것입니다. 많은 언어 교사는 외국어 억양을 가지고 있지만 특정 기능은 다른 것보다 이해하기 어렵습니다. 단어 사이에 긴 망설임, 모든 음절 또는 잘못된 음절에 동일한 강세를 가하거나 잘못된 억양을 사용하는 것은 잘못된 모음이나 자음을 사용하는 것보다 때때로 알아들을 수 없게 방해할 가능성이 더 큽니다.

교사와 학생들은 어떤 억양이나 발음을 원할까요? 미국 액센트가 가장 일반적이다. 하지만 영어 사용자들은 국가적으로나 개인적으로 선호하는 발음을 모델로 삼고 있다. 또한 영어를 국제어로써 제2 언어나 외국어로 사용하는 비원어민의 영어 사용 수가 많아짐에 따라 다양한 영어 발음을 구사하고 있고 앞으로도 다수일 것이라는 측면에서 영어 발음과 그에 따른 태도에는 계속해서 많은 변화가 일어날 것으로 보인다(Dauer, 2005; 고경석, 2007).

영어 발음 지도의 목표를 어디에 두어야 할까? 과거에는 주로 모국어 화자와 유사한 발음이 발음 지도의 목표가 되었으나, 영어 교수법의 흐름이 점차 의사소통 능력을 기르는 것에 중점을 두게 됨에 따라 발음 교육의 목표도 이러한 시각에서 재정립되었다. 외국어 학습자가 모국어 화자와 거의 유사하게 발음한다는 것은 성취하기 어려운 목표이며 이러한 어려운 목표를 성취했다고 해서 특별히 의사소통을 더 잘하는 것도 아니다. 발음은 모국어 화자와 다르다 하더라도 정확하고 유창한 영어를 구사하면 오히려 더 의사소통이 잘되는 경우를 얼마든지 볼 수 있다. 따라서 발음 교육의 목표로서 보다 현실성이 있는 것은 큰 어려움 없이 편안하게 자기 말을 이해시킬 수 있는 발음(comfortably intelligible pronunciation)이라 할 수 있을 것이다.

(1) 발음 지도의 중요성

Morley(1994)는 의사소통이 가능한 발음은 영어 교육의 교수요목 중 필수적인 부분이고, 발음 지도에 대한 새로운 관심이 일고 있다고 말했다. 영어 원어민과 비원어민인 우리들과의 대화에서 어려움 없이 의사소통하기 위해서 학습자에게 올바른 발음을 지도하여 바르게 발음하도록 도와주고, 원어민과 자신감을 갖고 대화의 기회를 많이 갖게 함으로써 스스로 자신의 발음을 점검하고 수정할 수 있도록 돕는 일이 중요하다.

Wong(1986)은 그의 논문 '의사소통 수업에서 발음 지도의 자리가 있는가?'에서 의사소통 시 발음의 중요성, 특히 음절, 리듬, 강세, 억양에 대한 올바른 사용이 의미를 전달하는데 있어서 얼마나 중요한 역할을 하는지에 대해 강조하고 발음 지도의 중요성을 강조하고 있다. 의사소통 과정에 영향을 주고 또한 효율적으로 의사소통하기 위한 발음 지도의 방법으로 모국어와 영어 사이의 음절의 차이에 대해 지도, 또한 강세 방법에 대한 지도, 억양 지도의 필요성을 강조하고 있다.

영어 원어민 중 많은 수가 비원어민과의 대화를 이해하지 못하는 경우가 있다. Brown(1991)은 비원어민의 말이 비록 유창하고, 문법적으로 올바르고 적절한 어휘를 사용한다고 해도 형편없는 발음 때문에 말을 알아들을 수가 없다고 하면서 의사소통이 되지 못하는 원인을 발음에 두고 있다. 또한, Beebe(1978)는 그의 논문 '발음지도: 왜 해야 하나?'에서 의사소통을 강조하는 시대에서 발음은 문법, 통사 구조, 담화문처럼 의사를 전달하는 것이고, 우리가 전달하는 것은 단지 단어가 아닌 바로 발음을 하는 행위이고 발음은 의사를 전달하는 일에 필수적인 부분이라고 했다.

발음 지도 없이 스스로 발음을 이해하여 발전시킬 수도 있다고 생각할 수 있으나 발음을 스스로 터득해서 만족할 만하게 발전시켜서 알아들을 만하고 확신에 찬 발음을 할 수 있게 되는 경우는 흔치 않다. 그러나 더 중요한 것은 발음 지도를 하지 않기 때문에 학습자들이 발음을 향상할 수 있는 체계적인 노력뿐만 아니라 학습자의 개인적인 구두 언어학습 전략을 빼앗기게 된다는 것을 교사는 알아두어야 한다. 발음 지도를 함으로써 학습자들은 긍정적으로 자신과 상대방의 발음을 구별하게 되고 고칠 수 있는 전략을 세울 수 있다. 또한 교실 이외의 장소에서도 발음을 점검하고 수정하여 구사할 수 있게 된다.

발음은 가르쳐질 수 있고 배워질 수 있다. 발음이 좋지 않아서 생기는 문제에 대해 Morley(1994)는 첫째, 의사소통이 전혀 안 되는 경우와 둘째 의사소통이 만족스럽지 못한 경우를 들고 있다. 두 경우 모두 원어민과 비원어민의 발음에 대하여 부정적인 판단을 하게 된다. 발음 지도는 결코 시간의 낭비가 아니며 저절로 되는 것도 아니고 시간과 연구가 필요한 필수적인 부분이라는 것을 인식할 필요가 있다.

모국어 발음 습관이 완전히 형성되고 나면 정확한 외국어 발음을 습득하기가 어렵다는 사실이 많은 연구 보고서를 통해서 알 수 있다. 이것은 학습자가 외국어 발음을 배울 때 목표언어의 음 조직 대신 모국어 음 조직을 사용하는 경향이 있기 때문이므로 발음지도 시 단순히 특정 발음을 계속 반복시키는 것보다는 의미 있는 맥락 속에서 발음을 자연스럽게 익히도록 하는 것이 효율적인 발음지도 이다.

(2) 게임을 이용한 발음지도 방법

게임은 매우 효율적인 영어 발음지도 도구가 될 수 있다. 게임을 통해 더 많은 학습 효과를 얻기 위해 아래 사항에 유의해야 한다.

- 수업 목표를 설정한다.
- 설정한 수업 목표에 맞는 게임을 선택한다.
- 선택한 게임을 충분히 익히고 활용 방법을 숙지한다.
- 수업 활동 시간은 아이들의 반응에 따라 융통성 있게 조절한다.
- 게임을 하는 도중 또는 끝난 후 교사의 관찰에 의해 학생들의 수업 성취도를 측정할 수 있도록 평가 계획을 세우고 실행한다.

① 빨리 읽기

최소 대립쌍 단어를 나열하고 팀을 정하여 빨리 읽기 대결을 해본다.

시간을 재고 어느 팀이 승리했는지 결정한다. 게임이 끝난 후 잘못된 발음은 교정해 준다.

Tiger Team

tie	pie	boat	coat	goat	donkey	monkey
key	sea	pea	tea	tail	mail	nail

Lion Team

hoe	toe	yellow	blow	slow	snow	tree
three	see	bee	day	way	may	say

위의 자료를 빙고 게임으로 변형시켜서 해본다.

may	boat	sea	tail	slow
tie	day	mail	pea	pie
yellow	bee	say	tree	monkey
coat	way	snow	key	nail
tea	blow	three	toe	goat

CHAPTER 08

어휘 지도(Learning English Vocabulary)

이번 장에서는 우리는 아이들이 어휘를 배우는 방법에 대해 생각해 볼 것이다. 어린 학습자들이 학습할 것으로 예상되는 어휘의 양, 어떤 어휘를 가르치고 어떻게 가르칠 것인가, 마지막으로, 우리는 어휘 학습 전략에 대해 함께 생각해 보도록 하겠습니다.

8.1 어휘 학습의 중요성

어휘 학습의 중요성은 Wilkins(1972 : 111)는 다음과 같이 말했다. “While without grammar very little can be conveyed, without vocabulary nothing can be conveyed.” 문법 없이는 거의 전달할 수 없지만, 어휘 없이는 아무것도 전달할 수 없다. 라는 말에서 어휘의 중요성을 알 수 있다. 즉, 의사소통하기 위해서는 무엇보다도 어휘를 알고 있어야 함을 강조한 말이다.

문법이 언어의 뼈대를 구성하고 있다면 어휘는 언어를 완성하는 살과 내장기관에 해당한다. 우리가 표현하고자 하는 의미를 나타내는 단어들을 알고 있지 못하다면 의사소통은 이루어질 수 없으며 이해할 수도 없을 것이다. 언어 교육에서 형식이 아닌 내용이 점차 중요시되면서 어휘 학습의 중요성이 강조되고 있다. Carter(1998)는 어휘는 표현의 강력한 지표이며 실제 사용 시에 어휘 선택의 실수는 통사상의 실수보다 너그럽게 취급되지 않는다고 주장하였고, Taylor(1990)는 제2 언어 학습자와 교사들이 문법책과 사전 중 사전을 훨씬 더 필요로 하더라는 연구 결과를 통해 어휘의 중요성을 강조하였다. 아동의 언어 습득에 관해 연구해온 Clark(1993) 역시 어휘는 언어 습득의 출발점이며 중심이라고 주장하였다. 또한, Rivers(1983)는 외국어를 성공적으로 사용하려면 적절한 어휘의 습득이 필수적이라고 주장하며 어휘는 나이가 들어도 학습 능력이 감퇴하지 않고 오히려 어휘력이 발달함에 따라 새로운 어휘의 습득이 더 용이해진다는 점을 강조하였다.

따라서 유용한 어휘의 지식은 기본적인 의사소통의 기본이 되며 특히 어린이와 같이 영어의 초보 단계에 있는 아이들에게 필수적인 영어의 어휘를 익히도록 지도하는 것은 어린이영어교육에 있어 매우 중요하다.

8.2 아이들이 단어의 의미를 배우는 방법

외국어로 어휘를 가르칠 때 우리는 아이들이 여전히 모국어 어휘를 쌓아가고 있으며, 여전히 개념을 습득하고 구성하는 과정에 있다는 점을 명심해야 한다. 이것은 외국어로 된 어휘 학습을 복잡한 문제로 만들 뿐만 아니라, 그것은 평생 계속될 수 있는 지속적인 과정이다. Aitchison(1987)은 아이들은 라벨링(labelling), 패키징(packaging) 및 네트워크 구축(network-building)이라고 부르는 세 가지 다르지만 관련된 어휘 학습 과제에 직면해 있다. 라벨링(labelling) 작업에서 아이들은 일련의 소리가 사물의 이름으로 예를 들어, 공(a ball)이나 비스킷(a biscuit) 사용될 수 있음을 발견해야 한다. 포장 작업(packaging)에서 어린이는 하나의 레이블로 함께 포장할 수 있는 물건을 찾아야 한다. Cameron(1994)은 아이들은 상위개념이나 하위 개념보다 기초적인 의미를 먼저 배운다고 지적하고, 예를 들어 가구(furniture)나 흔들의자(rocking chair), 동물(anima)이나 달마시안(Dalmation)보다 먼저 의자(chair)나 개(dog)를 배운다고 말했다. 네트워크 구축 작업(network-building)에서 어린이는 단어가 서로 어떻게 관련되어 있는지 알아내야 한다.

8.3 어휘 크기(vocabulary size), 선택(selection) 및 학습 가능성(learnability)

이제 우리는 아이들에게 얼마나 많은 단어를 가르칠 것인가에 대해 생각해 본다. 외국어를 배우는 아이들의 현실적인 목표는 1년에 500단어 정도일 수 있지만 이는 학습 조건, 이용 가능한 시간 및 단어의 학습 가능성과 같은 다양한 요인에 따라 달라진다.

White(1988:50)는 학습 가능성과 관련한 7가지 요소를 다음과 같이 제시했다.

(1) 시연성(demonstrability): 단어의 의미를 전달하기 쉬운가? 예를 들어 자동차(car)와 같은 구체적인 기본 수준의 의미는 운송(transport)과 같은 추상 명사를 전달하기보다 더 쉽다.

(2) 모국어와의 유사성(similarity): 외래어와 모국어의 유사성이 있습니까?

(3) 간결성(brevity): 짧은 단어인가? 혹은 긴 단어인가? 긴 단어는 짧은 단어보다 배우기가 더 어렵다고 가정한다. 비행기(plane)는 비행기(airplane)보다 배우기가 더 쉽다.

(4) 형식의 규칙성(regularity of form): 형식의 규칙성을 갖는 단어입니까. 규칙적인 복수형 apple/apples가 있는 새로운 명사는 불규칙한 복수형 foot/feet이 있는 새로운 명사를 배우기보다 더 쉽다.

(5) 학습 부담(learning load): 단어의 일부가 이미 알려져 있습니까? 예를 들어, 아이는 침대(bed)와 방(room)은 알지만, 침실(bedroom)은 알 수 없다. 하나 혹은 그 이상의 구성 요소가 이미 별도로 알려진 경우, 새 단어를 배우는 데 필요한 노력이 더 낮다고 가정한다.

(6) 편의주의(opportunism): 단어가 아동의 직접적인 상황과 관련이 있습니까? 예를 들어, 교실 환경과 관련된 어휘가 포함될 수 있다.

(7) 관심도(center of interest): 단어가 어린이와 관련이 있고 관심을 가질 가능성이 있습니까?

어린 학습자를 위한 많은 과정에는 의사 소통에 필수적인 기본 어휘와 아동 중심 단어가 포함될 것입니다.

초등학교 영어 교육의 목표는 학생들이 기초적인 의사소통 능력을 길러주는 것이므로, 학생들에게 부담이 되는 너무 많은 어휘를 가르치기보다는 기본적 어휘를 가르치고 이를 적절하게 사용하여 기초적인 영어를 이해하고 표현할 수 있도록 지도하는 것이 바람직하다. 또한 초등학교 영어과 교육과정에 제시된 기본 어휘를 반드시 가르쳐야 하고 그것만을 가르쳐야 하기보다는 학생들의 수준을 고려하여 어휘 수를 융통성 있게 조정해야 한다.

교육과학기술부 고시 제2011-361호(별책 14) 영어과 교육과정 중 초등 어휘면을 살펴보면 각 학년 군에서 사용할 수 있는 새로운 어휘 수는 다음과 같다.

- 초등학교 3~4학년 군 : 240개 낱말 내외
- 초등학교 5~6학년 군 : 260개 낱말 내외
  (누계 : 500 낱말 내외)
- 또한, 단일 문장의 길이는 초등학교 3~4학년 군 : 7 낱말 이내
- 초등학교 5~6학년 군 : 9 낱말 이내
  (단, and, but, or, because를 사용하는 경우에는 예외로 한다.)

'낱말 내외'와 관련해서는, '5% 범위 이내에서 가감하여 사용할 수 있음'을 의미한다.

[별표 3] 기본 어휘 관련 지침과 어휘 목록, 기본 어휘 관련 지침의 내용을 살펴보면 아래와 같다.

기본 어휘 목록에 제시된 어휘 중에서 학년 군별 권장 어휘 수의 80% 이상을 학습할 것을 권장한다. 또한, 초등학교의 경우, 초등 권장 어휘 중에서 학년 군별 권장 어휘 수의 80% 이상을 학습할 것을 권장한다.

기본 어휘 목록에는 대표형만 제시하고, 대표형은 다음과 같이 변화형을 포함하는 것을 원칙으로 한다. 단, 빈도수가 높고 학습에 필요한 일부 변화형은 기본 어휘 목록

에 제시한다.

write(writes, wrote, written, writing)
be(am, are, is, was, were, been, being)
have(has, had, having)
book(books), foot(feet), leaf(leaves)
tall(taller, tallest)
they(their, them, theirs, themselves)
teach(teacher)
tour(tourist)
act(actor), invent(inventor)
soft(softly, softness)
happy(unhappy)
realize(realization)
emotion(emotional)
invest(investment)
mental(mentality)
color(colorful)
create(creative)

동일어의 의미 변화 및 문법 기능상 차이가 있는 경우는 원칙적으로 한 개의 낱말로 간주한다.

back [adv, n, v]

bat [n, v]
change [n, v]
close [adj, adv, v]
flat [adj, n]
head [n, v]
kind [adj, n]
present [n, v]

인명, 지명, 국가명 등 고유 명사, 기수, 서수, 로마자화된 우리말 단어는 새로운 어휘로 간주하지 않는 것을 원칙으로 한다. 단 빈도수가 높고 학습에 필요한 일부 기수와 서수의 경우 기본 어휘 목록에는 대표형만 제시하고, 대표형은 다음과 같이 변화형을 포함하는 것을 원칙으로 한다.

three (thirteen, thirty, thirteenth, thirtieth)
four (fourteen, forty, fourteenth, fortieth)
nine (nineteen, ninety, ninth, ninetieth)

생활 주변에서 흔히 사용하고 있는 아래의 낱말들은 외래어로서 새로운 어휘로 간주하지 않는다.

album, apartment, badminton, banana, bench, bus, cake, card, cheese, chess, chocolate, coat, coffee, computer, crayon, cream, cup, curry, dollar, doughnut, elevator, film, fork, game, graph, guitar, gum, hamburger, hockey, iguana, internet, jacket, jam, jean, juice, kangaroo, kiwi, lemon, marathon, melon, notebook, orange, pajama, panda, party, pen, piano, pie, pizza, plastic, pool, program(BE program), quiz, racket, ribbon, robot, rocket, salad, sandwich, scarf, shirt, skate, ski, snack, soup, spaghetti, steak, sweater, taxi, television,/TV, tennis, tomato, truck, T-shirt, violin, website, X-ray, zipper(78개)

기본 어휘 목록에 제시한 어휘는 모두 2,988개이며, 어휘 앞에 *표를 한 어휘는 798개로 초등학교에서 사용하기를 권장한다.

기본 어휘 목록에서 BE British English의 줄임말로 영국 영어를 의미한다.

상세한 기본 어휘는 교육과학기술부 고시 제2011-361호(별책 14) 영어과 교육과정을 참고하시기 바랍니다.

8.4 어휘 지도법

아이들은 새로운 단어를 배우고 이미 알고 있는 단어에 연결하기 위해 교사의 지시에 따라 5가지 주요 단계를 거친다.

(1) 1단계 : 새로운 단어의 의미를 이해하고 배우기

어휘를 소개할 때 아이에게 친숙한 상황에서 제시되어야 한다. 시각적 지원은 의미를 전달하고 아이들이 새로운 어휘를 암기하는 데 매우 중요하다. 단어는 공통점이 있는 그룹에서 자주 기억되기 때문에 단어를 다음과 같이 소개하는 것이 도움이 된다.

- 어휘 세트: e.g. 상점(shops), 과일(fruit), 집 안의 방들(rooms in a house)
- 운율 세트(rhyming sets): e.g. bat, rat, hat, mat
- 색상 세트(color sets): e.g. 녹색의 것들: a pea, a leaf, an apple
- 문법 세트: e.g. 형용사, 동사, 전치사, 명사
  또한, 아이들이 단어 패턴을 인식하는 데 도움이 된다. 예를 들면 직업의 경우 -or, -er, -ist, -ly 는 부사 등
- 파트너 또는 연어: e.g. play the piano, ride a bike, (동사 + 명사)
  혹은 easy class, loud noise (형용사 + 명사)

이러한 방식으로 단어를 그룹화하면 학생들이 새로운 단어를 이미 알고 있는 단어와 연결하고 기억과 회상을 하는 데 도움을 줄 수 있다.

교사들은 종종 아이들에게 한 시간 수업 시 몇 개의 새로운 단어를 소개할 수 있는지 묻는다. 하지만, 이것은 단어들이 얼마나 쉽게 학습될 수 있는가를 말하는 학습 용이도(learnability) 요소, 아이들의 언어 및 개념 수준, 단어가 제시되는 맥락이 얼마나 풍부하고 기억에 남을지 등에 따라 달라지므로 확실한 답은 없다. 그러나 한 번에 너무 많은 새로운 단어를 도입하여 학생들에게 과부하를 주지 않고 그들이 알고 있는 단어와 이러한 단어를 다른 단어와 함께 사용할 수 있는 방법을 강화하는 데 더 많은 시간을 보내는 것이 현명하다. 또한 일부 어린이는 구두로 소개되는 단어에만 의존할 수 없다는 것을 기억해야 한다. 아이들의 나이에 따라 일부 학생들은 기억을 돕기 위해 단어의 문자 형태를 보고 싶어 할 수 있다. 하지만, 우선 발음을 연습할 때까지는 칠판에 단어를 쓰지 마십시오.

① 새로운 어휘를 소개하고 의미를 전달하는 몇 가지 기술을 소개한다.

- 물건이나 사물 사용하기: 실제 물건을 보여줌으로써 새로운 단어를 소개하는 것은

종종 아이들이 시각화를 통해 단어를 암기하는 데 도움이 되기 때문에 교실에 가져온 물건이나 사물을 사용한다.

- 칠판에 그림을 그리거나 혹은 플래시 카드 사용하기: 플래시 카드는 적당한 크기의 카드로 만들고 그 위에 코팅하여주면 오랫동안 사용할 수 있다.
- 교사가 사용하는 언어 학습 자료들 예, 삽화, 그림, 사진, 플래시 카드를 사용하거나 혹은 교사 자신의 만든 시각 자료, 잡지 및 전단지 그림 등을 사용할 수 있다.
- 동작, 마임, 표정 및 제스처 사용하기: 형용사: sad, happy;
  동사: swimming, running, jumping, 등
- 가리키기, 만지기, 맛보기, 느끼기, 가능하면 냄새 맡기, 단어 암기 및 의미 이해를 돕기 위해 아이들 감각을 사용하기
- 다양한 멀티미디어 사용하기

② 구두(verbal) 기술 사용

- 설명하기(explaning): 분석적 정의 제공, 선물(present)은 생일과 같은 특별한 경우에 누군가에게 주는 것 이처럼 설명을 통해서 말로 단어를 설명해주는 것
- 문맥 정의: 수영 경기의 승자는 메달을 받는다.
- 이끌어내기(eliciting): 일단 맥락이 확립되면 학생들로부터 어휘 항목을 끌어낼 수 있다. 수영 대회나 마라톤의 승자는 무엇을 얻습니까?

  교사는 모국어에서 이것을 할 필요가 있고 아이들은 모국어에서 단어를 말할 수 있지만 그것은 그들이 적절한 의미 영역에서 생각하고 있음을 보여준다. 이 기술은 학생들에게 배울 단어 목록을 제공하는 것보다 훨씬 더 동기를 부여하고 기억에 남는다.
- 묘사하기(describing): 금속으로 되어 있고 동전(메달)처럼 보입니다. It's made of metal and looks like a coin(a medal). 반대말 사용: 검은색(흰색)의 반대말입니

다. It's the opposite of black(white). 이 기술을 통해 아이들은 모국어에서 이미 이해하고 있는 개념과 단어를 연관시킬 수 있으며 종종 아이들은 한 단어 대신 두 단어를 배우게 된다.

- 번역하기(translating): 위의 기술 중 모든 것을 사용해봤지만 아이들이 이해하지 못한다면 그냥 번역해주세요. 이 기술은 많은 시간을 절약합니다.

(2) 2단계 : 형식에 참여시키기

여기에는 아이들의 나이와 수준에 따라 다음 중 일부 또는 전부가 포함될 수 있다.

- 듣고 반복하기(Listening and repeating)
- 특정 음운 정보 듣기(자음 및 모음 소리, 음절 수, 강세 패턴)
- 문자 형태 관찰하기(모양, 첫 글자와 마지막 글자, 글자 묶음, 철자)
- 문법 정보 알아차리기: 예 an apple : 셀 수 있는 명사, 관사가 필요. 이 경우 단어가 모음으로 시작하기 때문에 an이 필요)
- 복사 및 구성(copying and organizing)

다음 절차를 따를 수 있습니다.

위의 방법의 하나로 단어의 의미를 전달한다. 아이가 그 단어를 알고 있다면 큰 소리로 말하게 한다. 정확하면 이것을 모델로 사용한다. 수업을 반복하도록 요청한다. 발음을 확인한다. 필요한 경우 반복해서 말하게 한다. 개별 학생에게 그 단어를 반복한 다음 전체 학급 전체에게 다시 말하게 한다. 그런 다음 학생들이 볼 수 있도록 칠판에 단어를 적고 연습 문제나 어휘 책에 복사하고 정리할 수 있다.

(3) 3단계 : 어휘 연습, 암기 및 확인 활동

이것은 아래와 같이 그룹으로 단어를 학습함으로써 강력한 기억 연결을 만들기 위해 단어로 무언가를 하도록 요구하는 활동에 어린이를 포함한다.

- 분류/정렬하기(classifying/sorting): 아이들은 단어를 범주로 분류한다. 예를 들어 뜨겁거나 차가운 것(*hot and cold things*), 달거나 짠 음식(*sweet or salty foods*), 빨간 것(*red things*), 농장 동물(*farm animals*), 등.
- 지시하기(Giving instructions): 교사는 특정 어휘에 초점을 맞춰 지시한다. 예를 들어, 빨간색 사각형을 보여주세요(*show me a red square*). 문으로 가라(*Go to the door*); 연필을 보여주세요(*Show me a pencil*). 파란 장난감을 만져라(*Touch the blue toy*). 창을 가리켜라(*Point to the window*). 등.
- 그림 받아쓰기(Picture dictation): 아이들은 교사가 말하는 것을 그림으로 그리게 한다. 단순하게 지시해라. 예를 들면, 원을 그려라(*Draw a circle*). 노란색 삼각형을 그려라(*Draw a yellow triangle*) 혹은 그녀는 청바지, 빨간 점퍼, 검은색 부츠를 신고 있다(*She's wearing blue jeans, a red jumper and black boots*).
- 무엇이 없어졌나요?(What's missing?): 아이들에게 그림을 주의 깊게 보도록 한 다음 눈을 감으라고 한다. 칠판에서 교사가 붙여 둔 그림/단어 카드 중 한 개를 제거한다. 아이들은 눈을 뜨고 무엇이 없어졌는지 말한다. 나머지 반 전체 아이들에게 확인한다. 맞았나요? 게임은 팀 게임으로도 할 수 있다.
- Kim's game: 위에서 소개한 게임과 같은 방식으로 진행하지만 다른 점은 실제 물건을 쟁반 혹은 탁자 위에 올려놓고 게임을 한다.
- 단어 검색(Word searches): 아이들은 영어 철자 패턴 찾는 것을 좋아한다. 단어가 모두 한 범주에 속하는 경우 범주화 기술을 강화할 수 있다.
- 순서(Sequencing): 칠판에 그림 카드를 뒤섞는다. 교사가 지시를 내린다. 예를 들면, 첫 번째 초콜릿케이크를 놓아라(*Put the chocolate cake first*).
- 꼬리표 붙이기(Labelling): 아이들은 어휘 세트에서 다른 명사를 연습하기 위해 그

림에 꼬리표를 붙인다.

(4) 4단계 : 어휘 통합(consolidating), 재활용(recycling), 확장(extending), 조직화(organizing), 녹음(recording) 및 개인화(personalizing)

아이들은 종종 새로운 단어를 비교적 빨리 배우는 것처럼 보이지만 이 단어가 장기 기억에 남게 하려면 규칙적으로 연습하고 다른 맥락에서 단어를 통합하고 재활용해야 합니다.

다음은 학생들이 자신만의 맞춤 어휘 시스템을 구축할 수 있도록 제안할 수 있는 몇 가지 기술입니다(Philpot, 2000 참조).

■ **어휘 책**(Vocabulary books)

아이들이 자신의 어휘 책을 만들도록 격려해준다. 예를 들어, 알파벳순(단어 또는 단어 + 그림 및 그리기), 주제 또는 상황별, 문법 그룹(명사, 형용사, 동사 등), 색상 세트 및 스토리 기능(설정, 캐릭터, 이벤트, 등.)별로 구성하는 방법에 관해 토론한다.

■ **콜라주**(Collages)

아이들은 특정 주제에 대한 사진을 수집하고 이것들을 큰 종이에 붙여 이를 교실을 장식하는 데 사용할 수 있고 지속해서 추가할 수 있다.

■ **단어 네트워크/웹/나무**(Word networks/webs/trees)

아이들이 운송(transport)과 같은 주제를 출발점으로 삼아 자신만의 단어 네트워크를 구축하고 이에 관련된 단어를 쓰도록 권장한다.

■ **Clines 또는 온도의 단계별 정도**(steps degrees of temperature)

덥다, 따뜻하다, 춥다, 얼다; 동물의 크기가 큰 것에서 작은 것 또는 그 반대: 코끼

리, 고릴라, 쥐

hot, warm, cold, freezing; sizes of animals from big to small or vice versa: elephant, gorilla, mouse

■ **단어별**(Word stars)

아이들은 문자와 소리의 관계를 인식하는 데 도움이 되는 별표(star diagram)에 운율이 맞는 단어를 배열한다.

위에서 언급한 많은 기술에서 아이들이 필요할 때 새 페이지를 추가할 수 있도록 고리(ring) 폴더를 사용하면 좋습니다. 이런 식으로 아이들은 단어 모음이 늘어나는 것을 보고 단어 사이의 새로운 연결을 발견하면서 수정하고 상호 참조할 수 있다. 아이들이 단어를 깔끔하게 쓰고 원하는 경우 자신의 모국어로 또한 단어를 쓰도록 격려한다. 아이들이 자신의 어휘 책을 보여주며 소개하거나, 교실에 전시할 수 있는 특별한 시간을 갖는다. 또한 아이들이 사전을 사용하도록 격려하고 가능하다면 학급 사전을 만든다.

■ **단어 상자**(Word boxes), **은행**(banks), **봉투**(envelops), **가방**(bags)

아이들은 자신만의 단어 카드 세트를 만들고 상자, 봉투 또는 가방에 보관할 수 있습니다.

또한 지속해서 새로운 단어를 모집하여 추가하고 어휘 학습을 관찰할 수 있다. 어린이들이 카드에 어떤 정보를 포함할 것인지 토론한다. 이것은 단순히 단어와 그림 또는 번역일 수 있습니다. 아이들은 다른 정보를 포함하기를 원할 수 있습니다. 단어 종류(명사, 형용사, 동사 등), 단어가 어떻게 사용되었는지에 대한 예를 보여주는 짧은 문장, 단어가 발음되는 방식, 단어를 언제 어디서 배웠는지 등에 대한 정보 등. 어휘 카드가 이상적입니다. 자체 테스트를 위해.

■ 모빌

어휘 학습 활동으로 만들기 활동을 결합하여 촉각적이며 시각적으로 보람 있는 경험을 제공한다. 모빌은 어린이들이 어휘 세트에서 단어를 그룹화하는 데 이상적이다.

CHAPTER

09

문법 학습(Learning English Grammar)

문법 교육에 대한 접근 방식은 1970년대 중반, 의사소통 중심 언어 교수법(Communicative Language Teaching: CLT)은 언어 형식에 대한 주목을 배제한 채, 언어를 의미 전달의 수단으로 보고 정확성보다는 유창성을 강조하는 의사소통 능력에 중점을 두었다. 우리나라도 이러한 의사소통 중심 언어 교수법의 영향을 받아 제6차 교육과정부터 문법 중심 교수요목에서 탈피하여 의사소통 기능 향상에 초점을 맞추고 있다. 문법적인 설명을 직접적으로 하지 않아도 학습자들이 의사소통에 필요한 문법적 능력을 자연스럽게 습득할 수 있도록 지도하고, 의사소통에 지장이 없는 오류에 대해서는 즉각적인 수정을 피하여 학습자가 유창성을 기르도록 하고 있다.

그러나 모국어 습득과는 달리 제2 언어 습득 과정에서 문법에 대한 명시적인 지도 없이 교실 안에서의 목표언어의 노출만으로는 언어 형식이 습득되기는 어렵다. 또한, 잘못된 문법 형태에 대한 피드백이 없으면 학습자의 언어에 잘못된 문법 형태가 굳어지는 화석화 현상(fossilization)이 나타나면서 의사소통 중심 언어 교수법의 한계가 나타났다. 따라서 우리나라와 같은 EFL 상황에서는 의사소통적 접근의 범주를 벗어나지 않는 범위 내에서 의미 중심 수업에 근간을 두고 필요에 따라 학습자가 언어 형태에 주목하도록 하여 의사소통 활동에 문법 교육을 접목할 수 있는 문법 교육 방법을 찾아볼 필요가 있다.

최근 어린이용 문법에서는 주제와 의미 있는 상황을 제공하고 통제된 활동과 창의적 언어 사용을 고르게 연습하는 경향이 있다.

9.1 어떤 문법을 가르칠까?

문법을 가르치는 방법을 살펴보기 전에 어떤 문법을 가르칠지 생각해 보는 것이 좋다. Lewis(1986)는 문법에 접근할 수 있고 관리할 수 있는 세 가지 범주로 분류했다.

- 사실(Facts): 일반적으로 적용될 수 없는 것들, 예를 들어, 발(foot)의 복수형은 발(foots)이 아니라 발(feet)입니다. 일단 학생들이 이 범주를 알게 되면, 그들이 있는 그대로의 사실을 단순히 받아들이고 배우도록 격려할 수 있다.
- 패턴(patterns): 이 범주는 아이들이 패턴을 찾도록 도와줌으로써 교실에서 유익하게 다룰 수 있다. 패턴이 기록되면 아이들은 새로운 언어를 생성할 수 있다. 예를 들어, 내가 가장 좋아하는 (색상/디저트)은 (파란색/아이스크림) 등입니다. *My favorite(color/desert) is (blue/ice-cream).* 이것은 자신감을 북돋우고 동기를 부여할 수 있습니다.
- 선택(Choices): 특정 문법 구조의 사용은 개인적인 선택의 문제입니다. 예를 들어, 저는 8살 때부터 테니스를 쳤거나 8살 때부터 테니스를 쳤습니다. *I've played tennis since I was eight or I've been playing tennis since I was eight.* 아이들은 문법과 의미의 관계 및 미묘한 차이에 대한 깊은 이해를 발전시키기 전에 많은 시간과 언어에 대한 노출이 필요하다. 이 문법 범주는 우리 아이들이 중등학교에서 더 형식적인 영어 학습에 관심을 가질 것이다.

아이들이 문법 학습에 할 수 있는 것은 처음 두 범주에서 학습하도록 돕는 것이다.

9.2 문법 지도하기

문법에 대한 형식적인 가르침은 일반적으로 어린 학습자 교실에서 주요 목표가 아니지만, 교사는 아이들이 적극적으로 참여하는 의미 있고 흥미로운 맥락에서 형식 중심 기술을 사용하여 어린이의 문법 이해에 가장 유용하게 공헌할 수 있다. 기본 문장 부분의 습득과 언어 형태에 관한 관심 없이는 기본 구조 및 결과적으로 정확성에 대한 문제가 계속되고 어린이는 의도적인 의사소통에 초점을 맞춘 활동에 참여할 수 없다.

문법 지도 방법은 귀납적 방법(inductive method)과 연역적 방법(deductive method)으로 나눌 수 있다. 귀납적 방법은 언어의 규칙을 학습하는 상황에서 규칙에 대한 자세한 설명을 제공하지 않고 관련된 예문들을 통해 학습자가 스스로 규칙을 발견하도록 유도하는 방법이다.

반면 연역적 방법은 문법 규칙을 먼저 제시한 후 그 규칙이 들어 있는 여러 예문을 제시하는 방법이다. 이 지도법은 성인 학습자들이 특히 선호하는데, 언어의 규칙을 짧은 시간에 학습하기를 원하기 때문이다.

Brown(2001)은 대부분의 교실 상황에서 귀납적인 지도방식이 더 적절하다고 주장하는데 귀납적 지도에서는 언어 규칙들에 대해 의식적으로 초점을 두지 않고 자연스럽게 언어 습득으로 이어진다고 보기 때문이다. 그리고 학습 과정에서 학생들은 자신만의 중간 언어를 거쳐 규칙 습득이라는 최종 단계로 나아가기 때문이다. 또한 처음부터 문법 설명을 하여 학생들이 학습에 부담감을 느끼지 않을 수 있고, 학생들이 스스로 규칙을 발견하는 과정에서 내적동기를 유발하기 때문이다. Thornbury(1999)는 연역적 지도 방법은 분석적인 학습 성향을 가지고 있는 학습자나 성인 학습자가 문법을 학습할 때 유용하다고 했다. Celce-Murcia(1991)는 문법의 중요성을 상대적으로 낮게 생각하는 학습자는 연역적 지도 방법보다는 귀납적 지도 방법이 효율적이며, 학습자가 해당 언어를 의사소통 상황에서 직접 쓰는 환경에서도 귀납적인 지도 방법이 더 효과적이라고 보았다. 또한, 성인 학습자인 경우 연역적 지도 방법과 귀납적 지도 방법을 절충한 것이 효율적이라고 말했다.

연역적 지도 방법은 학습자가 분석적이고 인지적으로 성숙한 경우 더욱더 효과적이며 교사가 미리 수업을 계획할 수 있으므로 교실에서 오랫동안 활용됐다. 그러나 귀납적 지도 방법은 학습자가 문제 해결이나 협동학습을 선호하는 특성을 가질 경우 효과적이다라고 말한다. 즉 두 지도법은 학습자의 특성이나 교실 상황을 고려하여 적절히 사용되어야 한다.

(1) 순차적 문법 학습 활동들

적절한 언어 사용을 위해서는 언어의 형태와 기능에 대한 지식이 필요하다. 따라서 어린이들은 초기 단계부터 실제 의사소통 목적으로 문법 구조를 사용할 기회를 제공받아야 한다. 이것은 언어 학습을 훨씬 더 의미 있고 동기를 부여할 것입니다.

Batstone(1994:51)은 세 가지 유용한 단계를 제안했다.

- 새로운 언어 입력을 알아차리기: 언어 형식에 아이의 주의를 집중하여 구조와 의미를 알아차리고 인식하게 한다.
- 언어 체계에 대한 지식 구조화하기: 통제된 연습에서 형태와 의미를 조작하는 학생을 포함하는 언어 시스템에 대한 지식을 구조화한다.
- 유창한 언어 사용 및 의사소통에 참여시키는 절차화 하기: 학습자가 상당한 통제력을 가진 맥락에서 자신의 의미를 공식화하는 유창한 언어 사용 및 의사소통에 참여시키는 절차화

이 단계는 정확성과 유창성에 중점을 두고 제시된 MMM 단계에 따라 성찰, 실험 및 추가 성찰 기회를 통합한다. 이 절차는 대부분 구조를 가르치는 데 사용할 수 있습니다.

[그림 1]은 질문과 답변을 연습하는 면접 활동지입니다. Do you like…? 예, 그렇습니다/아니요, Yes, I do/No, I don't. The Very Hungry Caterpillar 이야기에서 끌어내었다. 이야기를 통해 소개된 음식 어휘를 수정하고 선생님이 질문을 소개합니다. 소시지 좋아하세요? *Do you like sausages?* 그리고 필요에 따라 모형화 질문과 답변을 끌어낸다. 교사는 개별 학생과 전체 수업을 반복하도록 한다. 또한 교사는 음식 항목의 플래시 카드를 사용하여 개별 학생을 시켜서 다른 학생에게 질문하도록 한다. 이것은

연습을 위한 통제된 기회를 제공하게 된다. 교사는 아이들이 질문하고 답할 수 있다고 확신할 때 인터뷰 활동을 보여주고 워크시트를 나눠준다. 교사는 필요에 따라 모니터링하고 지원한다. 마지막으로, 아이들은 교실을 돌아다니면 본인이 조사한 결과의 워크시트를 대조해본다. 교사가 세심하게 지시하는 상황에서 아이들이 독립적으로 활동하고 진정한 의사소통 목적을 위해 영어를 사용하는 상황으로 이동하는 것을 볼 수 있다.

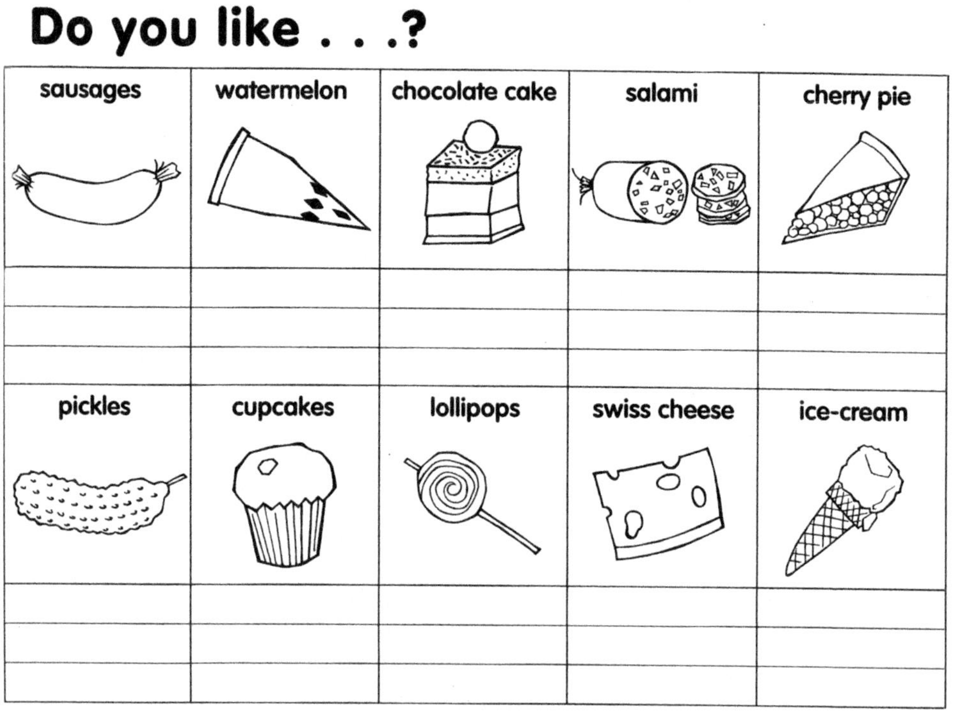

Ellis, G & Brewster, J(2002)

[그림 1] Do you like ..

(2) 문법 지도 절차

1단계: 형태와 의미의 제시(presentation of form and meaning)

가르치고자 하는 새로운 문법 구조의 형태와 의미, 그리고 사용에 대해 알려준다. 예를 들어, 'There is a book on the table.'이라는 구문을 가르칠 때 교사는 실물을 조작하거나 그림을 보여주며 아이들이 구문의 의미를 이해할 수 있도록 한다.

> T: Look at this picture. This is a nice room. What can you see in the picture?
> S: A table, a cat, a book, a sofa, and a doll.
> T: Very good. Look at the table. There is a book on the table.

아이들이 이 구문에 친숙해지도록 반복 연습(repetition drill)시킨다. 그리고 이러한 구조를 사용하여 'There is a cat under the table.', 'There is a doll on the sofa.' 등 표현할 수 있는 다양한 예문들을 들어준다.

교사는 칠판에 예문을 쓴다. 이때 구문의 골격이 되는 부분은 밑줄을 긋거나 색분필을 사용해 강조한다.

> **There's** a book **on the table**. There's a X – on
> under the X
> in the X etc.

2단계: 통제적 문법 연습

아이들이 구문을 연습할 수 있도록 다양한 시각 자료를 이용해 대체 연습(substitution drill)시킨다. 시각 자료로 사용될 수 있는 것은 그림 카드. 낱말카드, 실물, 칠판의 그림 등이다. 대체 연습이 끝난 후 학습한 구문을 써 보도록 한다. 대체 연습은 문법 구조에 대한 기계적인 연습이므로 이것에 너무 많이 의존하지 말고 학생들이 학습한 구문을 의미 있게 사용할 수 있는 연습 상황을 만드는 것이 바람직하다.

대체 연습

T: 책상 위에 펜이 놓여있는 그림을 보여준다.

S: There is a pen on the desk.

T: 상자 속에 공이 들어 있는 그림을 보여준다.

S: There is a ball in the box.

유의미적 연습

교사는 학습하고 있는 구문을 사용하여 묘사할 수 있는 그림을 여러 장 칠판에 붙여 놓고 그림 중 하나를 묘사하면 그것이 어느 그림인지 찾아보도록 한다.

3단계: 의사소통적 문법 연습(communicative grammar practice)

2단계에서는 통제된 연습을 통해 학습들이 구문에 익숙해지도록 연습했다면 3단계에서는 학습한 구문을 의사소통 상황에서 더 자유롭고 의미 있게 사용할 기회를 준다. 학습한 구문을 사용하게 될 다양한 게임, 활동 등 학생들을 참여시킴으로써 문법 구조가 자연스럽게 내재화되도록 한다.

9.3 발견 문법 활동들

발견 문법 활동은 문법을 교사의 설명 없이 아이들이 도입된 구조에 대한 지식을 통합하거나 스스로 구조를 확립하는 문제 해결 활동으로 전환한다. 아이들은 데이터를 분석하고 교사의 안내된 질문을 통해 언어의 규칙과 패턴을 스스로 설정한다. 예를 들어 영어의 복수형을 가르친다고 할 때 교사는 실물을 들어 보이며 'This is a book.'. 'These are books.'라는 예문을 준 후 이와 유사한 여러 개의 예문을 줌으로써 학생들 스스로 규칙성을 발견하게 된다. 그리고 아이들이 알고 있는 여러 물건을 사용해 문장을 말하는 연습을 하게 한 후, 충분히 연습이 이루어진 다음에 칠판에 문법 항목을 적는다. 이때 교사는 쉬운 우리말로 어떤 규칙성이 있는지 지적해 주는 것은 아이들의 이해를 분명히 하는 데에 도움이 될 수 있다. 초등학생들은 문법적 설명을 이해할 만큼 인지적으로 성숙해 있지 못한 상태이므로, 어려운 문법 용어를 사용하여 설명해서는 안 된다. 잠깐 기계적 연습의 시간을 주고 이어서 게임, 활동, 문제 해결 등과 같은 의사소통 활동을 통하여 문법 규칙이 자연스럽게 습득이 되도록 한다. 규칙을 안다고 하여 실제 의사소통 상황에서 사용할 수 있는 것은 아니므로 의미에 중점을 두는 흥미 있는 의사소통 활동 속에서 규칙을 사용하여 발화하는 연습을 할 수 있도록 기회를 준다.

명시적이고 분석적인 방식으로 모국어를 배웠을 수 있는 어린이의 경우 영어를 자신의 언어와 비교하고 유사점과 차이점을 찾아내도록 요청할 수 있다. 다음은 단어 순서에 중점을 둔 예이며 문맥의 상황은 Meg and Mog 이야기에서 가져왔다. 색깔과 크기의 형용사(black, big, long, tall)와 명사(shoes, stockings, cloak, hat)가 이야기를 통해 소개되었다. 아이들은 올바른 순서로 그림을 듣고 순서를 정한다.

She put on her black stockings, her big black shoes, her long black cloak and her tall black hat.

이제 어린이들은 영어의 어순에 대해 생각해 보고 자신의 언어와 비교하도록 격려하기 위해 다음 질문을 한다. 아이들의 수준에 따라 모국어로 할 수 있다.

> 어떤 단어가 형용사입니까?, 어떤 단어가 명사입니까?
> 영어에서는 형용사는 어디로 가나요?
> 색상에 대한 형용사는 어디로 가나요? 크기에 대한 형용사는 어디로 가나요?
> 우리 말에서는 이와 같은 것들이 어디로 가나요?

추가 연습을 위해 다음 단어를 카드에 쓰고 칠판에 붙인다. 개별 아이들이 칠판에 나와서 단어를 올바른 순서로 배열하여 구를 만든다. 예를 들면, Her long, black cloak.

이 활동은 학생들이 발견 학습을 통해 스스로 규칙을 만드는 데 도움이 되는 방법을 보여준다. 모델 설명은 토론, 비교 및 가설의 기초를 제공한다. 그런 다음 아이들에게 '규칙'을 실험하고 테스트할 수 있는 추가 예제가 제공된다. 이러한 문제 해결 방식은 아이들이 언어에 대한 사고력과 호기심을 개발하고 자신감을 키울 수 있도록 도와준다.

9.4 문법 학습 전략 개발

(1) 나만의 문법 공책 만들기

아주 어린 나이부터 아이들은 문법 학습을 위한 전략을 개발하도록 격려해준다. 아이들은 각 단원의 주요 언어 항목을 기록하고 연습한 구조를 사용하는 나만의 문법 공책을 만들어 나의 학습 내용을 개인화하도록 한다.

(2) 스스로 평가하기

아이들은 복수형, 과거형 등과 같은 불규칙한 형태로 스스로를 테스트할 수 있다.

(3) 아이들은 3인칭 ‘s’와 같은 색깔 펜으로 형태의 변화를 표시할 수 있다.

(4) 아이들은 문법 패턴을 찾아 나만의 영어 문법 나만의 문법 공책을 만들 수 있다.

(5) 아이들은 영어와 모국어로 된 문법 구조를 비교할 수 있다. 무엇이 같은가(다른가)?

(6) 아이들이 자신의 오류 목록을 쓰도록 하고 각각에 대해 자체 수정 버전을 작성하여 실수로부터 배우도록 격려한다.

9.5 게임을 활용한 문법 지도

(1) 말 잇기 게임

- 학습 유형: 소그룹 활동(4~5명으로 구성)
- 학습 방법:

① 소그룹 중 첫 번째 아동이 여가 시간에 무엇을 할 것인지 질문한다.
What do you do in your free time?

② 두 번째 사람이 목표언어 형식 ‘enjoy + -ing’을 사용하여 질문에 답한다.
I enjoy reading a book.

③ 세 번째 아이는 목표언어 형식을 사용하여 앞 사람이 말한 문장에 자신의 말을 덧붙여 말한다. I enjoy reading a book, going hiking,
막히는 사람이 생길 때까지 계속한다. 마지막까지 막히지 않고 말할 수 있는 사람이 승자가 된다. I enjoy reading a book, going hiking and going shopping, …,

* 과거형 연습 및 복수형

> I went to market and I bought apples.
> I went to market and I bought apples and grapes.
> I went to market and I bought apples, grapes and carrots….

* 소유격 연습

> Jorge's favorite color is blue.
> Jorge's favorite color is blue and mine is yellow.
> Jorge's favorite color is blue, Anna's is yellow and mine is green….

(2) 수업 기억(class memory)

- 수준: 초급에서 초·중급
- 나이: 6-10
- 시간: 10~15분
- 목표: 문법: have(got)
- 준비물: 종이, 연필
- 준비: 각 아이에게 그림을 그리라고 요청한다.
  그림은 교사가 다루고 있는 어휘 영역에 맞는 것일 수도 있고, 단순히 어떤 그림일 수도 있다. 각 아이는 두 개의 동일한 그림을 만든다.
- 절차:
  ① 아이들은 그룹이나 짝에게 한 명씩 차례차례로 자신이 가지고 있는 그림을 서로 보여주게 한다. 아이들에게 당신은 무엇을 가지고 있습니까? (*What*

*have you got?/What do you have?)*라는 문장을 사용하여 서로 질문을 하도록 한다. 그리고 그들이 본 것을 떠올리며 기억력 테스트를 한다. 이때 사용하는 문장은 *I've got./I have.* 을 사용하여 대답하게 한다.

또한, 교사는 그들이 본 것을 기억하며 떠올릴 수 있는 질문을 해본다. *What has Ben got?/What does Linda have?* (린다는 무엇을 가지고 있습니까?)

② 각 아이에게 자신의 그림 두 장 중 하나를 교실의 다른 친구에게 주도록 한다.

③ 교사는 아이들에게 자신이 가지고 있는 그림을 들어보라고 한다.
그리고 반 아이들은 몇 분 동안 각 그림을 암기한다.

④ 아이들에게 자신의 그림을 뒤집어 탁자 위에 올려놓도록 한다. 한 아이에게 그림을 보여달라고 한다. 너는 무엇을 가지고 있니? (*What have you got? What do you have?*) 혹은
X는 무엇을 가지고 있습니까? Y는 무엇을 가지고 있습니까? (*What has X got? What does Y have?*) 그리고 아이들에게 대답하도록 한다. 그런 다음 누가 또한 가지고 있습니까? 누구에게도…? (*Who's also got? Who also has.?*) 그리고 아이들이 대답하도록 한다(*Peter has got…./Peter has….*).

⑤ 동일한 그림 한 쌍이 발견되면 아이들 탁자 위로 올려놓는다. 모든 그림 세트를 찾으면 게임이 종료된다.

응용 1: 경쟁적인 요소를 게임에 도입하기 위해 반을 두 팀으로 나눈다. 팀원 중 누군가가 그림의 위치를 정확하게 추측하고 맞히면 그 팀이 득점한다.

응용 2: 추가 기억력 게임으로, 칠판에 물건의 이름을 적어 모든 그림의 목록을 만들고 세트가 발견되면 목록에서 각 그림을 표시할 수 있습니다.

게임 출처: Gordon Lewis and Hans Mol(2009)

(3) 뭔지 맞춰봐(Guess What?)

- 수준: 초보자 이상
- 나이: 6세 이상
- 시간: 15분
- 목표: 문법(질문하기, 확인하기; 이게 뭐야?/이것들은 뭐야? What's this?/What are these?), 긍정과 부정의 대답
- 준비물: 잡지나 신문에서 오려낸 물건 사진
- 준비: 아이들에게 좋아하는 것(예: 동물, 사는 것)의 잡지나 신문에서 잘라내거나 찢은 사진을 가져오도록 한다. 수업에 오기 전에 그 물건의 이름을 알아야 한다고 아이들에게 말한다.

① 각자 아이들에게 나만의 사진을 가져오도록 한다. 사진의 반을 가리고 보여주면서 What's this? (또는, 동일한 그림이 두 개 이상 있는 경우: What are these?) 묻는다.

아이들이 이미 알고 있는 내용에 따라 다음과 같은 질문을 한다. *Is it…? Are they…?* (그것은…? 그것들은…?) Yes, *it is./Yes, they are. and No, it isn't./No, they aren't.* 예, 그렇습니다./예, 그렇습니다. 아니요, 그렇지 않습니다./아니요, 그렇지 않습니다.

② 아이들을 사진과 함께 그룹으로 만든다. 아이들에게 그들의 그림의 절반을 덮거나 접은 것을 그룹의 다른 아이들에게 보여주라고 한다. 서로 1~2분 동안 묻고 답하게 한다.

③ 몇몇 아이에게 반 앞에서 묻고 답하기 게임을 하게 한다.

④ 가장 재미있는 사진을 칠판에 걸어둔다. 때때로 질문을 반복하면서 그림의 절반을 가리고 의도적으로 잘못된 것을 말한다. 예를 들면 개 사진을 보여주면

서 말이냐고 묻는다(Is this a horse?). 그렇게 하면 아이들이 참여하고 답에 올바른 문구를 사용하게 될 것이다.

(4) 로봇을 만들어라(Create a robot).

- **수준:** 초등 이상
- **나이:** 9~13살
- **시간:** 20~30분
- **목표:** 문법(단순 현재)
- **준비물:** 포스터 용지, 색연필
- **절차:**

① 교사는 지금 매우 피곤하다고 반 아이들에게 말한다. 어젯밤 저녁 내내 집을 청소하고 정원에서 일하면서 보냈다고 말한다. 교사는 아이들에게 이 모든 일을 할 수 있는 로봇이 있었다면…. 이라고 말한다.

② 로봇이 무엇인지 아이들에게 물어본다. 이제 자동차 세차부터 집 청소까지 거의 모든 일을 하는 로봇이 있다고 설명한다.

③ 아이들에게 하기 싫은 일이 있는지 물어본다. 칠판에 그들의 생각을 적는다. 방 청소하고(***clean the bedroom***), 설거지하기(w***ash the dishes***), 숙제하기 (d***o homework***).

④ 반을 소그룹으로 나눈다. 각 그룹에서 최소한 세 가지 집안일과 이를 수행할 수 있는 로봇을 설계하도록 말한다. 포스터 용지와 색연필을 나누어 준다. 각 그룹은 로봇을 그리고 그림 아래에 로봇이 할 수 있는 세 가지를 적도록 한다. 교사는 각 그룹을 돌아다니며 관찰하여 적절한 경우 지원을 제공한다.

⑤ 작업이 끝나면 각 그룹은 학급 앞에 나와 발표하게 한다. 각 그룹의 아이가 말할 기회를 갖도록 한다.

변형 1: 아이들이 단순히 그림을 설명하는 대신 로봇을 연기하게 한다.

변형 2: 반 아이들에게 로봇이 무엇을 하는지(What the robot is doing) 추측하게 하여 지속적인 연습을 제시하도록 활동을 변경한다.

변형 3: 전혀 도움이 되지 않는 '네거티브 로봇'을 만든다. 아이들은 이 로봇이 '할 수 없는 것'을 설명한다.

(5) 너의 이야기(Your story)

- 수준: 초급, 중급
- 나이: 7~10
- 시간: 30분
- 목표: 과거 단순 시제
- 준비물: 짧은 이야기
- 절차

① 아이들에게 말해 줄 이야기를 고른다. 활동은 모든 이야기와 함께 만든다. 어쨌든 다른 수업에서 사용할 이야기일 수 있다. 아이들에게 이야기를 듣고 있는 그대로 이야기에 대해 비평하지 말라고 말한다. **이야기에는 과거 동사가 있어야 한다.**

다음은 샘플 스토리입니다.

Once upon a time there was a little girl. She lived in a beautiful house in a valley, and lots of trees. There was snow on top of the mountains. One day, a boy came into the village. He was riding a horse. He stopped at the side of the lake next to the school. The little girl was playing in the playground with her friends. She watched him. The boy walked up to the girl and he talked to her. He asked her something. The girl pointed at something. The boy went for a swim in the lake. The little girl held the horse. She watched the boy swim. He swam all the way to the other side of the lake. He go out and walked away.

② 아이들은 짝과 함께 이 이야기에 대해 서로 이야기하게 한다. 그들은 다음 질문에 관해 이야기해야 한다.

What happened?
Where did the story talk place?
At what time of the year did the story talk place?
What was the weather like?
What was the color of the girl's dress?
What did the boy look like?
Was it a big lake?

아이디어는 아이들이 완전히 개인적일 수 있는 이야기의 이미지를 만드는 것입니다.

③ 반 전체 혹은 그룹과 이 이야기에 대해 말한다. 어떤 것도 수정하거나 어린이들에게 교사의 이야기를 강요하지 않는다. 아이들이 자신의 방식으로 이야기를 완전히 경험하게 한다.

④ 아이들이 경험한 이야기를 그림이나 콜라주로 만들게 한다. 아이들은 말풍선의 텍스트와 이야기를 전달하기 위한 그림 아래의 캡션을 포함하여 장면을 나

타내는 상자로 만화를 그릴 수 있다.

변형: 언어 수준에 따라 아이들이 이야기를 쓰게 한다. 이야기에서 **과거 시제를 제공**해야 할 수도 있다. 또한 어린이들이 그 이야기를 간단한 연극으로 만든 다음 수행하게 할 수도 있다.

* 2, 3, 4.5 게임 출처: Gordon Lewis and Hans Mol(2009) *Grammar for young learners*.

CHAPTER

10

듣기 지도

10.1 듣기의 중요성 및 문제점

듣기는 언어 습득을 위한 토대가 될 뿐만 아니라 효과적인 의사소통을 위해서도 중요한 역할을 담당한다. 말을 잘하는 것보다도 잘 알아듣는 것이 의사소통에 얼마나 중요한 역할을 하는지 모르는 사람은 없을 것이다. 예를 들어, 저자도 영국 출장에서 목적지를 가는 도중 길이 헷갈려 길 안내를 요청했지만, 상대방이 안내해 주는 말을 이해하지 못해 의사소통이 안 되는 경우가 있었다. 이렇듯 의사소통은 양방향으로 이루어질 때 성립되는 것이지 어느 한쪽이 유창하게 말한다고 해서 반드시 성공하는 것은 아니다.

듣기의 문제점은 무엇보다도 청자가 화자의 발화 속도를 조정하기 어렵다는 점과 화자가 일방적으로 할 말을 선택하기 때문에 청자는 제한된 언어 자원으로 인해 머뭇거리면 그다음에 들어야 할 부분을 놓치게 된다. 그뿐만 아니라 제한적인 배경지식으로 인해 해석상의 문제가 있으며 잘 듣기 위해서는 집중력도 필요하고 심리적인 압박감 때문에 불안감이 초래되기도 한다. 특히, 영어는 단어를 의미 군으로 묶어 말하는 특성 때문에 알아듣기가 어렵다.

우리말은 한 음절씩 또박또박 말하는 음절 박자 언어(syllable-timed language)인데 반해 영어는 순식간에 지나가는 강세 박자 언어(stress-timed language)이므로 영어를 쉽게 알아듣기는 어렵다. 따라서 학습자에게 세심한 지도가 필요한 언어 기능이다(부경순, 2004).

10.2 듣기 지도의 목표

(1) 초등학교 3~4학년 군 듣기 영역 및 학습 내용 성취기준

① 소리를 식별한다.

①-1. 알파벳과 낱말의 소리를 듣고 식별한다.

①-2. 영어의 소리와 강세, 리듬, 억양을 듣고 식별한다.

② 낱말이나 대화 내용을 이해한다.

②-1. 주변의 친숙한 낱말을 듣고 의미를 이해한다.

②-2. 일상생활에 사용되는 쉽고 친숙한 표현을 듣고 이해한다.

②-3. 일상생활에 관한 간단한 대화를 듣고 이해한다.

②-4. 주변의 사물과 사람에 관한 쉽고 간단한 말을 듣고 이해한다.

②-5. 지나간 일에 관한 간단한 말을 듣고 이해한다.

③ 찬트, 노래, 게임의 중심 표현을 이해한다.

③-1. 쉽고 간단한 찬트나 노래를 듣고 중심 표현을 이해한다.

③-2. 쉽고 간단한 게임이나 놀이를 통해 중심 표현을 이해한다.

④ 과업을 수행한다.

④-1. 쉽고 간단한 지시, 명령을 듣고 행동한다.

④-2. 쉽고 간단한 말을 듣고 단순한 과업을 수행한다.

(2) 초등학교 5~6 학년 군 듣기 영역 및 학습 내용 성취기준

① 중심 내용을 이해한다.

①-1. 실물이나 그림에 관한 설명을 듣고 이해한다.

①-2. 앞으로 일어날 일에 관한 간단한 말이나 대화를 듣고 이해한다.

①-3. 대상을 비교하는 쉬운 말이나 대화를 듣고 이해한다.

①-4. 간단한 말이나 대화를 듣고 의도나 목적을 이해한다.

② 세부 내용을 이해한다.

②-1. 그림이나 도표에 관한 쉽고 간단한 말이나 대화를 듣고 세부 내용을 이해한다.

②-2. 일상생활에 관한 간단한 말이나 대화를 듣고 세부 내용을 이해한다.

③ 전화 대화를 이해한다.

③-1. 전화 대화에 필요한 기초적인 표현을 듣고 이해한다.

③-2. 간단한 전화 대화를 듣고 이해한다.

④ 과업을 수행한다.

④-1. 간단한 묘사나 설명을 듣고 과업을 수행한다.

④-2. 일상생활에 관한 간단한 말이나 대화를 듣고 과업을 수행한다.

10.3 듣기 인식단계

청해 즉 듣고 이해하기란 청자가 소리의 연속체 선상에서 소리를 인식하고 의미 있는 소리를 구별해 의미를 구성하는 복잡한 과정으로 Rivers(1981)에 의하면 다음과 같이 여러 인식단계를 거치게 된다고 하였다.

- 1단계: 분간할 수 없는 소음의 연속 단계에 속한다.
- 2단계: 소음 속에서 약간의 질서를 인식하는 단계로 목소리의 고저와 숨쉬기 그룹(breath group)에서 발견되는 규칙성을 인식하는 단계이다.
- 3단계: 음운과 통사의 패턴을 구별하기 시작하는 단계에 속한다. 어휘, 어구(phrases)의 구조, 동사 그룹, 간단한 표현 등과 같이 언어의 작위적인 연합을 학습함에 따라 반복적인 요소를 구별하게 되면서 음운과 통사의 패턴 구별을 시작하게 된다. 하지만 아직 이해하는 단계는 아니다.
- 4단계: 익숙한 요소는 구별하지만, 전체 소리의 흐름 안에서 상호관련성을 인식하지는 못하는 단계이다. 뭔가 보일 듯하다가 다시 앞을 가리는 안개 속에서 걸어가는 것 같이 느낀다. 여전히 이해를 할 수 있는 단계는 아니다. 이 단계를 넘으려면

상당한 연습이 필요하다.

- **5단계**: 메시지를 결정짓는 주요 요소를 인식하는 단계에 속한다. 통사 구조에 대한 정보가 증가하면서 언어를 덩어리로 묶을 수 있으므로 정보처리 부담이 줄어든다. 그러나 청취자의 정보처리 역량이 정보의 보유보다는 여전히 정보의 인식과 선택에 동원되기 때문에 메시지를 인식하기는 하나 기억하는데 어려움을 겪는다(부경순, 2004, p.70~71에서 재인용).

10.4 듣기 지도의 단계

Chamot et all(1990)은 듣기 학습이 이루어지는 단계별로 사용하는 전략을 분류하였다. 크게 듣기 전 전략(before listening strategies), 듣기 중 전략(during listening strategies), 듣기 후 전략(after listening strategies)과 듣기 학습의 모든 단계에서 적용할 수 있는 보조 전략(additional tips)으로 구분하였다. 그 내용을 정리하면 다음과 같다.

(1) 듣기 전 전략

① **선택적 주의 집중**: 특히 집중해 들어야 할 것이 무엇인지 결정하기

② **예측 전략**: 들을 내용의 주제에 대해 이미 알고 있는 사실은 무엇이며, 예상되는 단어나 구문들은 어떤 것들이 있는지를 예상하기

(2) 듣기 중 전략

① **지시된 집중**: 불필요한 요소는 제거하며 필요한 요소에만 집중하면서 듣기 자체에 전념하기

(3) 듣기 후 전략

① 추측전략: 모르는 단어의 의미를 주변 문맥 상황 속에서 추측하기

② 반복 전략: 들은 정보의 이해와 기억을 돕기 위해 들은 것을 조용히 머릿속으로 반복해보기

③ 자기 점검 전략: 발화된 내용을 이해하지 못한 원인에 대해 생각하기

성공적인 듣기는 청자가 듣기 활동에 적극적으로 참여할 때 일어난다는 점을 감안해 볼 때 위에서 제시한 듣기 전략의 활용은 학습자들을 듣기에 적극적으로 참여하게 해서 성공적인 듣기 활동을 가능하게 해준다는 것이다. 전통적으로 듣기 지도는 듣기 자료를 듣고 나서 시작되는 것이 보통이었다. 그러나 듣기에 관한 관심이 증대됨에 따라 교실에서의 듣기 지도 단계가 관심의 초점이 되고 있다. Underwood(1989)는 듣기 지도 단계를 듣기 전 활동(pre-listening activity), 듣기 중 활동(while-listening activity), 듣기 후 활동(post-listening activity)의 3단계로 분류하고 있다.

다음은 듣기 지도의 단계별 지도 방법에 대해 알아본다.

(4) 듣기 전 활동

듣기 학습에 있어서 듣기 전 활동의 목표는 학생들이 이미 알고 있는 배경지식을 활성화하는 것이다. 이 단계에서 교사는 학생들이 이미 알고 있는 주제에 대한 지식과 경험을 활성화해 본격적인 듣기 활동을 하기 전에 학습자가 들을 내용을 예측하고 주의 깊게 들어야 할 내용이 무엇인지를 파악하게 해주는 사전 정보를 주는 것이 필요하다.

사람들은 시간과 장소, 화제, 사회적 관계 및 심리적 태도에 따라 사전지식을 이용하여 진행될 대화의 내용을 먼저 예상할 수 있다. 다시 말하면 사람들의 의사소통은 언

제, 어디서 사용하느냐? 무엇에 관한 것이냐? 에 따라 다양하게 나타난다. 그러므로 듣기를 학습할 때는 아무런 준비 없이 학생들에게 자료를 제공하지 말고 사전지식을 이용하여 앞으로 들을 내용을 먼저 예상할 수 있도록 해야 한다. 이 준비 활동을 일반적으로 듣기 전 활동이라 부른다.

듣기 전 활동에서 가장 고려해야 할 사항은 학생들이 이미 알고 있는 배경지식과 언어적 지식을 최대한으로 이용할 수 있도록 듣기를 가능한 한 작은 단계로 나누어 모든 수준의 학생들이 듣기 중 활동에 대해 준비를 하는 것이다. 듣기 전 활동으로 효과적인 활동 유형은 먼저 그림을 이용하여 앞으로 듣게 될 어휘, 화제 및 주제에 대한 이해도 높이기, 듣게 될 항목을 미리 보고 들을 준비를 하기, 들을 내용과 관련된 그림 보기, 듣기 활동을 통해 답하게 될 질문을 미리 읽어 들을 내용을 예상하기, 교사가 들을 내용에 대해 정보를 미리 제공하기 등이 있다.

듣기 전 활동은 학습자가 듣기 과업을 수행하는 데 도움을 주는 것으로 듣기능력 향상에 기여할 것으로 보인다. 따라서 이 활동은 듣기의 과정에 꼭 필요한 것이라고 할 수 있으며, 듣기에 익숙하지 않은 초등학생 수준의 학습자에게는 더욱 필요한 활동이라고 할 수 있다.

듣기 전 활동 유형

- 들을 내용에 대한 어휘 및 표현 지도하기
- 들을 내용과 관련된 그림 또는 사진 보여주기
- 들을 내용과 관련된 질문하기
- 어려운 내용일 경우 어휘 및 표현을 포함해서 그림과 함께 설명해주기
- 제스처, 표정을 포함한 비언어적 의사소통 방식에 대한 지식 제공하기
- 문화적 지식 제공하기
- 글의 유형(동화, 시, 광고, 드라마, 뉴스 기사 등)에 대해 알려주기

(5) 듣기 중 활동

듣기 중 활동의 목표는 들려진 내용에 대한 이해를 확실히 하기 위해 주요 의미를 끌어내는 기술을 개발하는 것이다. 즉 듣기 전 활동에서 활성화된 추측과 예상을 확대하여 주어진 내용을 직접 들어가며 예측한 내용을 확인하고 검증하는 과정이다. 유용하게 활용할 수 있는 듣기 중 활동을 보면 다음과 같다. 사람이나 물건 확인하기, 화자가 언급한 항목 및 잘못된 부분 표시하기, 들은 내용과 일치된 그림 그리기, 그림을 들은 순서대로 나열하기, 들은 내용에 따라 그림을 그리거나 미완성의 그림을 완성하기, 일의 진행순서나 절차 쓰기, 지시에 따라 행동하기, 내용을 듣고 도표 및 설문지의 빈칸 채우기, 지시를 듣고 지도 등에서 해당하는 부분으로 찾아가기, 주어진 진술에서 T/F로 답하기, 선다형 질문에 답하기, 앞으로 듣게 될 내용 예측하기, 날씨, 뉴스 및 토론 등에서 특정 세부 내용 듣기 등이다.

위에서 열거한 듣기 중 활동은 학생들의 듣기를 돕는 활동으로 학생들의 동기를 유발하도록 흥미, 난이도, 단순화를 고려하여 들은 내용을 여러 가지 과업을 통해서 효과적으로 이해하도록 하는 활동이라고 볼 수 있다. 초등학생의 경우 다양한 듣기 중 활동을 통해 듣기에 집중하는 태도를 기를 수 있으므로 듣기 중 활동은 듣기 교육에서 가장 활발하게 이루어져야 할 필요가 있다.

듣기 중 활동 유형

- 듣고 따라 하기
- 그림에 있는 항목에 표시하기
- 들은 내용에 맞는 그림에 표시하기
- 그림을 순서대로 배열하기
- 이야기 줄거리를 그림으로 맞추기
- 그림 완성하기

- 동작 수행하기
- 길 따라가기
- 표 완성하기
- 이름 붙이기(labeling)
- 진위형(true/false) 문제 풀기
- 선다형 문제 풀기
- 빈칸 채우기
- 틀린 것 채우기
- 예측하기
- 특정 정보 찾기

(6) 듣기 후 활동

듣기 후 활동의 목표는 들은 내용을 전반적으로 재검토하는 것이다. 듣기 중 활동이 주로 하향식 과정을 이용하였다면 듣기 후 활동에서는 상향식 과정을 이용하여 문법, 어휘 등에 초점을 맞추어 진행한다. 그러나 이 단계에서 단지 언어적 지식에 대한 수업뿐 아니라 내용에 대한 비판적 이해를 위해 학생들의 의견을 유도하는 토론식 수업으로도 진행할 수 있다. 들은 내용의 언어 형식에 대해 최종적으로 그리고 전반적으로 검토하는 시간을 갖는 것이 좋다. 이와 같은 듣기 후 활동을 반영하여 주어진 형식이나 도표 완성하기, 들은 내용을 바탕으로 주어진 항목을 확장하기, 들은 내용과 쓰인 내용을 일치시키기, 듣기 중 활동 시 기재한 주석이나 메모를 이용하여 요약문 쓰기, 들은 정보를 바탕으로 문제 해결하기, 표현된 의미 외에 대화자의 관계, 분위기 및 태도 파악하기, 역할 놀이 및 시뮬레이션, 받아쓰기 등 다양한 활동이 전개될 수 있다.

듣기 후 활동은 듣기 전 활동 및 듣기 중 활동과 많은 면에서 중복이 되나 과업의 길이 및 난이도를 고려하여 더욱더 복잡하고 많은 쓰기를 요구하는 활동이 다루어질 수 있다. 초등학생의 경우 듣기 후 활동을 게임이나 역할 놀이 등을 통해 듣기 과업을 효과적으로 완수할 수 있다. 따라서 교실에서의 듣기 활동이 듣기 중 활동으로 끝나지 않게 하려면 여러 가지 다양한 듣기 후 활동을 하도록 해야 한다.

듣기 후 활동 유형:

- 표나 도표 완성하기
- 리스트 연장하기
- 순서나 등급 매기기
- 내용에 맞는 읽기 지문에 표시하기
- 요약하기
- 요약한 내용을 중심으로 글쓰기
- 문제 해결과 의사결정 활동을 위해 정보 이용하기
- Jigsaw 듣기
- 대화자 간의 관계 파악하기
- 발화자의 분위기, 태도, 행동 등을 파악하기
- 역할극이나 시뮬레이션하기
- 받아쓰기

10.5 영어로 듣는 법 배우기

(1) 초기 단계

누군가가 당신에게 메시지나 의견을 준다면, 당연히 당신이 그것을 이해할 수 있어야 응답할 수 있다. 외국어를 듣는 것은 특히 어린 아이들에게 힘든 일이다. 초기 단계에서 아이들은 TPR 예서와 같이 간단한 게임을 하고, 노래를 부르고, 운율(rhymes)을 말하거나 이야기를 듣거나, 간단한 지시를 듣는 동안 교사의 말을 듣는 데 많은 시간을 할애할 수 있다. 교사는 지시, 질문 또는 칭찬과 같은 일반적인 '교실 언어'가 학생의 모국어에 얼마나 들어갈지 그리고 영어로 얼마나 될지 결정해야 한다. 물론 이러한 목적을 위해 사용하는 영어의 양은 시간이 지남에 따라 증가할 가능성이 크지만, 아이들이 간단한 일상과 그에 수반되는 영어에 익숙해지도록 하는 것이 유용하다.

듣는 것은 수동적인 활동이 아니라는 것을 기억하는 것이 중요하다. 항상 아이들에게 단순히 '듣고 기억하라'라고 묻는 것은 아이들을 불안하게 만들고 기억력에 큰 부담을 주고 듣기능력을 발달시키지 못하는 경향이 있다. 교사는 아이들이 들어야 하는 특정 요점에 주의를 기울이도록 지시하면 어린이의 이해를 보다 효과적으로 지원할 수 있다. 교사는 학습자의 이해를 적극적으로 지원하고 구어 텍스트의 특정 부분에 관심을 유도하는 활동을 사용하여 이를 수행할 수 있다. 여기에는 시각 자료의 사용이 포함될 수 있다. 예를 들어 그림을 일치시키거나 순서를 지정하거나 도표 완성과 같은 서면 지원이 있다. 이러한 모든 기술과 절차는 우리가 비계 설정(scaffolding)에 관해 이야기할 때 의미하는 것이다. 아이들의 듣기능력을 개발하는 방법을 계획할 때 유용할 보다 구체적인 지침을 살펴보겠다.

① 아이들에게 자신감을 줘라.

우리는 아이들이 항상 모든 단어를 이해하기를 기대해서는 안 되며 아이들도 이것을 알아야 한다. 사전 계획은 아이들이 무엇을 할 수 있기를 기대하는지에 대한 명확한 아이디어를 줄 것이다. 예를 들어, 처음 들었을 때 '요점'으로 알려진 이야기에 대한 일반적인 아이디어를 얻기를 원합니까? 모든 세부 사항이 아닌 핵심 단어만 선택하기를 기대합니까? 두 번째 혹은 세 번째 이야기를 들을 때 이야기 안에서 사건의 정확한 순서를 기억할 수 있을 것이다. 교사의 몸짓, 어조, 시각 자료는 아이들이 집중해야 할 중요한 것에 대해 자신감을 느끼도록 도와줄 것이다.

② 아이들에게 왜 들어야 하는지 이유를 설명해줘라.

학습자가 듣고 있는 이유, 활동의 요점 또는 목적이 무엇인지 명확하게 하라. 즉, 메시지의 어느 부분에 집중해야 하고 무엇을 할 것인지 설명해야 합니다. 이것은 학습자의 자신감을 높이고 불안을 줄이는 데 도움이 된다.

다양한 듣기 목적이 아래에 설명되어 있다.

- 아이들을 물리적으로 안정시키기 위해: 아이들이 너무 시끄러울 때 아이들을 진정시키기 위해 종종 어떤 형태의 정신적 참여가 있을 것이다.
- 아이들을 휘저어주기 위해: 지루하거나 피곤해 보이면 물리적으로 '흥분'하도록 자극하거나 허용
- 언어의 측면을 개발하기 위해: 발음, 강세, 리듬 및 억양을 향상시키고 새로운 단어와 구조에 익숙해지도록 듣기, 노래와 운율(rhymes)을 배우면서 듣는 것은 발음 연습을 제공하는 반면 이야기를 듣는 것은 주제와 관련된 시제 또는 어휘 연습을 제공할 수 있습니다.
- 개념 개발을 강화하기 위해: 이야기(stories)와 같은 일부 구어 텍스트(spoken texts)는 학교 교과 과정의 다른 영역에서 다루게 될 숫자(numbers), 크기(size) 또는 원인과 결과(cause and effect)와 같은 개념을 강화하는 데 유용한 역할을 할 수 있다.
- 다른 사람들과 상호 작용하기 위해: 아이들이 다른 사람들과 함께 일하도록 격려하는 활동은 학습자가 듣고 질문하고, 의미를 확인하고, 동의하는 등 의미를 협상하도록 요구된다.
- 문해력을 지원하기 위해: 나이가 많은 아이들은 구어 메시지의 일부인 글이나 문장을 선택하여 말하기와 쓰기 영어를 연결하도록 격려할 수 있다.

③ 듣기를 위한 구체적인 전략을 개발하도록 도와줘라.

교사가 가르쳐야 할 중요한 전략은 '지능적인 추측'입니다. 아이들은 자신이 확실하지 않은 것을 해결하기 위해 배경지식을 사용하는 데 익숙하다. 교사는 지원을 제공하고 이를 수행할 때의 이점에 대한 아이들의 인식을 높일 수 있도록 이를 인식할 필요가 있다.

몇 가지 중요한 듣기 전략은 다음과 같다.

- 예측해보게 하기: 학습자가 무언가를 듣기 전에 무엇을 들을 것으로 생각하는지 추측하도록 해본다. 그림을 사용하여 주제, 언어 또는 일부 세부 사항을 추측하도록 격려해준다. 아이들이 듣고 있는 중 멈추고 다음에 무엇이 나올지 물어본다. 두 경우 모두 이것은 학습자가 자신이 예상한 것과 들은 내용의 현실과 일치하는지 확인하기 위해 높은 동기를 유지하는 데 도움이 된다. 또한 학습자에게 성공과 자신감을 주는 데 도움이 되는 핵심 단어와 아이디어를 소개할 수 있다.
- 문맥에서 의미를 찾도록 하기: 교사는 아이들이 무언가를 듣기 전에 연기를 하거나 새로운 단어를 번역하기를 원할 수도 있지만, 아이들이 그림, 일반적인 지식 또는 메시지 자체를 사용하여 익숙하지 않은 단어의 의미를 알아내도록 격려해야 한다.
- 담화 패턴과 마커를 인식하기: first, then, finally, or but 등과 같은 단어는 음성 텍스트에서 다음에 올 내용에 대한 중요한 신호를 제공한다. 순서를 나타내는 단어표시는 이야기(story)와 지시어에서 특히 중요하다.

(2) 특정 듣기 작업 설정하기

듣기를 세 단계로 생각하는 것이 유용하다. 듣기를 준비하기 위해 학생들이 하는 것(사전 듣기 활동; pre-listening activities); 듣는 동안 활동적으로(듣는 동안 활동; while-listening activities), 들은 후에(듣기 후 활동; post-listening activities), 예를 들어, 그림 만들기, 테이프 만들기, 질문에 답하기 등등. 예를 들어, 학습자에게 간단한 설명을 듣고 침실 사물에 꼬리표를 붙이게 하면 사물의 위치를 표시하기 위해 주요 명사, 형용사 또는 전치사에 초점을 맞출 수 있어 유용한 사전 듣기 작업이 된다. 사전 듣기 활동의 요점은 다음 중 일부를 수행하는 것이다. 문맥을 개인화하고, 동기와 흥미를 제공하고, 유용한 배경지식의 그림을 구축하고 유용한 단어, 구조 및 개념을 소개한다. 듣기를 능동적이고 학습 중심적인 과정으로 만들기 위해 교사는 다른 유형의 언어에 '맞는' 활동 전(pre-), 활동 중(while-), 활동 후(post-) 유형의 레퍼토리를 개발해야 한다. 예를 들어 이야기에서 일련의 행동을 들을 때 일련의 그림을 재배열하거나 다른 행동을 설명하는 그림으로 숫자를 매기도록 하는 듣기 과제는 어린이의 이해를 매우 잘 지원한다. 학습자들에게 시각적 지원 없이 긴 영어를 듣도록 요구하거나 단순히 사실을 기억하도록 요청받는다면, 아이들은 실제로 '가르쳐지는' 것이 아니라 '시험받는' 것이다. 학습 중심 교실에 대해 지금까지 논의한 모든 아이디어를 적용하는 매우 다양한 듣기 활동이 있다.

(3) 듣기를 조직적으로 하기

듣기 기술의 개발은 카세트나 사전 녹음된 자료의 가용성에 의존할 필요가 없다. 대부분의 듣기는 실제로 교사의 말을 기반으로 한다. 하지만, 출판된 듣기 자료의 카세트가 있는 경우 이는 구어체 영어의 좋은 모델을 제공하는 데 유용하다. 교실의 한 코너에 '듣기 코너(listening corner)'를 설치하여 한 두 그룹이 한 번에 사용할 수 있도록 하고 나머지 반은 다른 것을 하면서 반 아이들이 다양한 코너를 돌아가면서 활용하게 하는 것은 유용하다고 볼 수 있다. 듣기 코너는 아이들이 짝, 혹은 그룹으로 들을 수 있도록 조용한 공간을 제공하기 위해 가림막으로 모퉁이를 다른 활동하는 곳과 차단하여 만들면 좋다. 이를 위해 카세트 녹음기가 필요하며, 학습자가 들을 때 사용할 수 있는 그림, 책 또는 문장 스트립과 같은 자료 세트가 함께 제공되면 좋다. 활동을 '자체 수정'으로 할 수 있으므로 예를 들어 듣기 및 순서 활동이 정확하게 완료되었는지 여부를 어린이가 신속하게 확인할 수 있다.

10.6 교실에서 듣기

- 듣기는 특히 아직 읽기를 배우지 않은 어린이가 가장 먼저 습득하는 기술임이 분명하다. 아이들이 외국어를 배우기 시작할 때, 그것은 주로 귀를 통해 들어가고 아이들이 듣는 것이 언어의 주요 원천이다. 물론 교사는 아이들에게 표정, 움직임, 마임 및 사진을 통해 가능한 한 많은 시각적 단서를 제공한다.
- 한번 말을 하면 사라진다는 것도 기억할 가치가 있다. 만약 당신이 책을 읽고 있다면 돌아가서 확인하거나 잘 이해하지 못한 부분이 있으면 내용을 다시 읽을 수 있다. 이것은 여러분이 듣고 있을 때는 불가능하므로 우리가 말할 때 **아이들이 듣고 있을 때 명확하게 말하고 반복하는 것**이 중요하다. 예를 들어 이야기할 때 쉬지 않고 처음부터 끝까지 말할 필요가 없습니다. 진행하면서 계속해서 다시 말할 수 있다.

'This story starts on a nice, sunny Monday morning. Who's the story about? Who can we see in the picture? Yes, Fred and Sue. It's a nice, sunny Monday morning and Sue and Fred are⋯. Where are they? In the forest. Right. They're in the forest. And what are they doing? They're picking berries. So, it's a nice, sunny Monday morning, and Fred and Sue are in the forest picking berries. What happens next? Well⋯.' and so the story continues.

- 듣는 사람은 다시 읽을 수 있는 것과 같은 방식으로 다시 들을 수 없으므로 듣는 사람이 작업 속도를 결정할 수 없음을 의미한다. 따라서 들을 때 매우 집중해야 한다. 어린 학습자는 주의 집중 시간이 매우 짧다. 이것은 대부분 아이가 나이가 들어감에 따라 증가하는데 8세에서 10세 사이의 어린이는 가만히 앉아서 더 오래 들을 수 있다는 것을 알게 될 것이다. 그러므로 **교사는 듣기 활동할 때 아이들에게 과부하를 주지 않는 것이 중요**하다.
- 일상생활에서 누군가에게 말을 할 때, 말을 이해하면 일반적으로 고개를 끄덕이거나, 들으면서 의견을 말하거나, 다른 사람이 말하는 것을 알고 있다는 것을 어떤 방식으로든 보여준다. 우리는 대화나 이야기 또는 발표가 끝날 때까지 기다렸다가 들은 것에 관한 질문에 답하기 시작하는 경우가 거의 없다.
- 일부 듣기 활동은 아이들을 깨우고 움직이게 하고 움직임 등 소음을 발생시킨다. 다른 활동들은 아이들을 진정시키고, 아이들 앞에 있는 것에 집중하게 하고, 평화로운 분위기를 조성할 것이다. 교사는 때로는 조용하고 좋은 분위기를, 때로는 아이들이 움직이며 돌아다니게 이 두 가지 목적으로 듣기 활동을 할 수 있다.

10.7 듣기능력 향상을 위한 다양한 활동

(1) 듣고 행동하기 활동들('Listen and do' activities)

① Instructions

영어 수업을 시작하는 순간부터 교사는 '듣고 행동하기(listen and do)'와 같은 영어 지시를 아이들에게 내린다. 대부분의 교실 언어는 듣고 행동하기(listen and do)와 같은 유형의 활동이다. 의사소통은 쌍방향이며 교사는 아이들이 교사가 지시한 내용을 이해했는지 못했는지 쉽게 볼 수 있다.

예를 들면,

"Sit down, please."

"Come out to the board, please."

"Give this to Sue, please."

② Moving about

아이들과 함께 몸을 움직이며 할 수 있는 'Listen and do' 활동이 많이 있다. 학생이 어릴수록 더 많은 신체 활동이 필요하다. 아이들에게는 운동과 움직임이 필요하며, 가능한 한 이를 활용해야 한다. 교실에서 일상적인 활동으로 움직이는 것뿐만 아니라 아이들에게 다양한 움직임을 하도록 요청할 수 있다. 예를 들면, 'Stand on your head by the door.'

'Hop on your left foot five times.' 아이들이 더 많은 언어를 배울수록 점점 어려운 요청을 할 수 있다. 'Count up to ten and then walk to the blackboard and back'. 이러한 유형의 활동 장점은 아이들이 이해했는지 한 번에 알 수 있다는 것이다. 교실 어휘, 동작 단어, 수 세기, 철자 등을 확인할 수 있다. 아이들은 서로에게 배운다. 만약 아이들이 처음에는 이해하지 못해도, 다른 사람들을 지켜보면서 활동을 할 수 있게 된다. 아이들이 점점 더 많은 언어를 배우게 되면, 교사는 아이들에게 교사의 역할을 해 보도록 한다. 아이가 교사가 되어 지시어를 말하고 다른 아이들은 그 아이의 지시에 따른다.

③ Put up your hand

이 활동은 교사가 특정 영어 발음을 지도한 뒤, 아이들에게 교사가 말하는 단어 중 방금 배웠던 발음 소리가 나면 손을 들으라고 말한다. 예를 들면 /d□/. 혹은 교사가 특정 단어를 정해주고 그 단어를 말할 때마다 손을 들으라고 아이들에게 한다. 또는 교사가 1부터 20까지 숫자를 셀 것이다. 만약 숫자 하나를 빠트리고 말하면 바로 손을 들으라고 지시한다.

④ Mime stories

교사는 이야기 한편을 골라 아이들에게 말해준다. 그리고 아이들과 교사는 행동을 해본다.

여기 예문이 있다.

> 'We're sitting in a boat, a small rowing boat. Let's row. We row and row. Now what's that? A bird flying over the water. Not it's gone. We keep rowing. Can we see the bird? No, no bird. This is hard work. Row, row. We're tired. We row slowly. There's the shore. Let's go home now. We're so tired. We're dragging our feet. We're tired. We want to go to sleep. We lie down on our beds. We close our eyes, and…. shhhh…. we're asleep'.

⑤ Drawing

'Listen and draw'이 활동은 모든 반에게 듣기 활동 중 가장 재미있는 유형이지만, 그림을 그리는 시간이 걸린다는 점을 기억해야 한다. 그래서 그림을 매우 단순하게 그리도록 말한다. 잘 '듣고 그려라(Listen and draw)'이 활동은 교사, 혹은 반 아이 중 한 명이 무엇을 그릴 것인지 반 아이들에게 말해준다. 본인이 그린 그림을 아이들에게 말하거나 혹은 교사가 주는 그림을 보고 반 아이들에게 그려보도록 말한다. 이 활동은 사물 어휘, 전치사, 색깔과 몇 개를 그리라고 숫자까지 말하므로 매우 유용한 듣기 활동이다.

(2) 정보 듣기 활동(Listening for information)

우리는 그것을 특정 정보에 대한 세부 사항을 듣는 것을 의미합니다. 이러한 활동은 종종 학생들이 알고 있는 것을 확인하는 데 사용되지만 새로운 정보를 제공하는 데 사용할 수도 있습니다.

① 연습 식별하기(Identifying exercises)

다음과 같이 매우 간단한 식별 연습을 만들 수 있다.

Has anyone seen this boy? He has dark hair and big ears.

He is wearing rubber boots and carrying a football. He has a striped jersey and short trousers. Put a cross by the fight picture.

이 예는 Margarey Bautz의 Better English in the Classroom에서 가져온 것입니다.

② 실수 찾아내기(Listen for the mistake)

아이들은 책의 그림을 보면서 교사가 읽어주는 내용 중 그림과 맞지 않게 읽어주는 부분이 있는지 귀담아듣도록 한다. 교사가 그림과 잘못 읽어주는 부분이 어디 인지 찾은 아이는 손들고 말해준다.

③ 이야기 순서대로 놓기(Putting things in order)

아이들 앞에는 이야기의 내용을 설명하는 여러 장의 그림이 있다. 그림은 이야기 순서대로 놓여있지 않습니다. 아이들은 이야기를 듣고 내용의 순서대로 그림을 놓습니다.

교사는 간단한 영어 동화책을 준비하여 읽어주면서 교사가 들려준 이야기 순서대로 칠판 앞에 붙여놓은 그림 카드를 놓아보도록 한다. 아이들은 집중해서 이야기를 들으므로 듣기 훈련에 좋은 방법의 하나다.

④ 설문지 작성하기(Questionnaires)

약간의 글쓰기나 숫자 채우기와 관련된 설문지 유형의 연습을 할 수 있다. 예를 들면, 아이들이 저녁 시간에 텔레비전을 얼마나 많이 시청하는지 조사하는 것

Name	How many times do you watch TV a week?	How many hours do you watch each time?	Total number of hours a week.
John	5	2	10
Rachael			
Denise			
James			
William			
Sue			

이 활동은 듣기뿐 아니라 말하기 활동에도 매우 유용한 활동입니다.

⑤ 듣고 색칠하기(Listen and color)

아이들은 그림 색칠하기 좋아하므로 교사들은 이 활동을 듣기 활동으로 쉽게 만들 수 있다. 다음은 숫자와 색상을 결합한 예문이다.

> The girl's trousers are brown, and she's wearing a yellow sweater. Her little boy has a white sweater and green trousers. The man reading the newspaper has a gray suit on, a blue tie and a black hat.

* 이 예시는 Wendy Scott, 1990, pp. 24-31

(3) 듣기 및 반복 활동(Listening and repeat activities)

듣기 및 반복 연습은 매우 재미있고 아이들에게 소리, 강세와 리듬과 억양과 같은 언어에 대한 느낌을 알 수 기회를 준다. 이러한 유형의 활동은 움직임이나 사물 또는 그림과 함께 병행할 때 단어와 의미 간의 연결을 설정하는 데 도움이 된다.

① Rhymes

모든 아이들은 운율(rhymes)을 좋아하고 반복하는 것을 좋아한다. 교실에서 사용할 때 전통적인 운율이나 현대적인 운율을 사용할 수 있으며 학년에 대해 너무 걱정할 필요가 없다. 운율은 반복적이고 자연스러운 운율이 있으며 언어를 가지고 노는 재미 요소가 있다. 아이들은 모국어로 된 언어를 가지고 놀기 때문에 이것은 그들의 세계에서 친숙한 부분이며 학습 과정에서 중요한 역할을 한다.

비오는 날 아이들이 부르는 2개의 라임을 소개한다.

▸ Rain on the green grass,
And rain on the tree,
Rain on the house-top,
But not on me.

▸ Rain, rain go away,
Come again another day.
Little Johnny wants to play.

이 예시는 *Collins English Nursery Rhymes for Young Leraners*

② Songs

노래는 듣고 되풀이(listen and repeat)하는 형식이기도 하며 어린이용 노래가 포함된 많은 책이 시중에 나와 있다.

- Are you sleeping? Are you sleeping?
  Brother John. Brother John.
  Morning bells are ringing. Morning bells are ringing.
  Ding ding dong! Ding ding dong!
- London bridge is falling down, falling down, falling down.
  London bridge is falling down, My fair lady.
- Oh, do you know the Muffin Man, the Muffin Man, the Muffin Man?
  Do you know the Muffin Man that lives in Drury Lane?
  Oh, yes, I know the Muffin Man, the Muffin Man, the Muffin Man.
  Yes, I know the Muffin Man That lives in Drury Lane.
  Oh, now we know the Muffin Man, The Muffin Man, The Muffin Man.
  Now, we know the Muffin Man That lives in Drury Lane.

③ Exercises

가장 분명한 '듣고 반복하기(listen and repeat)' 연습은 교사나 학생 중 한 명이 무언가를 말하고 다른 사람들은 말한 것을 반복하는 것이다. 인형이나 장난감 인형을 이용한 짧은 대화일 수도 있고, 다른 사람에게 전하는 메시지일 수도 있다.

(4) 이야기 듣기 활동(Listening to stories)

이야기를 듣는 것은 모든 어린이의 성장 과정 일부여야 한다. 교육학자와 심리학자들은 이야기가 아동의 발달, 특히 언어 발달에 중요한 역할을 한다는 것을 거듭거듭 보여주었다. 친근하고 안전한 분위기를 조성하여 아이들이 영어로 이야기를 듣는 것에서 최대한의 이점을 얻을 수 있도록 한다. 눈이 마주치도록 좌석을 재배치한다. 가능하면 모두 바닥에 앉게 한다. 아이들을 편안하게 하는 것이 중요하다. 이야기를 들을 때 똑바로 앉지 않아도 된다. 아이들이 긴장하지 않은 상태로 편안하다면 듣게 될 내용에 더 개방적이며 스토리텔링에서 훨씬 더 많은 이점을 얻을 수 있다. 교사는 교실 내 스토리텔링 공간으로 이동하여 앉을 수도 있다. 커다란 쿠션과 같은 편안한 의자에 앉을 수도 있다.

교실에 불이 환하게 켜져 있다면 최소한 1~2개는 꺼서 이야기 듣는 데 집중할 수 있도록 분위기를 만들어라. 이야기를 들으면서 아이들은 내면의 그림을 그릴 수 있다. 그들은 그들과 동일시할 수 있고 이야기는 그들이 자신의 감정을 이해하는 데 도움이 될 수 있다. 물론 토론은 매우 중요하지만, 교사는 이야기를 도덕화하거나 설명해서는 안 됩니다. 이야기의 구조는 아이들이 자신의 이야기를 말하고 쓸 때 도움이 됩니다. 많은 이야기는 순무 이야기(Enormous Turnip Story)처럼 그 자체로 반복으로 가득 차 있습니다. 거의 모든 이야기는 계속해서 말할 가치가 있습니다. 이야기는 또한 모든 종류의 교사 이야기를 제외합니다.

① Telling stories

이야기를 하는 것(telling stories)과 이야기를 읽는 것(reading stories)은 차이가 있다. 먼저 스토리텔링(tell a story)을 살펴보겠습니다. 교사가 이야기를 말한다면(tell a story), 교사 앞에 책이 없습니다. 모든 수준의 어린이에게 이야기를 들려준다는 것은 언어를 어린이의 수준에 맞게 조정할 수 있다는 것을 의미합니다. 돌아가서 반복할 수 있고, 모든 종류의 몸짓과 표정을 넣을 수 있으며, 대부분의 시간 동안 눈을 마주칠 수 있습니다.

② 전통적인 동화(traditional fairy tales)

작은 빨간 망토(*Little Red Riding Hood*)와 골디락스(*Goldilocks*)와 같은 전통적인

동화는 이야기를 위한 멋진 이야기를 만듭니다. 그들은 특별한 유형의 시작, 중간 및 끝이 있는 명확한 구조로 되어 있습니다. 5살짜리라면 이유를 말할 수 없더라도 무엇이 적절한 동화이고 무엇이 그렇지 않은지 말할 수 있을 것입니다. 그들은 언제 어디서 설정을 시작합니다. 이야기는 에피소드로 이야기됩니다 - 결과가 있는 사건. 한 세트의 결과는 다른 이벤트로 이어집니다. 좋은 사람과 나쁜 사람이 있고 좋은 사람이 이깁니다. 대부분 동화는 좋은 줄거리 흐름을 가지고 있으며 자신의 나라의 전통 이야기 또는 다른 나라의 이야기를 할 수 있습니다. 전통적인 이야기를 하려면 먼저 이야기를 살펴보고 순서대로 쓰는 것이 가장 좋습니다.

예를 들면, Little Red Riding Hood:

Setting: In a wood. Her grandmother's cottage.

Episodes: Little Red Riding Hood makes a lunch basket.

She says goodbye to her mother.

She skips and sings on the way.

She meets a wolf.

etc.

이렇게 하면 이야기할 때 이야기를 더 쉽게 기억할 수 있습니다.(물론 간단한 버전이 있으면 전통적인 동화도 소리 내어 읽을 수 있습니다.)

* 단순하게 만들어진 전래 동화를 보려면 *Favourite fairy Tales - a Longman series for young readers* 참고하세요.

③ 이야기 만들기(Creating stories)

아주 초기 단계부터 할 수 있는 또 다른 흥미진진한 이야기 전개 방식은 아이들과 함께 이야기를 만들어 그들의 이야기를 들려주는 것이다.

> 이야기가 언제 일어났는가? *'when did the story happen?'*
> 옛날 옛적에 *'Once upon a time'*

아이들의 대답이 허무맹랑해도 아이들이 대답한 단어를 넣어 이야기를 계속 만들어 나간다.

> *Once upon a time in…? 'Egg.' 'Fine. Once upon a time in a country, town called Egg, there was…?'* 등등

이것은 공유된 이야기의 실제 느낌을 제공하며 이야기가 어떻게 끝날지 알 수 없다. 각 단계의 아이들과 이야기를 만들어 가면서 생각을 글로 표현하는 데 도움이 되며, 글을 쓰기 위한 출발점이 된다.

④ 이야기 읽기(reading stories)

이야기를 말해주는 대신 책을 큰 소리 내어 읽어줄 수 있다. 이것은 이야기를 말해주는 것과는 다르며 이 경우 이야기를 전혀 변경해서는 안 된다. 아이들은 자신이 좋아하는 이야기가 반복되는 것을 좋아하며, 아주 자주 교사에게 이야기를 한마디로 말할 수 있을 것이다. 그들은 변화가 일어나는 것을 좋아하지 않는다. 아이들이 마음으로 이야기를 배우는 것을 좋아한다면 말한다.

때로는 이야기를 마음으로 배우는 것과 읽을 수 있는 것 사이에 매우 좁은 경계선이 있다. 모든 연령대의 어린이들은 책을 읽는 것을 좋아하므로 가능한 한 많은 시간을 8세에서 10세 사이의 어린이들과 더 어린 반 아이들에게도 읽으려고 노력해야 한다. 나이가 많은 반의 경우 계속되는 이야기를 가지고 있어 볼 때마다 책을 조금씩 읽을 수 있도록 하는 것이 좋다.

(5) 독립적인 듣기(independent listening)

앞에서도 언급했듯이 교실 내 영어 코너 편히 앉을 수 있는 곳, 책을 읽을 수 있는 곳 게시판 등을 말했다. 가능하면 여기에도 카세트가 있어 아이들이 평화롭고 조용하게 앉아서 들을 수 있다. 영어를 모국어로 사용하는 어린 학습자와 외국어 학습자를 위한 영어 카세트 사료를 준비해 놓는다. 다양한 출판사에서 수준별로 시리즈로 만든 영어책들이 많이 있으므로 이곳에 비치해두면 좋다. 그리고 일반적으로 5세에서 7세 사이의 어린이는 수업 시간에 교사와 함께 먼저 들었던 이야기를 준비해주면 좋다. 때때로 우리는 단지 아이들이 듣기 위해 듣기를 원한다는 것을 잊지 말아야 한다. 교실에 가능한 한 많은 다른 목소리를 소개하려고 노력하고 아이들은 다양한 언어를 들어야 한다. 더 많이 들을수록 더 잘 말하고 쓸 수 있다.

* 다양한 활동 소개 자료는 *Wendy, A. scott & Lisbeth H. Ytreberg*(1998) 참고하세요.

CHAPTER

11

말하기 지도

11.1 말하기의 중요성 및 문제점

의사소통 수단으로서의 말하기 기능의 중요성은 아무리 강조해도 지나치지 않는다. 모국어 습득 상황에서 정상적인 모국어 화자들은 말을 잘하기 위해 특별한 학습 목표를 설정하고 이를 달성하기 위하여 노력하거나 교육받지 않아도 말하는 것을 배우는 데 어려움이 없고 의사소통도 잘한다. 외국어 학습(learning) 상황에서는 모국어처럼 말하는 것을 쉽게 배우고 의사소통을 잘하기는 어렵다. 외국어 구사 수준은 학습 시작 시기, 언어 환경, 노출 및 사용의 강도 등에 의해 영향을 많이 받을 뿐만 아니라 학습자의 성격 및 학습 동기와 같은 개인적인 요인 등 다양한 변수가 작용하기 때문이다(부경순, 2004).

대부분 아이들은 제 2 언어(L2)를 배우는 것과 말하기를 배우는 것을 동일시하며, 대부분이 모국어(L1)을 능숙하게 숙달하고 외국어 교실에 와서 배우는 것이 상대적으로 쉽고 수월해 보였기 때문에 외국어도 마찬가지일 것으로 기대한다. 어린이들은 특히, 초등학생은 즉각적인 결과를 원하고 첫 수업이 끝난 후에도 학교의 다른 아이들이나 가족 구성원에게 영어를 어느 정도 할 수 있다는 것을 보여주고 싶어 한다. 그러므로 아이들의 기대를 충족시켜 영어 학습에 대한 동기를 유지하려면 영어로 가능하면 빨리 많이 말할 기회를 제공하여 그들이 영어를 배우는데 진전이 있음을 느끼게 해주어야 한다. 그렇지 못하면 학생들은 실망하게 되고 영어에 대한 흥미를 잃을 수도 있게 되기 때문이다(Ellis, G & Brewster, J, 2002).

11.2 말하기 특성

영어가 국제어로 사용되고 국제적인 교류가 증가함에 따라 말하기 능력이 그 사람의 영어 실력을 판단하는 준거로 인식되고 있다. 외국어 학습을 외국어 말하기 학습으로 생각할 정도로 말하기는 외국어 학습에서 중요한 것으로 여겨진다. 실제로 말하기는 특정 목표 성취를 위해서 의사소통하는 데 중요한 기능이다. 특히 초보자에 있어서는 의사소통 자체가 거의 말하기에 의한 것이다. 그러나 말하기 기능은 듣기 기능과 떼어서 생각할 수 없는 능동적인 기능이며 말하기는 상호작용에 의해 진전되기 때문에 화자는 청자가 이해하는 데 따라 말을 달리해야 하며 동시에 청자가 되어야 하기 때문이다. 이런 면에서 말하기의 특성은 다음과 같다(박약우, 1999).

첫째, 말하기는 발음뿐만 아니라 강세, 리듬, 억양이 중요하다.

말하기란 여러 가지 발음을 조합하여 전체적으로 강세, 리듬, 억양을 첨가한 것이라고 할 수 있다. 이때 개별적인 발음은 앞뒤의 환경과 강세, 리듬, 억양의 영향을 받아 약화하거나 없어지는 등 변형을 하게 된다. 오늘날 의사소통적 접근법과 영어의 다양한 형태를 인정해가고 있는 상황에서는 말할 때의 영어 발음 자체에 대한 지나친 부담은 줄어져 간다. 그러나 영어의 강세, 리듬 및 억양의 중요성은 더욱 커져간다.

둘째, 말하기는 정보 공백(information gap)이 있어야 한다.

말하기는 의사소통 행위에 있어서 가장 중요한 언어 기능이다. 말하기는 주로 알고 싶은 정보를 얻기 위해서나 의문스러운 정보를 확인하기 위해서 행해진다. 이처럼 말하기가 성립되기 위해서는 대화자 쌍방에서 결핍된 정보가 있고 그것을 메워가려고 노력하는 의지가 있어야 한다.

셋째, 말하기는 상호작용(interaction)이 있어야 한다.

말하기의 어려움은 의사소통을 위한 상호작용에 있다. 위에서 본 정보상의 공백을 메워가는 과정에서 서로가 요구하고 얻고자 하는 정보가 같을 수만은 없다. 이를 중재하는 것이 의미협상(negotiation of meaning)이다. 따라서 말하기는 참여자 간의 계속된 의미협상을 해 가는 상호작용이 있어야 한다.

넷째, **말하기는 정의적인 요소의 영향을 많이 받는다.**

말하는 것과 생각하는 것은 상당히 다르다. 의사소통을 위해서 생각할 때는 거의 제약을 받지 않지만 이를 말로 나타내기 위해서는 대화 상대자와 환경 등의 여러 가지 제약을 받게 된다. 이런 현상은 외국어일 때 더 강하게 나타난다. 한번 말을 하기 위해서는 입안에서 수십 번을 되뇌게 하고, 그러고도 심리적으로 위축되고 자신감을 갖지 못하면 자신의 실수에 대한 부담감이 더욱 커지게 되어 마침내는 말하기를 포기하게 된다. 이처럼 말하기는 심리적, 정의적인 요소의 영향을 크게 받는다,

다섯째, **말하기는 비언어적인 수단을 병행한다.**

의사소통을 할 때는 상대방의 말뿐만 아니라 비언어적인 요소까지도 주의를 기울여야 한다. 그리고 자기의 의사를 효과적으로 전하기 위해서는 표정과 제스처 등의 비언어적 전략을 적절히 활용하게 된다.

11.3 말하기 지도의 목표

말하기는 자기의 의견과 상대방이 알기 쉽게 이해할 수 있도록 표현하는 능력이다. 따라서 말하기 지도에서는 학습자에게 자기의 의견과 생각을 이해 가능한 언어로 표현할 뿐만 아니라 상대방의 이해를 돕는 눈짓, 표정, 제스처, 시각 및 청각 보조 자료, 그리고 언어적 맥락 등을 적절히 이용할 수 있게 해야 한다.

초등학교에서의 영어 교육의 목표는 영어에 흥미와 자신감을 가지며, 기초적인 영어를 이해하고 표현할 수 있는 능력을 기르는 것이며, 그중에서도 말하기와 관련하여 간단한 말을 발음하여 말로 표현하는 능력을 기른다고 하였다. 7차 개정 초등 영어과 교육과정 중 말하기 영역을 살펴보면 다음과 같다(교육과학기술부 고시 제 2011-361호).

(1) 초등학교 3~4학년 군 말하기 영역 및 학습 내용 성취기준

① 소리를 따라 말한다.

①-1. 알파벳과 낱말의 소리를 듣고 따라 말한다.

①-2. 영어의 강세, 리듬, 억양에 맞게 따라 말한다.

② 낱말이나 문장을 말한다.

②-1. 실물이나 그림을 보고 낱말이나 한 문장으로 말한다.

②-2. 주변의 사물과 사람에 관해 한두 문장으로 말한다.

②-3. 한두 문장으로 지시하거나 명령을 한다.

②-4. 쉽고 친숙한 일상 표현을 한다.

③ 말하거나 묻고 답한다.

③-1. 한두 문장으로 자기소개를 한다.

③-2. 일상생활에 관해 쉽고 간단한 표현으로 묻고 답한다.

③-3. 지나간 일에 관해 간단히 말한다.

④ 찬트나 노래, 게임을 한다.

④-1. 쉽고 간단한 게임이나 놀이를 참여하여 말한다.

④-2. 쉽고 간단한 찬트나 노래를 강세, 리듬, 억양에 맞게 부른다.

(2) 초등학교 5~6학년 군 말하기 영역 및 학습 내용 성취기준

① 중심 내용을 말한다.

①-1. 주변의 친숙한 대상에 관해 간단히 말한다.

①-2. 단순한 그림이나 상황을 보고 간단히 말한다.

①-3. 일상생활에 관한 간단한 말이나 대화를 듣고 중심 내용을 묻고 답한다.

② 세부 내용을 묻고 말한다.

②-1. 일상생활에 관해 간단히 이유를 묻고 답한다.

②-2. 앞으로 일어날 일에 관해 간단히 묻고 답한다.

②-3. 일상생활에 관한 간단한 말이나 대화를 듣고 세부 내용을 묻고 답한다.

③ 전화 대화를 한다.

③-1. 전화 대화에 필요한 기초적인 표현을 한다.

③-2. 간단한 전화 대화를 한다.

④ 지시하거나 요청한다.

④-1. 두세 개의 연속된 문장으로 지시하거나 명령한다.

④-2. 쉽고 간단한 표현을 사용하여 상황에 맞게 요청한다.

11.4 말하기의 단계별 지도

말하기는 크게 의사소통을 위한 기초를 닦는 기능 습득(skill-getting)단계와 실제로 의사소통하는 기능 사용(skill-using)단계로 구별될 수 있다(Rivers 1972; Rivers & Temperley: 1978). 기능 습득단계에서는 의사소통을 위한 도구라고 할 수 있는 언어의 단위, 범주, 문법 기능 등을 인지하고 이들에 관한 규칙을 내재화하는 훈련을 한다. 이 단계에서는 교사의 통제에 의하여 특정 언어 기능을 연습하여 숙달시키는 것에서 초점을 두기에 실제적인 의사소통은 이루어지지 않는다. 기능 사용단계는 내재화된 규칙에 따라 자신의 의견이나 생각을 표현하고 상대방의 말을 이해하며 상호 의사소통을 위해 언어를 사용하는 단계이다. 실제적인 의사소통은 상호작용에 의한 기능 사용단계에 해당한다. 또한 Paulston과 Bruder(1978)는 말하기의 단계를 1차적으로 기계적 연습, 유의적 연습과 의사소통적 연습으로 나누고 2차적으로는 의사소통 행위로 나누어 이들은 단계적으로 발전되어 간다고 하면서 다음처럼 제시하였다.

1단계: mechanical drill → meaningful drill → communicative drill

2단계: communicative activities: problem-solving; role-play

말하기가 반드시 이와 같은 단계를 거쳐야 하는 것은 아니지만 이 같은 분류는 말하기 연습단계로 널리 받아들여지고 있다. 교사는 가능한 의미 없는 기계적인 연습은 꼭 필요한 경우에 짧게 활용하고 대부분 시간에 유의적인 연습, 나아가 의사소통적인 연습이 되게 학습상황을 구축하는 편이 좋다. 말하기 연습의 단계를 교사의 통제 정도에 따라 통제 연습, 유도 연습, 자유 활동으로 나눌 수 있다(이재희 외 9, 2015, p241에서 재인용).

11.5 초기 단계(The initial stages)

아이들이 처음 몇 번의 수업에서 영어를 '제거'하는 것이 중요하다. 따라서 다음 활동의 기초가 될 수 있는 숫자(numbers), 색상(colors) 등과 같은 기본 개념에 대한 어휘를 어린이들에게 가르치는 것으로 영어 프로그램을 시작하는 것이 유용하다. 첫 수업에서는 간단한 인사하기(greetings)와 소개하기를 가르치는 데 중점을 둔다. 아이들에게 영어 이름을 줄 수도 있지만 아이가 자신의 이름을 그대로 유지하기를 원하면 그렇게 하도록 한다.

수업 시작 초반에 아이들에게 몇 개 정도의 운율(rhymes)과 노래(songs)를 가르치는 것은 아이들에게 영어 말하기를 빠르게 배우고 있다는 인상을 줄 것이다. 햄버거, 피아노, 바이올린, 텔레비전, 바나나, 로봇, 샌드위치 등과 같이 또한, 아이들이 알고 있는 모든 영어 단어를 말해보도록 요청할 수 있다, 예를 들면, hamburger, piano, violin, television, banana, robot, sandwich, 등.

이 단어들이 모국어와 영어로 어떻게 발음되는지에 집중할 수 있으며, 영어 발음의 특징에 대한 유용한 소개를 제공한다. 이런 활동의 목표는 어린이의 언어 인식을 높이고 자신감을 키우는 것이다.

■ **공식 언어**(Formulaic language)

학습의 초기 단계에서는 아이들로부터 많은 자발적인 말을 기대할 수 없다. 그들이 초기 단계에서 생산하는 방법을 배우게 될 영어의 대부분은 공식 언어가 될 것입니다. 즉, 단어 하나하나를 함께 모으는 것이 아니라 전체 덩어리(chunks)로 생산되는 언어입니다. 그것은 종종 아이들이 암기하고 최소한의 언어 능력으로 의사소통할 수 있게 하는 일과(routines) 또는 패턴(patterns)으로 구성됩니다. 이러한 유형의 언어가 정기적으로 반복되기 때문에 아이들은 빨리 배우고 많이 말할 수 있다는 인상을 받습니다.

말하기의 내용은 다음과 같다.

기본적이고 빈도수가 높은 의사소통 기능 수행하기

- 간단한 인사(simple greetings): Hello! How are you? / I'm fine, thank you. And you?
- 사회 영어(social English): Did you have a nice weekend? / Have a nice weekend!
- 일상적인 일(routines): What's the date? What's the weather like today?
- 교실 언어(classroom language): Listen. Repeat. Sit down. Work in pairs. Good.
- 허락 구하기(asking permission): Can I/May I go to the toilet? Can I clean the board? Can I wash my hands? Can I look at a book?
- 의사소통 전략(communication strategies): Can you say that again, please? How do you say... in English, please? What does .... mean, please? I don't understand. Can I have a ... please?

이 언어를 반복해서 들으면서 아이들은 사용법을 배웁니다. 이 문구는 말풍선으로 작성되어 교실 곳곳에 붙어있을 수도 있습니다. 아이들은 자신의 언어로 감정을 표현하고, 의도와 반응을 소통하고, 언어를 탐색하고 놀릴 수 있으므로 영어로도 똑같이 할 수 있기를 기대합니다. 어린아이들에게 외국어를 가르치는 마법 일부는 외국어가 자신이 표현하고 싶은 것을 표현하는 또 다른 방법이지만 실제 언어가 없으므로 한계가 있다는 무언의 가정입니다.

■ 일반적 의견(General comments)

- 제한(Limitations)

  말하기는 아마도 교사가 가르치는 가장 까다로운 기술일 것이다. 아이들은 자신의 언어로 감정을 표현하고, 의도와 반응을 전달하고, 언어를 탐색하고 놀 수 있으므로 영어로도 똑같이 할 수 있기를 기대한다. 어린아이들에게 외국어를 가르치는 마법의 일부는 외국어는 자신이 표현하고 싶은 것을 표현하는 또 다른 수단일 뿐이라는 암묵적인 가정을 하고 있지만 실제 언어 사용의 결핍이 있으므로 한계가 있다.

- 우리는 그들이 무엇을 말하고 싶어 하는지 모른다.

  학생들이 영어를 단순히 의사소통 수단으로 계속 생각하기를 바란다면 아이들이 어떤 언어를 사용할지 예측할 수 없을 것입니다. 그들의 선택은 무한하며 우리는 그들이 무엇을 말하거나 말하고 싶어 할지 결정할 수 없습니다. 또한 아이들이 영어로 단어를 찾을 수 없을 때 자연스럽게 모국어를 삽입하는 경우가 많습니다.

- 균형 찾기

  초보자에게 중요한 것은 통제되고(controlled) 안내되는(guided) 활동을 통해 언어를 제공하는 동시에 자연스러운 대화(natural talk)를 즐길 수 있도록 하는 것 사이에서 균형을 찾는 것입니다. 대부분 학생은 교실 밖에서 영어 말하기를 연습할 기회가 거의 없으므로 수업 중에도 많은 연습이 필요합니다.

- 교정(Correction)

  아이들이 통제되고 안내된 활동을 할 때 올바른 언어를 생산하기를 바랍니다. 이 단계에서 오류가 발생하면 즉시 수정해야 합니다. 이러한 유형의 활동 동안 학생들은 교사 또는 교과서 언어를 사용하고 학생들은 모방하거나 대안을 제시할 뿐이므로 수정이 간단합니다. 그러나 학생들이 자유 구두 활동(free oral activities)을 할 때 우리는 학생들이 말하고 싶은 것을 말하고 자신과 자신의 성격을 표현하도록 하려고 노력합니다. 활동의 언어 뼈대는 종종 교사나 교과서에 의해 매우 엄격하게 통제되지만, 아이들을 위한 강조는 내용에 있어야 합니다.

11.6 말하기 능력 향상을 위한 활동

(1) 구두로 새로운 언어 제시(presenting new language orally)

아이들이 영어를 배우기 시작할 때, 아이들이 스스로 영어를 생산할 수 있기 전에 분명히 언어를 제공받아야 합니다. 언어가 입 밖으로 나오기 전에 먼저 들어가야 합니다. 이 초기 단계에서 활동은 교사의 통제하에 있을 것입니다. 다음은 새로운 언어를 구두로 발표할 수 있는 몇 가지 방법입니다(*Wendy & Lisbeth*, 1990, pp. 34-36).

① 아이들을 통해(through the pupils)

교사는 아이가 무엇을 할 수 있는지 알고 있으므로 'Listen to me, please. Maria can swim. Peter can sing. Miriam can ride a bike. Paula can whistle. Carlos can draw.' 문장은 사실이어야 하며 적절한 행동과 소리가 수반되어야 합니다.

② 마스코트를 사용하여(using a mascot)

어린아이들에게 언어를 전달하는 가장 성공적인 방법의 하나는 꼭두각시나 학급 마스코트를 사용하는 것입니다. 무엇이든 모든 것에 관해 대화를 나눌 수 있는 친숙한 사람이 곁에 있다는 것은 어린아이들에게 새로운 주제와 새로운 언어를 소개하는 훌륭한 방법입니다. 예를 들어, 테디(Teddy)를 마스코트로 사용하는 경우 테디(Teddy)를 사용하여 질문할 수 있습니다. 아이들은 Teddy를 통해 'Teddy가 알고 싶어 하는...'이라고 질문할 수 있습니다. Teddy를 파트너로 사용하여 대화를 발표할 수 있습니다.

예를 들면:

Teddy, can you swim?

No I can't, but I can sing.

And Teddy then sings a song.

Or

Teddy, do you like carrots?

Ugh, no!

What about bananas?

Yes, I love them.

교사가 모델을 제시하면 학생들은 Teddy에게 모든 종류의 질문을 할 수 있고, Teddy는 모든 종류의 답변을 제공할 수 있습니다. 이런 식으로 테디의 이름, 주소, 신원, 좋아하는 것, 싫어하는 것 등 Teddy가 반의 모든 사람에게 속하도록 아이들과 협력하여 구축됩니다. 마스코트가 한 클래스에만 속해야 하는 것은 아닙니다. 테디는 구두 작업을 스스로 발표할 필요가 없다는 것을 의미합니다. 대부분의 구두 작업은 누군가를 향하고 누군가의 응답을 요청하며, 주변에 다른 영어 사용자가 있으면 모든 종류의 상황을 더 쉽게 극복할 수 있습니다.

③ Drawings

칠판에 매우 간단한 선 그리기를 사용할 수 있습니다.

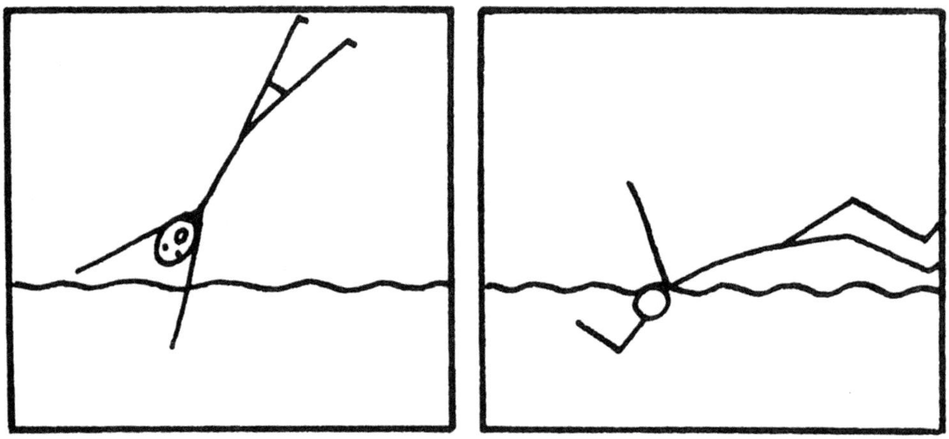

④ **실루엣(Silhouettes)**

오버헤드 프로젝터에서 실루엣을 사용할 수 있습니다. 와이어 조각을 연결하면 움직일 수 있습니다.

⑤ **인형(puppets)**

인형은 마스크일 필요도 없고 복잡할 필요도 없습니다. 종이봉투 위에 눈구멍을 뚫어 사용해도 됩니다.

아이들을 위한 통제 활동(Controlled practice), 안내된 활동(guided practice), 자유 활동(free activities)들을 조금 더 소개하면 다음과 같다(Brewer et all, 2002, pp. 107-109).

⑥ Look, Listen and repeat

목적: 새로운 어휘와 구문을 소개하기 위해, 형태와 발음에 집중하기,
그림 카드 대신 단어 카드를 사용하면 기본적인 읽기 연습을 할 수 있다.

준비물: 그림 카드(동물, 음식, 색깔, 동작 카드, 옷 등)

활동: 교사가 그림을 보여주며 말하면 학생들은 따라서 말한다.
Look! An apple. Repeat!
교사는 아이들의 발음이 만족스러울 때 다른 단어로 바꾼다.
3~4개의 단어를 소개한 후, 교사는 그중 한 개의 단어를 보여주면서 확인해본다.
What's this? 그리고 아이들은 대답한다. An apple!

⑦ Listen and participate

목적: 이야기나 운율(rhymes)을 들을 때 아이들을 적극적으로 참여시키기
언어를 반복할 때 의미 있고 친숙한 맥락 제공하기

준비물: 이야기 책(동화책), 영어 노래(rhymes), 수수께끼(riddles), 시(poems)

활동: 수업 시 동화 구연, 동요, 혹은 시를 낭송할 때 사용하는 활동입니다.
아이들에게 핵심 단어와 문장을 반복하여 참여하도록 장려한다.

⑧ Reading aloud

목적: 발음과 소리/문자 조합을 연습하기 위해

준비물: 빙고 판, 카드, Snap 카드

활동: 빙고 또는 스냅(Snap)과 같은 일부 게임에서는 아이들이 단어나 문장을 소리

내어 읽어야 한다.

⑨ memory games

목적: 기억력 발달을 위해, 발음 연습을 위해, 숨겨진 패턴 연습을 제공하기 위해, 집중력과 듣기 훈련 향상을 위해

준비물: 짧은 음성 메시지 또는 항목(items) 목록

활동: '나는 시장에 가서 샀다(I went to market and bought….).'와 같은 게임과 귓속말로 속삭이기(Chinese Whispers)는 아이들이 특정 구조나 단어를 반복하도록 요구한다.

이를 통해 아이들은 많은 단어와 문장을 말하기 연습을 할 수 있다.

⑩ Dramatization

목적: 구어체 영어 연습을 위한 기억에 남는 기회 제공, 자신감 향상, 암기 기술 개발, 통합적 기술 연습 제공을 위해, 상호 작용과 차례를 바꾸는 사회적 기술을 개발하기 위해

준비물: 이야기책, 대본(선택), 관련된 활동을 위한 다양한 자료들, 인형들

활동: 이야기나 상황은 종종 연기될 수 있고, 따라서 대사 암기, 의상과 소품 만들기, 포스터 및 초대장 만들기와 같은 다양한 관련 활동에 아이들을 참여시킨다. 상황에 따라 짧은 대화를 만들고 인형으로 연기할 수도 있다.

⑪ Rhymes, action rhymes, songs, chants, tongue twisters

목적: 기억력을 개발하기 위해, 발음 연습을 제공하기 위해, 새로운 언어를 통합하거나 도입하기 위해

준비물: 라임(Rhymes), 동요(songs), 챈트(chants)

활동: 이것들은 언어를 덩어리(chunks)로 배우도록 하고, 모방(imitating)과 마임

하기(miming)가 포함된다. 일부 운율과 노래는 이미 만들어진 대화를 제공한다. 동작이 있는 운율이나 노래는 몸을 움직이게 운동을 제공하고 신체 조절을 장려한다.

⑫ Retelling a story

목적: 아이들이 이야기의 주요 사건을 이해했는지 확인하기 위해, 발음 연습을 제공하고 목소리를 변조하거나, 속도를 변경하는 것과 같은 몇 가지 스토리텔링 기술을 제공하기 위해

준비물: 이야기책들(storybooks), 카드나 말풍선에 쓰인 대사, 그림 자료

활동: 이 활동은 아이들이 이야기의 단순화된 버전을 다시 말하는 것을 포함한다. 어린이들은 이 활동에서 그림 자료를 사용하거나 말풍선을 그림과 짝지음으로써 종종 도움을 받을 수 있다.

⑬ Using flash cards

목적: 정확한 문법적 형태와 발음을 만드는 데 집중하는 통제된 연습을 제공하기 위해

준비물: 플래시 카드, 예를 들면 과일, 사물, 옷

활동: 플래시 카드는 짝 활동, 설문지와 조사하기(surveys)와 같은 자유 활동을 준비하는 데 사용된다. 교사는 학생에게 플래시 카드를 주어 특정 질문을 하도록 유도한다.

교사는 반 아이들에게 *Is that right?* 라고 물어볼 수 있다.

⑭ Guessing games

목적: 특정 구조의 발음 연습을 위한 현실적인 맥락 제공

준비물: 없음

활동: 이러한 유형의 게임은 일반적으로 아이들이 질문을 하거나 무언가 또는 누군가를 설명하는 데 사용하는 형태이다. 예를 들면, 아이가 동물 하나를 그리거나 혹은 반 아이들에게 보여주지 않고 그들이 좋아하는 애완동물 하나를 생각한다. 반 아이들은 그것이 무엇인지 추측해본다. Is it a cat? and so on.

⑮ Information gap

목적: 유창성 연습하기 위해, 실질적 의사소통을 위한 언어 사용하기 위해, 상호작용과 서로 주고받는 대화의 사회적 기술을 연습하기 위해

준비물: 학생 A, 학생 B를 위한 활동 지

활동: 이 활동을 위해 짝 혹은 그룹으로 수행하고 질문과 대답 형태로 진행한다. 한 파트너는 다른 파트너가 가지고 있지 않은 정보를 가지고 있다. 본인이 가지고 있는 워크시트를 완성하기 위해 이것이 무엇인지 알아내는 것이다.

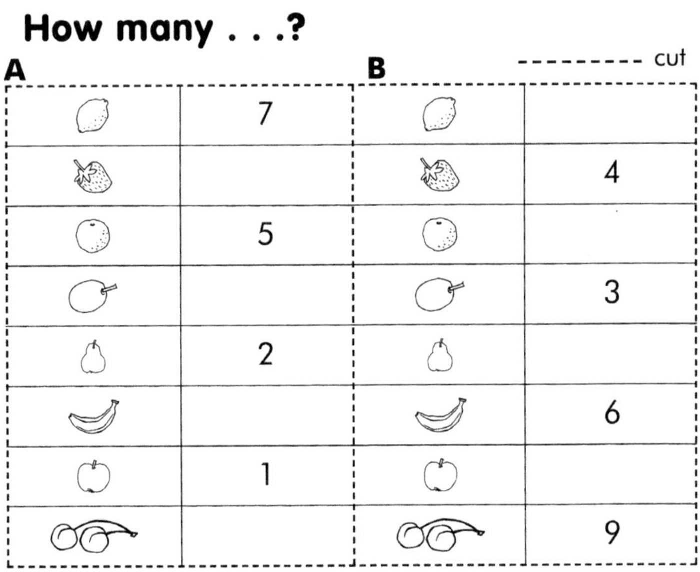

Ellis & Brewster(2002)

⑯ Questionnaires and surveys

목적: 듣기 훈련을 연습하기 위해, 특별한 목적을 위해 정보를 모으는 데 사용하기 위해

준비물: 아이들이 완성해야 할 활동 시트

활동: 아이들은 반 친구들에게 인터뷰한다. 아이들이 좋아하는 것과 싫어하는 것, 혹은 스포츠 중 할 수 있는 운동과 할 수 없는 운동 등 인터뷰하고 도표에 정보를 기록한다.

조사활동	
아래의 대화문처럼 친구들에게 어떤 색을 좋아하는지 조사하여 적어보세요.	
Name	Color

⑰ Dialogues and role-play

목적: 유창성 연습을 제공하기 위해, 언어 사용을 확장하기 위해, 사회적 상호작용 기능을 향상해주기 위해

준비물: 간단한 역할극 대본

활동: 역할극은 한 맥락에서 제시된 언어가 다른 맥락에서 사용될 기회를 제공한다. 예를 들면, 아이들은 쇼핑 시 손님과 점원과의 대화와 행동을 진행해 본다.

CHAPTER

12

읽기 지도

12.1 초등영어 읽기의 중요성

읽기는 영어 교육에서 실제로 가장 많은 시간을 쏟게 되는 기능이다. 21세기는 지식, 정보화, 지구화로 전 세계에서 영어는 지구화의 언어가 되었다. 특히 정보의 홍수 시대라고 할 때 그 정보의 대부분이 읽기와 관련된 것이기 때문에 영어 교육에서 읽기 지도는 가장 실질적이고 중요하다. 특히, 영어를 외국어로 사용하는 EFL 상황에서 우리나라 어린이들이 음성 언어에만 집중하기에는 여건상 어려움이 많다. 음성 언어는 공간적, 시간적 제약을 받게 되고 영구성이 없는데 비해 문자 언어는 영구적이며 학습자에게 가해지는 제약도 적어 독립적인 영어 학습이 이뤄질 수 있다. 특히, Laura Robb(1994)는 읽기의 중요성을 '아이들은 즐거움을 위해 온종일 책을 읽고, 어린이들이 매일 재미로 읽는 가운데 모르는 것들에 대한 답을 얻고, 가정한 것들을 검증하며, 그들이 이미 알고 있는 것에 새로운 정보를 연결하는 법을 배우기 위해 책을 읽는다'라고 했다. 또한, 그는 어린이들이 읽기를 통해 다음과 같은 것들을 얻는다고 말했다.

어린이들은 읽기를 통해 언어와 읽기가 재미있는 것이고, 읽기란 누구나 즐길 수 있는 활동임을 깨닫게 되며, 언어, 문자, 문학적 지식은 물론 세상 지식까지도 얻게 된다는 것이다(최은호, 2004, p22 재인용).

그러므로 초등학교 영어 교육에 있어서 영어 읽기를 위한 기초적인 지도가 꼭 필요하다. 학업 성취뿐 아니라 정서, 문화적 측면과 다양한 필요와 목적에 의한 책 읽기에도 도움이 되고, 스스로 책을 찾아 읽는 평생 독서 습관의 함양에도 기여하게 될 것이다.

12.2 초등영어 읽기 영역 내용 체계

2015 개정 영어과 교육과정의 읽기 영역 내용 체계는 핵심 개념별로 일반화된 지식을

제시하고 있으며, 내용 요소는 학년 군별로 제시하고 마지막으로 내용 요소에 따른 해당 기능을 함께 나타내고 있다. 2015 개정 영어과 교육과정의 읽기 영역 내용 체계는 다음과 같다(교육부 2015).

■ **초등학교 3~4학년 군**

① 알파벳을 읽는다.

①-1. 알파벳 인쇄체 대, 소문자를 식별하여 읽는다.

② 소리와 철자의 관계를 이해하고 낱말을 읽는다.

②-1. 소리와 철자의 관계를 이해한다.

②-2. 소리와 철자의 관계를 바탕으로 쉬운 낱말을 읽는다.

③ 어구나 문장을 읽는다.

③-1. 쉽고 간단한 낱말이나 어구를 따라 읽는다.

③-2. 들은 것과 일치하는 낱말이나 어구를 찾아 읽는다.

③-3. 쉽고 간단한 문장을 따라 읽는다.

③-4. 쉽고 간단한 낱말이나 어구를 소리 내어 읽는다.

④ 낱말이나 어구의 의미를 이해한다.

④-1. 그림, 실물, 동작 등을 통해 쉽고 간단한 낱말을 읽고 의미를 이해한다.

④-2. 쉽고 간단한 낱말이나 어구를 읽고 의미를 이해한다.

■ **초등학교 5~6학년 군**

① 소리를 내 읽는다.

①-1. 쉽고 간단한 문장을 강세, 리듬, 억양에 맞게 소리내어 읽는다.

①-2. 일상생활에 관한 짧고 쉬운 글을 소리 내어 읽는다.

② 문장을 읽고 이해한다.

②-1. 주변의 친숙한 대상의 이름이나 표지판 등을 읽고 이해한다.

②-2. 쉽고 간단한 문장을 읽고 이해한다.

③ 글의 내용을 이해한다.

③-1. 그림이나 도표가 포함된 쉽고 간단한 글을 읽고 이해한다.

③-2. 일상생활에 관한 짧고 쉬운 글을 읽고 이해한다.

③-3. 개인 생활을 소개하는 짧고 쉬운 글을 읽고 이해한다.

③-4. 쉬운 이야기를 읽고 줄거리를 이해한다.

12.3 읽기 과정

읽기 과정에는 진행 방향에 따라 상향식(bottom-up) 처리와 하향식(top-down) 처리 과정으로 나뉘며, 이 두 과정이 서로 보완적으로 작용한다는 상호작용(interactive) 읽기 이론이 있다.

Gough(1972)에 의해 처음 제안된 상향식 읽기 과정은 독자는 텍스트의 가장 작은 단위인 개별 글자에서부터 출발하여 점점 큰 단위인 구와 절 그리고 문장의 단위에서 의미를 해독(decording)하는 과정으로 설명한다. 텍스트의 정보와 자료에 초점을 맞추는 상향식 과정은 초보 단계의 독자에게 적합하다. 읽기 방법은 정독이라 말할 수 있으며 기존 학교의 읽기 수업에서 사용되어 오고 있다. 또한 상향식 읽기 과정은 초기 읽기 교육에서 독자의 역할을 수동적으로 텍스트의 활자를 받아들이는 것에 한정하는 경향이 있어 글자에서 단어, 구, 절, 문장으로 범위를 넓혀 해독하는 과정으로 보고 있다(carrel, 1988).

Goodman(1967)은 읽기 과정을 독자가 의미를 구축해 나가는 심리언어학적 추측 게임(psycholinguistic guessing game)이라 하며, 독자가 자기 경험이나 언어에 대한 지식을 이용하여 텍스트의 의미를 예측해 나가는 과정이라고 설명하고 있다. 즉 하향식 과정은 독자의 고유한 경험과 지식을 이용하여 텍스트의 내용을 예측하고 재구성하는 과정에 초점을 맞추는 읽기 이론이다. 하향식 과정은 지식 기반(knowledge-based) 과정, 또는 독자 주도(reader-driven)라고 불리는데 이는 독자가 자신의 선험지식을 이용하여 텍스트의 정보와 데이터에 대하여 적극적으로 예측하고 자신의 예측을 확인한다는 의미이다. 또한 학습자에게 하향식 읽기 과정에 필요한 기술을 연습하도록 하기 위해서는 일반적인 이해를 위하여 많은 양의 글을 읽게 하는 내용 중심 읽기 교육(content-based instruction)이나 다독(extensive reading), 묵독(silent reading) 등의 방법을 제시하고 있다(Silberstein, 1994). 하향식 읽기는 상급 단계의 학습자에게 빠른 시간 내에 다독하는 데 도움이 되는 읽기 방식이라 할 수 있다. 이러한 읽기 방식은 학습자가 텍스트의 글자를 수동적으로 받아들이는 상황이 아닌 학습자의 지식을 이용하여 텍스트의 내용을 추측하고 확인하는 능동적인 입장이라고 할 수 있다.

상호작용 과정에서는 상향식 과정과 하향식 과정이 서로 대립적인 읽기 방식으로 보이나 실제로는 상호 보완적인 관계를 가진 것으로 받아들여지고 있다. Smith(1973)의 설명에 의하면 독해는 텍스트인 시각적 정보와 선험지식인 비 시각적 정보가 상호작용하는 과정이다. 즉 독해는 주어진 정보와 독자 간의 활동인 동시에 또한 서로 이루어지는 과정으로 본다. 실제로 글을 읽는 과정에서 독자는 하나의 과정에서 다른 과정으로 수시로 이동하게 된다. 가능한 의미를 유추하고 예측할 때는 하향식 과정을 사용하고 자신의 추론이 글쓴이가 의미하는 바와 일치하는지 점검하기 위해서는 상향식 과정을 활용하게 된다(Nuttal, 1996).

효과적인 읽기 수업을 위해서 교사는 학생의 언어 수준, 선험지식, 정의적 측면(동기, 흥미, 필요, 태도) 등을 고려하여 학습자가 주어진 정보를 잘 연결하여 의미를 파악할 수 있도록 해야 하며 읽기 과정 수업에서 학습자의 선험지식을 활성화하여 내용을 추론하는 활동, 저자의 의도와 주제 파악, 내용을 추측 등은 하향식 과정을, 단어 지도,

숨겨진 의미 파악하는 활동 등은 상향식 과정을 통하여 지도해야 한다.

12.4 L1과 L2에서 읽는 법 배우기

Cummins(1979)와 같은 교육학자들이 주장하는 읽기 의지에 대한 한 가지 견해는 학생들이 모국어에 대한 강력한 읽기 능력을 개발했다면 외국어 읽기 능력 개발에 크게 도움이 된다는 것입니다. 이러한 관점에서 둘 사이의 긍정적인 관계는 아이들이 모국어 읽기 능력을 제2 언어로 전이할 수 있는 결과입니다. 많은 교사에게 직관적으로 이해되는 것처럼 보이지만 이것이 사실인지의 또는 어떻게 전이 되는지 결정적으로 보여주기에 충분한 연구가 없습니다.

어떤 상황에서는 특히 학생들이 여전히 모국어를 완전히 읽지 못한 경우 먼저 말하기를 권장하고 읽기는 나중으로 미루기로 했습니다. 아주 어린 아이들을 지도하는 교사는 교과서를 전혀 사용하지 않거나 그림에만 의존하는 책을 사용할 수 있습니다. 다른 맥락에서, 나중에 영어를 배우기 시작하는 아이들은 첫 영어 수업에서 교과서에 빠르게 소개될 수 있으며 가능한 한 빨리 영어로 읽고 쓰기를 시작할 것으로 기대됩니다.

아이들은 이미 읽기에 대해 무엇을 알고 있습니까?

아이들이 모국어에서 성공적으로 읽는 법을 배울 때, 그들은 다른 형태의 인식과 지식을 발달시킵니다. 인쇄에 대한 인식 및 지식: 인쇄가 말을 나타내고 특정 방향으로 쓰인다는 인식을 알고 있다. 물론 어린이의 도전은 인쇄가 소리를 나타내는 방법을 찾는 것입니다.

Graphophonic knowledge: 특정 소리가 함께 발생하는 방법. 음운 인식은 음절, 시작(onset) 및 운(rime)에 대한 인식을 나타냅니다. Onset은 음절에서 모음 앞에 오는 자음 또는 자음 클러스터를 나타냅니다. rime은 모음과 음절 내에서 모음 뒤에 오는 모든 자음을 나타냅니다. 따라서 BAT라는 단어에서 /b/는 onset이고 /at/은 rime입니다. 노래, 운율(rhymes) 및 운율(rhyming)이 있는 이야기를 활용하면 이러한 지식을 쌓는 데 도움이 됩니다. 어휘 지식(Lexical knowledge): 특정 단어가 매우 일반적이고, 함께 배치되거나 함께 사용됩니다(예: seaside). 빈도가 높은 단어(high frequency words)의 시각적 읽기(sight reading)를 통해 가르치는 것은 이 능력을 개발하는 데 도움이 됩니다. 통사론적 지식(syntactic knowledge): 어린이가 구를 '덩어리'로 만들고 문장이나 이야기에서 다음에 나올 내용을 예측하는 데 도움이 됩니다. 의미적 지식(semantic knowledge): 세계에 대한 지식과 삶과 문화에 대한 경험은 학생들이 문해 사건에 대한 기대를 하도록 돕습니다. 어린이가 한 언어에서 이러한 모든 종류의 인식을 개발했다면 곧 그들이 새로운 언어에도 적용되지만 다른 방식으로 적용된다는 것을 깨닫게 될 가능성이 매우 높아 보입니다.

12.5 영어 읽기 학습: 초기 단계

많은 국가에서 읽기를 가르치는 가장 효과적인 방법에 대한 일반적인 동의는 여러 방법으로 균형 잡힌 접근 방식을 사용하는 것을 의미합니다. 여기에는 '단어 공격(word attack)' 기술을 개발하기 위해 소리/문자 대응을 연습하는 파닉스가 포함됩니다. 이 접근법은 어린이의 음소(phonemic), 음운(phonological) 및 형태학적(morphological) 인식(awareness)을 통합하는 것을 목표로 합니다. 개별 소리(individual sounds) 및 소리 혼합(sound blends) 또는 조합(combinations)의 인식을 강조 표시하여 단어가 '소리로 출력'될 수 있도록 합니다. 그러나 의미가 항상 강조 표시되는 것은 아니므로 소리와 단어가 소리 세트로 표시되는 경우가 있지만 다른 맥락화는 거의 없습니다. 교사 대부분은 소리, 문자 및 단어에 중점을 둔 활동뿐만 아니라 의미와 관련된 단어 인식을 촉진하는 활동(예: 보기 및 말하기 및 언어 경험 방법)을 균형 있게 사용합니다. Look and Say는 the, he, she, is, are와 같은 가장 일반적인 단어의 시각적(sight) 인식을 장려하여 읽기 일부가 자동으로 이루어지도록 합니다. Language Experience는 어린아이들에게 사용되며 개인적인 사건이 단순한 텍스트 일부가 되도록 장려함으로써 인쇄물을 의미 있게 만들려고 합니다. 학교나 교실에서 흥미로운 일이 발생하면 교사가 문장을 쓰고 학생들이 그 문장을 이해했는지 확인한 다음 글로 쓴 단어(written word)가 말로 한 단어(spoken word)와 어떻게 일치하는지 보여줍니다. 외국어 교사는 영어 수업에서 '소리내어 읽기'와 '이해하면서 읽기'의 차이를 고려해야 합니다.

(1) 영어 맞춤법에 대처하기

아이들이 영어로 쓰인 단어를 접하게 되면 영어 철자가 읽기에 항상 도움이 되지 않는다는 것을 빨리 알게 될 것입니다. 영어를 모국어로 사용하는 아이들도 영어 쓰기 체계의 어려움으로 인해 읽기에서 이탈리아어나 스페인어를 사용하는 아이들보다 몇 달 뒤처지는 것으로 간주합니다. 많은 국가의 어린이들은 로마 알파벳에 대한 실무 지식을 갖게 되지만 인도, 중동 또는 동아시아와 같이 다른 알파벳을 사용하는 국가의 어린이들은 문자를 형성하거나 왼쪽에서 오른쪽으로 손글씨의 방향을 배우는 데 더 많은 시간을 할애해야 합니다.

(2) 인쇄 인식 개발

판매되는 자료나 교사가 직접 만든 자료를 사용하여 알파벳 프리즈, 플래시 카드, 포스터, 노래 가사 또는 표지판과 같은 기능적인 인쇄물로 교실을 장식하십시오. 교실에 비치된 카드, 가위, 풀(glue)과 같은 아이들이 사용하는 다양한 장비의 사물 이름에

표 닭지를 만들 수 있습니다. 교실 일상과 연결할 수 있는 정보 또는 영어로 작성된 질문이 있는 문장들을 아이들이 항상 눈으로 볼 수 있도록 붙여놓는다. 예를 들면, 오늘은 며칠입니까?, 오늘은 무슨 요일입니까? 오늘 날씨는 어떻습니까? 등

(3) 초기 단계의 읽기 지원

학생들이 구어에 대한 기본적인 지식을 얻은 후에 읽기를 도입하여 단순히 해독이 아닌 의미 기반이 되도록 하는 것이 중요합니다. 그럼에도 불구하고 초기 단계의 영어 읽기는 문자와 단어 수준에서 독립적인 읽기로 보완된 문장에서 '의미 있는' 읽기를 결합합니다. 이 단계는 로마 알파벳에 익숙하지 않은 학생들에게 중요합니다. 일반적으로 교사는 노래, 시각 자료, 게임 등을 통해 학생들의 글자, 단어 및 그림 연상을 지원해야 합니다. 도미노(Dominoes), 스냅(Snap) 또는 빙고(Bingo) 같은 간단한 게임과 단어 검색과 같은 퍼즐은 학습자가 단어를 형성하는 일반적인 글자 조합에 익숙해지도록 도와줍니다. 처음에는 그림만 소개하고 그다음에는 그림과 단어를 플래시 카드로 소개합니다. 일단 학생들이 자신감을 갖게 되면 많은 시각적 지원 없이도 대처할 수 있게 되지만 여전히 중요한 지원으로 수년간 남아 있을 것입니다. 플래시 카드를 디자인할 때 비슷한 소리를 가진 단어는 같은 색상으로 쓸 수 있습니다(예: bed, head, guess) 또는 어휘 세트의 단어(e.g. table. chair, lamp).

아이가 단순히 무의미하고 반복적인 활동이 아닌 의도적이고 즐거운 독서를 경험하도록 하십시오. 학생들은 삽화가 잘 들어 있고 흥미로운 줄거리 흐름이 있는 간단한 대화와 이야기를 듣는 것을 즐깁니다. 아주 초기 단계에서 학생들은 줄거리가 전개되고 삽화가 그들과 공유되는 것을 들을 수 있습니다. 이것은 교사가 인기 있는 이야기와 운율의 Big Books를 얻을 수 있는 경우 특히 쉽습니다. 교사가 유용하다고 생각하는 이야기 버전을 사용하여 자신만의 빅 북(big book)을 만드는 데 관심이 있을 수 있습니다.

12.6 배우기 위한 읽기: 후기 단계

학생들이 자신의 모국어를 읽는 데 더 자신감을 느끼게 되면 읽기를 사용하여 학습합니다. 영어 학습에 대한 초기 소개 후, 학생들은 교과서에 필요한 독립적인 읽기에 대처해야 합니다. 학생들은 대화, 설명, 지침 또는 짧은 이야기의 형태로 된 짧은 텍스트를 읽음으로써 종종 새로운 어휘나 문법을 배우게 됩니다. 그들은 독서를 통해 배우는 방법을 배울 수 있습니다. 듣기 지도에서 제공되는 많은 방법은 읽기 교육에도 적용됩니다.

(1) 읽기 전략

아이들이 말로 된 메시지를 들을 때 그들은 정보를 이해하고 해석하려고 하는 것처럼 유사한 방법으로 글로 쓰인 메시지를 이해하고 해석하려고 합니다. 연구에 따르면 학습자가 comprehension 독해 전략을 사용하도록 적극적으로 장려하면 구어체와 문어체를 보다 효과적으로 이해하는 데 도움이 됩니다(Wallace 1992). 예를 들어 학습자가 일반적인 그림을 얻기 위해 무언가를 듣거나 읽는다는 것을 알고 있다면 메시지의 특정 부분에 대해 자세히 듣거나 읽을 것으로 예상되는 경우와는 약간 다른 방식으로 듣거나 읽습니다. 읽기에 대한 학습 중심 접근 방식은 읽기 전, 읽기 중, 읽기 후의 3단계 모델에서 활동을 사용합니다. 도표와 같은 시각 자료를 사용하는 활동은 읽기 발달의 중간 단계를 제공하고 어린이의 듣기 및 말하기 능력을 지원하는 뼈대를 제공합니다. 읽기 연습은 듣기 작업에서 파생되거나 쓰기로 이어질 수도 있습니다. 이런 식으로 읽기는 다른 언어 능력과 통합됩니다.

(2) 읽기 활동

전통적으로, 학생들은 텍스트를 읽은 후 공백 채우기 활동이나 이해력 질문을 완료해야 합니다. 모든 교사가 이러한 작업이 어떻게 작동하는지 알고 있으므로 여기에서는 교실에서 다양성을 제공하고 다양한 학습 스타일과 지능을 충족시키는 다른 활동에 초점을 맞출 것입니다. 의미 중심의 학습을 위한 읽기 활동을 흔히 DARTS(directed activities related to texts)라고 합니다. 이들은 읽기의 과정과 결과에 초점을 맞춥니다. DARTS에는 재건 활동과 분석 활동이 포함됩니다.

(3) 복원 활동들(Reconstruction activities)

다음은 교사가 학생들이 문장의 일부 또는 '말풍선'을 문자와 일치시키고, 문장이나 텍스트(단어, 구 또는 제목)의 공백을 채우고, 문장 일부를 배열할 수 있도록 텍스트를 수정하거나 또는 텍스트(대화, 이야기, 동물의 수명 주기, 지침 세트, 일기 등), 문장 또는 텍스트의 다음 부분 및 기타 주요 시각 자료 또는 그래픽 구성자를 예측하고, 색상, 레이블 또는 그림 또는 다이어그램 완성하는 것입니다.

(4) 분석 활동들(Analysis activities)

학생들은 특정 정보를 찾아 어떤 식으로든 조직화합니다. 이것은 더 어렵고 초급 수준에서 학생들은 텍스트의 특정 부분에 밑줄을 긋거나 다른 색상으로 표시하여 다른 것을 보여줄 수 있습니다. 그들은 파란색으로 모든 모양(shape) 단어에 밑줄을 긋고 빨간색으로 모든 크기(size)의 단어에 밑줄을 칠 수 있습니다(텍스트를 플라스틱으로 덮고 수성 펜 사용) 교사가 제공한 포스트잇을 사용하여 텍스트 일부에 꼬리표를 붙여 분류할 수 있습니다(예: 요리법과 함께 우리가 만들 것에도 꼬리표 사용; 우리가 필요로 하는 것) 그리고 다른 학생들이 답할 수 있도록 텍스트에서 자신의 질문을 만듭니다.

(5) 읽기 인식 활동(Reading awareness activities)

독서가 다양한 목적으로 사용된다는 생각을 강화하는 것도 도움이 됩니다. 언어 인식 활동은 학생들에게 알파벳 간의 유사점과 차이점을 알아차리도록 함으로써 장려될 수 있습니다(프랑스어 사용자의 경우 억양 또는 스페인어 사용자의 경우 물결표가 없음).

또는 단어에서 글자 'e'가 얼마나 자주 나타나는지 세어(글자 'e'는 영어에서 가장 일반적인 글자임)보도록 한다. 나이가 많은 학생들은 인사말 카드, 메뉴, 만화, 브로셔, 매뉴얼, 광고와 같은 다양한 유형의 텍스트 이름을 소개하는 장르 또는 텍스트 유형의 개념을 소개할 수 있습니다. 그런 다음 다른 유형의 텍스트에 이러한 이름을 붙이도록 요청합니다(이는 종종 아이들이 실제로 읽기에는 너무 어려운 정통 텍스트 모음을 잘 사용함). 학생들은 만화나 메뉴와 같은 특정 텍스트 유형을 L1과 L2의 예와 비교할 수 있습니다. 그런 다음 그들 모두에게 다음과 같은 촉진할 수 있는 자료를 제공할 수 있습니다. 첫 번째 항목에는 X...가 있지만 두 번째 항목에는 Y...가 있고 주소, 인사말, 그림, 종료 등과 같은 단어 선택이 있습니다. 교실 주변에 영어로 설명되거나 꼬리표를 붙여놓은 다양한 텍스트 유형을 시도하고 있는지 확인하십시오.

12.7 두 단계를 위한 읽기 활동

다음 활동들은 읽기 위해서 학습하는 것과 배우기 위해 읽기 학습 활동에 중점을 둡니다. 읽기 학습 활동에는 음소 기술 개발 또는 주요 어휘의 시력 인식이 포함되며, 읽기 학습 활동은 종종 말하기, 듣기 또는 쓰기와 같은 다른 기술과 통합됩니다. 학습을 위한 읽기 활동은 의미를 위한 읽기를 강조하며 개념, 학습 기술, 사고력(예: 문제 해결 및 텍스트 및 담화에 대한 더 큰 인식)을 개발할 수도 있습니다. 일부 활동은 단순하고 더 어려운 수준에서 수행할 수 있습니다. 이러한 활동 범위는 읽기 이해도를 점검하기 위한 유용한 대안을 제공하고 다양성을 제공하여 학생들의 읽기 흥미를 유지하는 데 도움이 됩니다.

초급 단계의 아이들을 위한 읽기 기술을 향상하기 위한 활동들을 소개하면 다음과 같다(Wendy & Scott, 1990, pp. 50-65).

① 음철법(Phonics)

글자(letters)와 소리(sounds)를 기반으로 하는 접근법이다. 기본적으로 교사는 아이들에게 알파벳의 글자와 그리고 그 글자의 조합, 음성적으로 - 실제로 발음되는 데로 - a 글자는 /æ/, b 글자는 /b/, c는 /k/로 발음되고 ph는 /f/로 발음된다. 여러 단어를 구성할 수 있는 세 글자 또는 네 글자로 시작하는 것이 가장 좋습니다. 예를 들면 c a n t 보여주고 그런 다음 학생들에게 발음하는 방법을 보여줄 수 있습니다 /kæn/, /kæt/, //kænt/, and /tæn/.

② 보고 말하기(Look ans say)

이 접근 방식은 단어와 구문을 기반으로 하며 플래시 카드를 많이 사용합니다.

a cat

my cat

the desk

아이들에게 이미 친숙한 일상 단어를 가르치는 것으로 시작하는 것이 일반적입니다. 교사는 아이들에게 단어를 보여주고 물건을 가리키면서 말합니다. 아이들은 단어를 따라 말한다. 각 단어를 여러 번 말한다. 만약 영어 수업 시간이 30분이라면 4개 정도의 단어를 5분 내로 단어를 짧고, 빠르게 지도한다. 이 단계가 끝나면 많은 단어 인지

(word recognition) 게임이 있는데 예를 들면 단어와 그림 연결하기, 교사가 말하는 단어 카드 가리키기, 교사가 말하는 단어 추측하기 등이 있다. 이와 같은 접근은 텍스트를 읽기 전 많은 단어(words)와 구(phrases)를 인지할 수 있도록 해준다.

③ 전체 문장 읽기(Whole sentence reading)

지금 소개하는 몇 가지는 교사가 아이들에게 그 자체로 의미가 있는 전체 구(phrases)와 문장을 인지할 수 있도록 해준다. 전체 텍스트와 친숙해진 후 아이들 스스로 처음으로 이야기 책을 읽을 때 의미가 있다. 단어는 개별적으로 표시되지 않고 전체 구 또는 문장으로 표시됩니다. 의미가 있는 읽기가 가능한 한 빠르게 될 수 있도록 격려해줘야 한다.

④ 언어 경험 접근(Language experience approach)

이 방법은 아이들의 구어에 기초한 읽기에 접근한 방식이다. 교사는 아이들이 말한 것을 기반으로 아이들이 읽을 수 있도록 칠판에 문장을 쓴다. 예를 들면

This is me.

My sister is nine. She is in class 3F.

This is a postcard from my uncle in Miln.

이것은 학생 중심의 좋은 읽기 방식이다.

5세에서 7세 어린이는 8세에서 10세 어린이보다 외국어로 읽는 법을 배우는 데 더 오래 걸릴 것입니다. 학교를 시작하는 일부 아이들은 책이나 책의 용도에 익숙하지 않습니다. 먼저 왼쪽에서 오른쪽으로 읽고, 제자리에서 페이지를 넘기고, 돌아가서 같은 페이지를 다시 읽는 것과 같은 읽기 활동하는 과정을 거쳐야 합니다. 이 단계에서는 텍스트가 없는 그림책이 매우 중요합니다. 모국어로 읽기를 배우지 않았다면, 글자를

이해하지 못할 것이고, 구어와 문어를 연결하는 것을 모른다. 이 단계에서는 문장 구조, 단락, 문법도 알지 못한다.

8세에서 10세 어린이는 모국어를 이미 읽을 수 있고 대부분은 읽기 기술을 영어로 옮기는 데 어려움이 거의 없는 것 같습니다. 이것은 기계적 읽기를 가르치는 데 훨씬 적은 시간을 할애하고 내용에 더 집중할 수 있습니다. 하지만 로마자 알파벳을 사용하지 않는 국가의 어린이들은 기계적 읽기 훈련에 시간이 조금 더 걸리지만, 그들은 읽기가 무엇에 관한 것인지 알고 있으며, 이는 읽기 과정을 가속화합니다.

⑤ 책에서 이야기 읽기(Reading a story from a book)

교사가 반 아이들에게 큰 소리로 읽어줬던 이야기(read aloud) 중 일부는 학생들이 읽는 이야기가 될 것입니다. 예시로 Belinda's Story의 전체 텍스트를 보면 다음과 같다.

That's a bird. It's green.
That's a butterfly. It's red.
That's a fish. It's blue.
That's a crab. It's yellow.
That's a cat. It's white.
I'm an elephant and I'm gray.
That's an elephant. It's super.
I'm an elephant and I'm super.

- 이야기를 읽어주기 위해 아이들의 하루 일상을 창의적으로 만들었다.
  이와 같은 이야기를 읽어보도록 한다.

- 모든 아이가 볼 수 있도록 책을 읽어라, 그리고 교사가 말하는 글자를 가리키며 읽어라.

  이것은 아이들이 구어와 문자를 연결하는 매우 중요한 것이다. 이것은 초보자에게 글자를 이해하는 데 도움을 준다. 몇몇 아이들은 'butterfly'가 두 단어로 생각할 수 있다. 처음 읽을 때는 정상 속도로 읽고, 정확한 억양을 유지해서 읽어라.
- 학생들이 원하면 지적하고 질문하게 하되 이야기의 흐름을 방해할 정도는 아닙니다.
- 학생들에게 이야기에 관해 이야기하도록 격려해준다. 모국어로 질문해도 좋다.
- 교실 내 북 코너에 교사가 읽어준 책을 놓아둔다. 아이들이 원하면 스스로 읽을 수 있도록 해준다.
- 다음 주 책을 다시 한번 읽어준다. 학생들이 교사에게 몇 가지 단어를 제공하게 한다.

> Teacher: 'That's a….'
>
> pupils: 'Cat.'
>
> Teacher: 'It's….'
>
> Pupils: 'white'.
>
> Teacher: 'Yes. That's a cat. It's white.'

- 모든 아이에게 책을 주고 교사가 그것을 읽는 동안 모두 그것을 따라 말하도록 한다. 교사가 읽을 때 아이들에게 단어를 가리켜 보도록 한다. 하지만, 천천히 한다.
- 만약 틀린 단어를 가리키고 있는 학생을 봤다면, 그들과 함께 앉아서 그들과 함께 가리킨다.

- 학생들에게 스스로 조용히 책을 읽도록 한다.
- 시간이 있을 때마다 책을 읽을 수 있다고 말한다. 때때로 그것을 돌아가서 전체 반 친구들과 함께 읽는다. 학생들은 보통 좋은 이야기에 질리지 않는데, 이것은 좋은, 단순한 이야기입니다.

⑥ 아이의 언어에 기반한 텍스트 읽기(Reading texts based on the child's language)

아이들에게 그림으로 시작하는 것이 훨씬 쉽다.

- 아이에게 본인이 그린 그림에 관해 이야기해 달라고 한다.
- 아이가 막히면 질문 하나를 물어본다.
  Is she tall or small?
- 그래도 문제가 해결되지 않으면 아이가 자신의 모국어로 말하게 한다. 이것이 친숙한 그것으로 번역되면 그것에 대해 이야기하고 아이가 이해했는지 확인한다. 새로운 것이나 친숙하지 않은 것은 쓰지 마라.
- 아이가 교사에게 말한 것을 바탕으로 아이의 책에 문장을 쓴다. 그것은 매우 간단할 수 있습니다. 예를 들면 'This is me at home.'
- 아이가 교사가 문장을 쓰는 것을 보게 하고, 교사가 쓰는 동안 단어를 말하게 한다.
- 아이는 교사 뒤에 문장을 반복하고, 아이가 말하는 대로 단어를 가리킨다.
- 이제 그 아이가 교사에게 소리 내어 읽어줄 수 있는 읽기 과제입니다.
- 이 작업을 수행하는 데 몇 분 이상 걸리지 않아야 한다. 학급에 학생이 많습니다.
- 이 문장은 점차 구축될 수 있다. "This is me at home. It's my bedroom. It's blue. It's nice. I have fish in my bedroom."
- 아이의 어휘력이 늘어남에 따라 점차 이야기를 쌓아갈 수 있다.

⑦ 친숙한 동요나 노래 읽기(reading familiar nursery rhymes or songs)

대부분 아이는 그들이 말하는 것을 완벽히 이해하지 못한 채 모국어와 영어로 전래 동요를 배운다. 일부 동요는 책으로 제작되어 아이들이 이미 알고 있는 것을 마음으로 읽을(read) 수 있다. 이것은 실제 읽기가 아니라고 말할 수 있지만 학생은 독자처럼 행동할 수 있으며 자신감을 키우는 데 도움이 된다.

다음 rhyme을 읽으면서 bubble 대신 다른 단어를 교실 벽면에서 찾아 넣어보도록 한다.

I make bubbles in the air.
I make bubbles in my hair.
I make bubbles big and round.
See the bubbles in the sink.
Here the bubbles in my drink.
I make bubbles here and there.
I make bubble everywhere.
Here's a bubble.
There's a bubble.
Sorry, Mom.
Am I in trouble? (Packard, 1994; 이윤, 2006, p341 재인용)

⑧ Reading aloud

이제 다양한 읽기 기술을 살펴보겠다. 우리가 학교에 갔을 때, 수업 시간에 읽는 책 대부분은 낭독(reading aloud)이었습니다. 소리 내어 큰 소리로 읽는 것(reading aloud)은 아무 말 하지 않고 읽는 것과는 다르다. 그것은 별도의 기술이며 대부분 사람이 교실 밖에서 많이 사용하는 기술이 아니다. 그러나 특히 언어 초보자에게 유용할 수 있다.

전통적으로 소리 내어 읽기는 종종 학급에서 하나씩 읽는 것으로 생각되며 많은 어린이가 그것을 즐기는 것처럼 보이지만 이러한 유형의 소리 내어 읽기는 권장하지 않습니다.

- 그것은 약간의 즐거움을 주고 듣는 사람에게 거의 관심이 없다.
- 그것은 어조(tone), 강조(emphasis) 및 표현(expression)에서 비틀거리거나 실수를 조장한다.
- 다른 학생들의 조용히 읽기(silent reading) 기술에 피해를 줄 수 있다.
- 그것은 교사의 수업 시간을 사용하는 매우 비효율적인 방법이다.

그러나 큰 소리로 읽기를 약간 다르게 사용할 때 유용할 수 있다.

- 교사에게 소리 내어 읽어주는 것은 개별적으로 또는 소그룹으로 이루어져야 합니다. 그러면 읽는 사람은 교사의 완전한 관심을 끌게 된다. 책을 소리 내어 읽으면서 교사는 의미, 학생들이 책에 대해 어떻게 생각하는지, 어떻게 읽고 있는지, 그리고 발생하는 언어 문제를 완화할 수 있는지 물어볼 수 있습니다. 특히 모든 연령대의 초급 단계에서 이러한 종류의 읽기 또는 큰 소리로 읽기에 높은 우선순위를 부여해야 한다. 학생들이 레벨 2로 발전할 때쯤에는 이런 종류의 읽기가 그렇게 필요하지 않다.
- 교사는 리듬과 발음을 확인하고 훈련하는 수단으로 사용할 수 있다. 교사는 문장이나 구를 읽을 수 있고 수업 또는 수업 일부는 후에 합창으로 읽을 수 있습니다. 이것은 텍스트가 대화인 경우 특히 유용하지만 매우 짧은 시간 동안만 수행되어야 한다. 합창 읽기(Choral reading)는 반에 어린이가 많으면 쉽게 챈트(chant)가 될 수 있다.

- 짝 또는 그룹으로 대화를 소리내어 읽는 것은 아이들이 읽는 것을 확인하는 효율적인 방법이다. 학생들은 발음하기 어려운 단어를 서로 도울 수 있다.
- 큰 소리로 책을 읽는 학생의 말을 듣는 것은 학급 전체를 위한 선물이어야 한다. 학생들이 나머지 수업 시간 동안 큰 소리로 책을 읽으려면 잘 준비해야 하며 다른 학생들은 읽을 내용을 듣고 싶어 해야 한다.

> 'Maria is going to read you a story she's written with me. It's about a princess and a bird.'
>
> 'Peter has written about his trip on board his uncle's boat and he wants to read it to you.'

⑨ Silent reading

소리내어 읽기는 교실에서 유용한 기술이 될 수 있으며 교사가 잘 활용하지만, 대부분 사람이 평생 묵상(Silent reading)하는 것은 조용히 읽는 것입니다. 모든 학생이 책을 좋아할 것이라고 보장할 수 있는 사람은 아무도 없지만, 책에 대한 긍정적인 태도와 처음부터 읽기가 도움이 될 것입니다. 가능한 한 영어 코너를 최대한 활용하십시오. 모든 곳에 인쇄된 것을 붙여놓고, 게시판에 속담을 써놓고, 학생들에게 서면으로 메시지를 주고, 접힌 종이 한 장일지라도, 그들 자신의 책을 주도록 노력하라. 네 페이지를 만들고, 그들에게 책을 제공하고, 그들이 읽은 것에 대해 말하는 것을 듣는다. 교과서를 사용하여 의식적인 언어 발달에 집중하되 학생들이 이해와 즐거움을 위해 책을 읽게 하십시오.

초급 단계의 아이들을 위한 읽기 기술을 향상하기 위한 활동들을 소개하면 다음과 같다(Brewer et all, 2002, pp. 115-116).

⑩ 순서 정하기

목적: • 읽기 학습(Learning to read): 글자(letter) 및 단어 인식, 형태소 및 구문 인식 구축

• 학습을 위한 읽기(Reading to learn): 문장 수준에서 이해도 확인

• 학생들을 물리적으로 '안정화'시키거나 진정시키기 위해 읽기

• 정신 활동과 문제 해결을 장려하는 읽기

준비물: 글자(letters), 접두사, 단어가 포함된 플래시 카드 또는 워크시트

움직일 수 있는 카드는 운동 감각 학습 스타일에 좋음

학습 유형: 글자, 단어의 일부, 전체 단어 또는 문장을 배열하고 단어, 구 또는 문장을 만들기 위해 배열합니다. 학생들은 항목을 읽고 순서를 정합니다.

⑪ 내 반쪽 찾기

목적: • 읽기 위해 배우기(learning to read): 구문 인식 개발

• 학습을 위한 읽기: 개념 개발, 예: 제공된 예였으면 원인 및 결과/문제 및 솔루션

• 학생들을 물리적으로 '정착'시키거나 진정시키기 위해 읽기

• 정신 활동과 문제 해결을 장려하는 독서

준비물: 사진 및 짧은 텍스트, 예: 말풍선.

문장 부분이 잘린 카드 또는 워크시트

운동 감각적 학습 스타일에 좋은 움직이는 시각 자료 및 서면 카드

활동 유형:

– 그림과 단어 또는 한 문장을 반으로 잘라 두 부분을 일치시키거나 대응하여 의미가 맞도록 카드를 준비한다.

– 학생들은 해당 부분을 읽고 의미가 맞도록 짝을 맞춘다. 추출은 또한 듣기능력을 강화하기 위해 테이프에 있을 수 있습니다.

⑫ 그래픽 오거나이저(graphic organizer)

목적: • 읽기 학습: 구문 인식 개발

• 학습을 위한 읽기: 그러나(but), 또는 먼저(first), 다음(next)에 와 같은 표시를 어떻게 담론을 구성하는지 이해

• 학생들을 ‘움직이게(stir)’ 하기 위해 읽기

• 정신 활동과 문제 해결을 장려하는 읽기

준비물: 단어 and/or 단어 혹은 그림 플래시 카드

그래픽 오거나이저(graphic organizer) 예를 들어, 틱 도표(tick chart) 또는 순서도(flow chart)

e.g. I can swim but Maria can't. or First we wash the fruit, then we peel it, next we cut it, etc.

활동 유형

– 그래픽 오거나이저에서 문자 카드 또는 언어를 사용하여 말하기.

– 학생들은 큐 카드, 눈금 도표, 순서도 등을 읽고 단어와 문장 패턴을 상기시키고 활용하는 연습을 한다.

⑬ 세부 사항 작성/메모 작성

목적: • 읽기 학습: 구문 인식 개발

• 학습을 위한 읽기: 그래픽 오거나이저를 사용할 때 학습 기술 연습

• 학생들을 물리적으로 '안정화'시키거나 진정시키기 위해 읽기

• 정신 활동과 문제 해결을 장려하는 읽기

준비물: 그래픽 오거나이저, 일부는 예시를 통해 지원을 제공하기 위해 부분 메모가 있고 다른 일부는 차별화된 활동을 제공하기 위해 비워 둘 수 있습니다.

학습 유형:

- 그래픽 오거나이저에서 세부 사항 작성/메모를 작성합니다. 학생들은 텍스트를 읽습니다.
- 간단한 설명, 일련의 지침 또는 이야기 및 명확한 제목이 있는 도표로 정보 전달

⑭ 서술문/질문

목적: • 읽기 학습: 구문 인식 개발

• 학습을 위한 읽기: 그래픽 오거나이저를 사용할 때 학습 기술 연습

• 학생들을 물리적으로 '안정화'시키거나 진정시키기 위해 읽기

• 정신 활동과 문제 해결을 장려하는 읽기

준비물: 그래픽 오거나이저, 샘플로 서술문 혹은 질문

학습 유형: 읽기 및 그래픽 오거나이저를 사용하여 구성하거나 질문할 수 있습니다. 학생들은 흐름도, 생애주기도 등을 참고하여 무언가를 설명하거나 질문하는 연습을 합니다.

12.8 다양한 읽기 자료들

일단 학생들이 독서의 길에 들어서면 가능한 한 폭넓은 독서 자료를 선택할 수 있도록 하는 것이 중요합니다.

(1) Reading cards

상자나 책 주머니(book pocket)에 있는 카드를 읽는 것으로 시작할 수 있다. 이야기

를 뜻하고(tell a story) 빨리 읽을 수 있는 읽기 카드 모음을 만드는 것은 매우 간단합니다. 한 페이지의 이야기는 여전히 성취감을 줍니다. 사용하고 있는 교과서나 학생들이 수업 시간에 발명한 캐릭터의 동일한 캐릭터로 다른 이야기가 있을 수 있다. 일부 읽기 카드에는 동요가 포함될 수 있지만 더 쉬운 것을 선택하십시오. 카드 뒷면에는 질문을 추가해도 좋다. 아이의 모국어로 처음에는 질문을 할 수도 있지만 나중에는 영어로 한다.

(2) Home-made books

이것은 어린이들이 이미 친숙한 노래의 다른 구절일 수 있습니다. 아니면 당신이 적어놓은 학급 이야기일 수도 있습니다. 교사가 만든 자료 외에도 학생이 만든 책도 있습니다. 이는 모든 학급 독서 코너/도서관의 필수 부분입니다.

(3) 원어민을 위한 책

영어를 모국어로 사용하는 아이들은 학생들과 동시에 읽기를 배우고 있으므로 다양한 책을 선택할 수 있습니다. 학생들이 일찍 시작하는 경우 특히 그렇습니다. 만약 학생들이 10세에 영어를 배우기 시작한다면, 당신은 그들의 언어 수준의 책이 너무 유치하지 않은지 확인해야 합니다.

(4) 외국어 학습자를 위한 쉬운 책

주요 출판사의 대부분은 쉬운 독자 시리즈를 발행한다. 대부분은 성인 시장을 목표로 하지만 어린 학습자를 위한 시리즈가 점점 더 많아지고 있다. 나이 범위와 단어 수준은 종종 발행자의 카탈로그에 열거되어 있다. 그에 따라 아이들의 눈높이에 맞는 책을 선택하여 읽으면 된다.

(5) 그림 사전

우선, 아이들은 그림책을 보는 것과 같은 방식으로 그림 사전을 볼 수 있다. 나중에 단어 찾기, 맞춤법 검사, 어휘 확장 등을 위해 이를 사용하는 방법을 배운다.

(6) 테이프가 있는 책

일부 영어 원어민을 위한 책과 일부 쉬운 독자 시리즈에는 테이프가 함께 제공된다. 이것들은 느린 독자와 빠르게 진행하는 사람들 모두에게 유용한 듣기 및 읽기 자료를 제공할 수 있다. 그러나 학생들에게 테이프 없이도 읽기를 시도하도록 권장해야 한다. 어떤 학생들은 '말하기 책'을 너무 많이 들으면 게으른 독자가 되고, 진정한 독자가 되려는 노력을 멈춘다.

CHAPTER 13

쓰기 지도

13.1 쓰기 교육의 필요성

최근 초등 영어 교육에서는 문자 언어 교육의 중요성에 관한 관심이 증가하고 있고, 이는 교육과정의 어휘 수 증가와 문자 언어 학습의 시기가 3학년 1학기로 앞당겨진 점에서 알 수 있다. 초등학교에서 쓰기를 가르쳐야 하는 필요성은 다음과 같다(김정렬, 2010).

첫째, 쓰기는 손으로 하는 학습 활동으로 쓰기를 도입함으로써 영어 학습 내용과 방법을 보다 다양하게 편성할 수 있고, 무엇보다도 어린이들에게 듣기와 말하기 활동에서 잠시 벗어나 새로운 활동을 하게 할 수 있다.

둘째, 쓰기 교육을 통해서 어린이들에게 의사를 표현하는 수단을 익히게 할 수 있다. 오늘날 외국어 교육에 있어 '의사소통'을 강조하는 것이 세계적인 추세이며 최근 컴퓨터 통신의 발달로 쓰기 능력에 대한 필요성이 더욱 증가하고 있다는 사실이다.

셋째, 따라 듣기와 말하기 위주의 영어 학습이 효과가 없는 어린이들에게 읽기와 쓰기를 일찍 도입해서 지도하면 영어 학습에 더 자신감을 심어줄 수 있다.

넷째, 쓰기는 다른 세 가지 기능을 잘 결합해서 어린이들의 학습 기억을 강화할 수 있다. 특히, 쉽게 배우고 기억하지만 그만큼 쉽게 잊어버리는 어린이들의 특성을 고려하면 쓰기의 필요성은 분명해진다.

다섯째, 어린이들의 지적, 언어적으로 성장함에 따라 쓰기 지도는 어린이들에게 영어를 보다 구체적이고 자세히 이해하게 하는 데 도움을 준다. 쓰기는 정교한 의미를 전달하는 데 필요한 어휘나 표현을 학습시킬 수 있으며 쓴 것을 여러 차례 읽고 고칠 수 있으므로 어린이들의 사고 작용을 돕는다.

여섯째, 어린이들은 자기가 쓴 글이 학급 게시판에 걸려 있으며 영어에 대한 자신감을 느끼게 되고 흥미를 갖게 되며 어린이들 자신이 쓴 것을 직접 보고 학습 결과를 확인할 수 있으므로 학습 성과를 스스로 평가할 수 있는 척도가 될 수 있다.

하지만, Scott와 Ytreberg(1990)는 초등학교 어린이들이 쓰기에 어려움을 가지는 이유에 대해 크게 4가지 견해를 언급했다. 첫째, 말하기에서 의사소통을 도와주는 몸짓, 눈길, 억양, 어조 등의 여러 가지 방법들이 있음과 달리 쓰기에는 이와 같은 것들을 사용할 수 없다.

즉, 눈에 보이지 않는 대상들을 상대로 글을 쓰기 때문에 이러한 현상들이 나타난다. 독자들은 우리가 쓴 글 외에는 우리가 전달하고자 하는 의미를 파악할 수 없다.

그러므로 오직 쓰기를 통해 완성된 글만을 가지고 자기 생각을 전달할 수 있도록 명확하고 조리 있게 글을 써야 한다. 그러므로 일반적으로 글을 쓰는 데는 상당한 정신적인 노력이 필요하다. 먼저, 문장을 어떻게 쓸 것인가를 고민하여야 하며, 또한 여러 문장을 효과적으로 배열하고 구성하는 방법을 고려하며, 그리고 쓴 것을 다시 읽어보고 고치는 탈고의 과정을 거쳐야 한다. 이러한 과정들은 쓰기보다 말을 통해 의사소통하는 것에만 익숙해져 있는 어린이들에게는 어려운 것 일 수밖에 없다.

둘째, 즉각적 상황(here and now)으로 대표되는 어린이들의 세계는 눈에 보이는 것을 표현하는 데 치중하고 추상적인 묘사나 설명에는 약하다. 대부분의 쓰기 학습이 이러한 어린이들의 즉각적인 상황을 중심으로 초등교육의 내용들을 구성하지 않기 때문에 특히 쓰기에 어려움을 느끼게 된다.

셋째, 쓰기를 제대로 배우기까지 많은 시간이 어린이들에게 요구되는 것도 하나의 요인이다. 성공적인 쓰기 교육을 위해서는 장기적인 목표 아래 체계적인 지도와 연습이 필수적으로 요구되는데, 초등학생들은 대부분의 쓰기 교육이 단편적이고 일관성이 부족한 측면이 많다.

넷째, 쓰기 교육의 내용과 방법 등이 쓰기라는 것이 단지 어렵고 재미가 없는 활동으로 여기도록 영향을 주고 있다. 대부분 교사는 주로 글씨, 문법, 철자, 구두점 등에 치중해서 쓰기 수업을 구성하고, 또한 어린이들이 흔히 범하는 오류 수정에 상당한 시간을 소비한다. 이러한 과정은 어린이들의 영어 쓰기에 대한 흥미 유발을 저해하게 된다(문지혜, 2011).

13.2 초등영어 쓰기 영역 내용 체계

2015 개정 영어과 교육과정의 쓰기 영역 내용 체계는 핵심 개념별로 일반화된 지식을 제시하고 있으며, 내용 요소는 학년 군별로 제시하고 마지막으로 내용 요소에 따른 해당 기능을 함께 나타내고 있다. 2015 개정 영어과 교육과정의 쓰기 영역 내용 체계는 다음과 같다(교육부 2015).

■ 초등학교 3~4학년 군

① 알파벳을 쓴다.

①-1. 알파벳 인쇄체 대, 소문자를 쓴다.

② 낱말이나 어구를 쓴다.

②-1. 구두로 익힌 낱말을 따라 쓴다.

②-2. 짧고 쉬운 낱말이나 어구를 따라 쓰고 보고 쓴다.

②-3. 그림, 실물, 동작 등을 나타내는 낱말이나 어구를 완성하여 쓴다.

■ 초등학교 5~6학년 군

① 철자법에 맞게 쓴다.

①-1. 문장 안에서 인쇄체 대, 소문자를 바르게 쓴다.

①-2. 문장 안에서 구두점을 바르게 쓴다.

② 낱말이나 어구를 쓴다.

②-1. 소리와 철자의 관계를 바탕으로 쉬운 낱말을 듣고 쓴다.

②-2. 실물, 그림, 도표를 보고 쉽고 간단한 낱말이나 어구를 쓴다.

②-3. 주어진 낱말이나 어구를 넣어 간단한 문장을 완성한다.

③ 문장이나 짧은 글을 쓴다.

③-1. 실물, 그림, 도표를 보고 한두 문장으로 쓴다.

③-2. 예시문을 참고하여 간단한 초대, 감사, 축하 등의 짧은 글을 쓴다.

③-3. 자신이나 가족 등에 관해 짧고 간단하게 쓴다.

13.3 쓰기 과정

쓰기 과정은 5단계로 나누는데 무엇을 쓸 것인지 주제를 정하는 것이 첫 번째 단계이며, 두 번째는 학습자가 아이디어로 초안을 작성하는 과정이다. 세 번째 단계는 초안 내용을 학습자 자신이 보완 수정하기도 하며 교사나 또래들의 도움으로 내용을 첨가하거나 바꾸기도 한다. 네 번째는 철자, 부호 등 교정을 보는 단계이다. 다섯 번째 단계는 학습자는 책이나 완성된 작품을 출판하여 다른 사람들과 공유한다. 구체적인 쓰기 과정의 절차는 다음과 같다(Calkins, 1994; Cooper, 1993; Graves, 1983)

(1) 주제 정하기(Topic)

첫 번째 단계는 주제를 정하는 것으로 교사는 학습자와 함께 주제에 관련된 아이디어를 칠판에 쓴다. 이때 체계적으로 구성하는 것에 중점을 두기보다는 아이들의 아이디어를 적는 의미망(meaning map)을 사용한다. 초보 쓰기 학습자에게는 그림과 함께 생각이나 아이디어를 표현할 기회를 준다. 주제는 아동 자신이 정할 수도 있고, 모둠별로 선택하거나 전체적으로 하나의 주제를 선택할 수 있다. 교사가 선정하기보다 학습자 자신의 주제로 쓰기 활동하면 흥미 있고 적극적인 쓰기가 될 수 있다.

(2) 초안 작성하기(Drafting)

주제가 정해진 다음 단계는 작성된 아이디어로 글을 써나가는데 철자나 그 외 오류에 상관없이 자유롭게 쓰도록 한다. 초보 쓰기 학습자를 위해 교사의 쓰기 모형화가 필요하다. 주제를 발전시켜 써나가는 과정을 시범 보일 때 아이디어를 정리하여 체계적인 문장과 절로 전개하는 방법을 보여준다. 써나가는 과정에서는 단어나 문장을 바꾸는 경우 그 부분을 지우지 말고 줄을 그은 다음 바꿈으로써 수정하는 예를 보여준다. 교사는 내용 전개를 위해서 학생들의 도움을 청하기도 한다.

교사의 쓰기 시범 후에는 학생들 스스로 써 보도록 한다. 교사의 도움이 필요한 학생들을 관찰하여 내용에 대해 질문을 함으로써 계속 진행할 수 있도록 쓰기 안내한다. 중간마다 교사는 시범 쓰기를 계속하면서 학생들에게 글 내용을 전개하기 위해서 계속 도움을 청하며 쓰기 활동에 참여시킨다. 학생들이 쓰기를 할 때는 그들의 아이디어를 충분히 나타낼 수 있도록 중단시키지 않는 것이 좋다. 이 단계에서는 학생들이 아이디어를 자유롭고 창의적으로 표현할 수 있도록 하는 것이 주요 목적이므로 정확하지 않은 철자라도 소리 나는 대로 써 보도록 권장한다. 철자는 교정 단계에서 취급하도록 하며 학생들이 모르는 철자는 리스트를 작성하여 지도할 수 있고, 도표에 문제 되는 철자를 적어놓는 방법을 사용할 수도 있다.

걸리는 시간은 학습자의 쓰기 수준, 쓰기 종류, 교육과정 시간에 맞춘다. 글을 쓰기 시작하는 단계는 한 번에 끝나는 것이 아니라 몇 차시에 걸쳐서 계속되며 쓰기가 진행되는 작품은 아동의 보관함에 보관해 두었다가 꺼내어 계속하고 초보 쓰기 학습자의 쓰기 활동은 주로 학교에서 이루어지도록 한다.

(3) 내용 수정하기(Revising)

이 단계에서는 내용 및 적절한 단어 사용 여부 등을 살펴본다. 초보 학습자는 수정단계를 수행할 수 있는 능력이 발달하여 있지 않다. 그러므로 교사가 쓴 내용으로 수정 예문을 시범으로 보여준다. 수정에 필요한 내용은 다음과 같다.

- 표현하고자 하는 아이디어를 명확히 나타냈는가?
- 읽는 사람이 나의 아이디어를 쉽게 이해할 수 있겠는가?
- 첨가하고 싶은 내용은 없는가?
- 글 내용을 재미있게 하기 위한 단어들이 있는가?
- 나의 아이디어를 표현할 수 있는 더 좋은 방법이 있는가?

수정 작업은 학습자 수준에 따라 다르며 주목적은 독자를 위해서 내용이 명확히 전개되었는지를 살펴보는 것이라는 것을 알려준다. 교사가 직접 수정하기보다는 수정이 필요한 부분을 지적해 주어 학습자가 스스로 수정할 수 있도록 한다. 완성된 쓰기 작품은 여러 번의 쓰기 과정을 거쳐서 이루어진다. 여러 번 쓴다는 것은 철자 등의 틀린 부분을 매번 교정한다는 의미가 아니고 읽어보고 생각해 보는 과정에서 언어를 마음으로 느끼게 하고 더 많이 생각하고 배우게 되는 과정을 의미한다(Calkins, 1994; 조경숙, 2007, pp145-148 재인용).

(4) 문법, 철자 및 부호 교정하기(Editing)

학생들이 잘못된 내용을 고치고 나면 마지막 점검을 위해서 철자, 문법 등에 오류가 없는지 살펴본다. 교사가 최종 점검을 해주며 학습자는 문장의 첫 글자는 대문자로 시작되었는지, 부호는 생략되지 않았는지, 철자 오류는 수정되었는지 등을 스스로 찾아내어 점검하도록 지도한다. 아이들 스스로 교정하는 과정에서 철자법이나 문법 등을 더 잘 배울 수 있다. 초보 쓰기 아동들에게는 교사가 교정하는 방법을 보여주는 모형화가 필요하며 이때 아동들이 불러주는 문장을 교사가 칠판에 적고 아동들과 함께 잘못된 부분을 교정해 나가는 과정을 보여주면 좋다.

(5) 출판하기(Publishing)

Calkins(1994)와 Graves(1983)는 출판은 쓰기 과정에서 매우 중요한 부분이라고 강조했다. 학습자는 책 만드는 과정에서 그들의 쓰기가 중요한 것임을 인식하게 되고 작품을 읽을 독자에 대한 감각을 기를 수 있다.

출판은 두 가지 목적이 있는데 첫째는 쓰기의 최종본을 만드는 것이고 둘째는 다른 사람이 읽어볼 수 있도록 책 형태를 만드는 것이다. 이는 학습자가 쓰기에 대한 목적을 이해하고 그들의 완성품에 즐거움과 자부심을 느낄 수 있게 된다. 또한 쓰기 과정이 중요하다는 것을 인식하게 되고 쓰기 활동에 대한 동기가 지속될 수 있다. 완성된 작품은 전시하여 공유하도록 한다(조경숙, 2007, pp145-148 재인용).

13.4 L1과 L2에서 쓰기 배우기

학생들이 하는 쓰기 활동의 종류는 읽기에서 하는 것과 같은 방식으로 두 가지 유형으로 분류되는 경향이 있다. 쓰기 학습(learn to write), 여기서 학생들은 주로 손글씨, 철자법, 구두점과 올바른 단어와 문법을 사용하는 것과 같은 '표면' 기능에 초점을 맞춘 안내한 활동에 주로 참여한다. 배우기 위한 쓰기(writing to learn)에서는 덜 엄격하게 통제되는 쓰기 활동이 있을 수 있으며, 더 높은 인지 요구가 있고 의미와 개인적 표현 및 형식에 더 중점을 둔 훨씬 더 자유롭거나 심지어 창의적인 쓰기로 이동할 수 있습니다.

표현 기술(말하기와 쓰기)을 위한 활동과 과제의 요구는 크게 두 가지로 나눌 수 있다. 첫 번째는 올바른 언어를 선택하는 것과 관련이 있고 두 번째는 생각하고 생각하는 것과 관련이 있습니다(예: 선택 기억, 선택, 순서 지정, 우선순위 지정 및 그림 또는 그래픽 구성 도구를 사용하여 시각적 단서 해석). 쓰기 작업의 언어 요구 사항은 해당 범주에 따라 다릅니다. 쓰기 학습에서 형식과 '표면' 기능에 초점을 맞춘다는 것은 쓰기 활동이 단어 또는 문장 수준 쓰기에만 초점을 맞추는 경향이 있음을 의미합니다. 연필 조절과 손과 눈의 협응은 어린아이들에게 여전히 어려울 수 있으며, 익숙하지 않은 아이들을 위해 로마 알파벳 글자를 만들기도 어려울 수 있습니다. 활동이 글쓰기가 되자마자 요구 사항의 수가 급증합니다. 이세 올바른 어휘, 문법, 문장 패턴, 철자 및 배열 선택, 아이디어 및 결합, 글쓰기를 의사소통으로 생각하고 메시지와 독자에 집중하는 것이 포함됩니다. 교사가 원어민 아이들이 글쓰기의 여러 단계에서 무엇을 할 수 있는지 이해하는 것이 중요하다. Kroll과 Wells(1983)는 영어를 모국어로 사용하는 아이들이 쓰기 능력과 쓰기에 대한 태도 면에서 발전하는 것처럼 보이는 단계를 확인했습니다. 준비 단계(preparatory stage)는 아동이 7세가 되면 대부분의 아동에게 자동으로 되는 필기(handwriting)와 철자(spelling)의 기본 메커니즘을 습득하는 때입니다.

이것은 대부분의 취학 전 아동에게 처음 나타나는 것처럼 항상 무작위가 아닌 그림과 낙서가 선행됩니다. 약 7세 이상부터 아이들은 쓰기가 여전히 개인적, 구어체, 상황 및 상황에 따라 달라지는 통합 단계(consolidation stage)에 도달합니다. 아이들은 글자 모양이나 철자를 문지르거나 바꾸려고 하지만, 그들의 작업을 수정하거나 편집할 의향은 거의 없습니다. 7세에서 9세 사이에 많은 원어민 아이들이 유창한 이야기 작가가 되고 있습니다. Graves(Tann 1991에서 인용)는 9세가 되면 어린이들이 청중의 개념을 더 잘 인식하게 된다고 제안합니다. 이것은 글쓰기의 성공이 단순히 자신을 위한 글쓰기가 아니라 다른 사람들과의 의사소통 효과에 달려 있다는 사실에 대해 훨씬 더 큰 인식을 발전시킨다는 것을 의미합니다. 그러나 이 단계에서 사람이 쓰는 것은 여전히 중요합니다. 약 9-10세의 분화 단계(differentiation stage) 는 쓰기 구조가 더 뚜렷해지는 증거를 보여줍니다. 예를 들어, 이야기의 구조는 보다 구체화되고 조직화되며 문장 구조는 보다 형식적이고 덜 구어적이 됩니다. 아이들은 다양한 텍스트 유형과 다양한 목적과 청중을 더 잘 알고 있습니다.

(1) 초기 단계

L2에서 쓰기 학습의 초기 단계에서 어린 학생들은 여전히 인쇄 개념을 통합하고 있을 수 있습니다. 이 레벨의 복사는 손글씨를 연습하고, 새로운 어휘에 대한 이해를 배우고 통합하며, 영어 철자에 대한 인식과 자신감을 개발하고, 말하기를 사용하기 위해 배운 다양한 간단한 문장 패턴을 연습할 수 있는 기회를 제공합니다. 모든 수준에서 중요한 원칙은 아이들이 영어로 말할 수 없는 것을 쓰도록 요구하지 않아야 한다. 2학년 학생들은 문장과 매우 간단하고 짧은 텍스트 쓰기를 연습할 수 있습니다. 이 글의 대부분은 단어를 올바르게 선택하고 철자하고, 올바른 단어 순서를 사용하고, 문법 구조를 정확하게 사용하고, 문장을 간단한 접속사로 연결하는 것과 같은 특정 언어 연습을 제공합니다. 작문 연습은 또한 그들이 생산할 수 있는 어휘, 문법 구조 및 문장 패턴의 범위를 점차적으로 확장하고 통합하는 데 도움이 됩니다. 기본 단어의 의미와 철자법에 대한 충분한 연습을 제공하여 그 사용이 익숙해지고 점차 자동이 되도록 하는 것이 도움이 됩니다. 아이들은 개인적인 글쓰기를 즐기므로 가능한 한 글쓰기 과제를 개인화하는 것이 좋습니다. 보다 시급한 것은 글쓰기가 상황에 맞게 작성되고 가능하면 때때로 실제 상황과 관련이 있도록 하는 것입니다. 예를 들어 학생들이 급우들과 함께 실시한 설문조사 결과를 작성할 때 그렇습니다. 나이가 많은 학생들은 청중을 위한 글쓰기에 대해 더 잘 알게 될 것이므로 아이들의 작품을 전시하고 다른 사람들이 읽고 답할 수 있도록 글을 작성하게 하는 것은 좋은 생각입니다.

가. 영어 철자법

영어 철자는 비논리적이고 어렵고 어린 아이들이 배우기 쉽지 않습니다. Palmer (1991)에 따르면 아이들이 단어의 철자를 배우는 네 가지 주요 방법이 있다: 시각, 청각, 언어 및 운동 감각입니다. 시각적 스타일을 가진 학습자는 단어의 모양과 그 안의 문자열 패턴에 반응하고 무언가가 '맞아 보이는지' 느낌을 받는다. 청각 스타일을 사용하면 학습자가 소리와 문자 또는 문자 그룹 간의 관계를 인식할 수 있으므로 단어를 소리내어 발음하는 것이 좋다. 운동 감각적 스타일는 그래픽 모터 기술(graphic-motor skill)과 단어를 쓸 때 손 움직임을 기억하고 모양을 기억하게 한다. 언어(linguistic) 스타일은 일부 어린이가 커가면서 문법, 의미 등을 기반으로 단어 간의 관계를 보는 기술을 개발함에 따라 그릴 수 있는 스타일이다. 그러나 다중 감각 접근 방식이 모든 어린 학습자에게 가장 적합할 수 있음을 기억하는 것이 중요하다. Palmer(1991)는 가장 기초 철자 어휘 100개의 리스트를 제시했다.

어린 학습자와 놀 수 있는 유용한 스펠링 게임을 2개 정도 소개해 보겠다.

■ 숨바꼭질(Hide and seek)

교사가 혹은 아이가 제시하는 단어 그룹을 보고, 말하고, 가리고, 쓰고, 확인하기 접근 방식으로 진행하도록 한다.

준비물: 주제와 관련이 있는 플레시 카드 혹은 교과서 단위별 제시된 단어

방법: 반 아이중 한명을 나오도록 한다.

칠판에 6개 정도의 단어를 뽑아서 붙인다.

다른 아이들은 칠판에서 단어 한 개를 뗄 동안 눈을 감는다.

이제 눈을 뜨고 없어진 단어 한 개를 각자 노트에 쓴다.

반 전체가 할 수 있고 반 아이들을 2~5개의 그룹으로 나눠서 해본다.

아이들이 이 게임에 익숙해지면 카드를 1개 이상 2개 정도 없애고 어떤 단어가 없어졌는지 써보도록 한다.

■ 빙고(BINGO)

Look, say, cover, write, check 이 접근 방법을 사용하여 개인적 스펠링 목록을 연습하는 것을 목표로 한다.

준비물: 9칸으로 나눈 빙고 판, 한 세트의 플레시 카드

방법: 각 게임에 참여하는 학생은 본인이 어렵다고 생각하는 단어가 표시된 카드 세트를 가지고 있는다. 이 카드를 다른 플레이어(player)에게 준다. 첫 번째 플레이어는 목록에서 철자 단어를 선택하고 파트너에게 보여주고 테이블 위에 뒤집어 놓는다. 두 번째 플레이어는 철자를 적는다. 그것이 맞는다면, 빙고 판에서 한 칸을 덮을 수 있다. 게임은 한 플레이어가 빙고 판에 가로, 새로 또는 대각선으로 세 장의 카드를 맞출 때까지 계속된다.

나. 쓰기 교실을 위한 지침

- 영어 쓰기와 말하기와 영어 읽기와 쓰기의 연결을 강화합니다. 운율과 이야기, 큰 책과 같은 다양한 활동을 사용하여 읽기와 쓰기의 즐거움을 보여주고 학생들에게 읽기와 쓰기에 대한 열정을 심어준다.
- 환경 인쇄에 대한 인식을 개발하기 위해 노력한다.
- 교실에 영어 쓰기 인쇄의 예가 많이 있는지 확인하라.
- 글자 카드, 마그네틱 또는 플라스틱 글자 및 알파벳 게임으로 영어 문자의 개념을 개발한다.
- 아이들이 특정 문자 영어로 시작하는 물건을 가져오는 특별한 '레터 데이(letter days)'를 가져 보세요. 아이들이 가지고 온 물건에 꼬리표를 달고 교실에 진열한다.
- 인쇄된 줄에 있는 단어를 세거나 단어의 개념을 개발하기 위해 말한 각 단어에 대해 박수를 친다.
- 알파벳 노래, 게임으로 단어와 문자의 개념을 강화한다.
- 아이들이 만든 우표, 편지, 봉투 및 우체통으로 우체국을 만든다. 가게 앞에 붙이는 Open/Close와 같은 많은 상품에 꼬리표가 있는 가게의 코너도 교실 안에 만들고 가격표, 쇼핑 목록, 지불 할 돈도 만들어 본다.

- 아이들이 개인 그림 사전을 사용하여 읽기와 쓰기에서 빈도가 높은 단어 목록을 작성하도록 도와준다.
- 학급의 도움을 받아 아주 간단하게 뉴스를 작성하는 학급 뉴스 책자를 만들어 본다.
- 아이들이 참조할 수 있도록 교실에 단어 은행 카드를 배치하도록 구성한다. 카드는 가능한 한 단어와 그림을 보여주며 철자와 단어 의미를 확인하는 데 도움이 된다.

교재의 단원, 주제, 철자 패턴, 이야기 등에 따라 구성할 수 있다. 단어 카드는 문장을 만들어 볼 수 있는 단어 카드로 구성하고 아이들이 함께 단어 카드를 이용하여 전체 문장을 만들어 볼 수 있도록 한다. 카드 중 마침표, 물음표, 느낌표와 같은 간단한 구두점이 포함될 수 있도록 한다. 글자 카드를 활용하여 한 문장을 만드는 것을 반 전체 아동들이 보는 앞에서 교사는 모델링을 보여줄 수 있다. 예를 들면 I like an apple. 라는 문장을 만들기 위해 5명의 아이를 앞으로 나오도록 하고 한 명의 아이가 한 단어 카드를 들도록 한다.

그리고 문장의 순서를 어떻게 맞추면 좋은지 함께 상의한 후 문장으로 만들어 본다.

마지막은 마침표 구두점을 찍은 아이가 서도록 하여 어떻게 한 문장이 만들어지는지 모든 아이가 눈으로 볼 수 있도록 시범을 보여준다.

(2) 후기 단계에서 쓰기

2년의 영어 학습 후에 많은 학생은 쓰기에 있어 보다 기본적인 기술을 어느 정도 마스터하게 되며, 연습단계를 넘어서는 특정 상황과 청중을 위한 작문을 작성하도록 권장되어야 한다. 문장 수준과 그 이상의 안내된 베껴쓰기(guided copying)는 그림, 잘 쓴 글, 눈금 도표, 순서도, 그리드(grids) 등과 같은 아이들의 쓰기를 도와줄 수 있는 틀(frame) 및 그래픽 오거나이저(graphic organizers)의 사용을 통해 지원할 수 있다. 이를 통해 학습자는 명확하게 정의된 조건 내에서 쓰기 작업을 산출할 수 있다.

그다음 단계에서는 더 복잡한 연습을 할 수 있다. 예를 들어, 아이들이 수수께끼를 쓰라고 하면 문장을 쓰도록 요청받기 전에 속어 영어로 아이디어를 낼 수 있어야 한다. 어린이들이 자신의 문장이나 텍스트를 구성하도록 격려하고, 계획하고, 아이디어를 구성하고, 담화의 관습을 이해하는 데 유용하고 동기를 부여하는 연습을 제공합니다. 아이들이 자신감을 갖게 되면서 어떤 아이들은 스스로 텍스트 유형을 선택하는 데 더 많이 참여하고 싶어 할 수도 있다. 계획 단계에서 예를 들면 단어 지도(word map)를 사용하여 본인이 쓰고자 하는 시나 설명을 위한 주요 아이디어와 어휘를 지도에 표시한다.

고학년 학생들을 위한 문장 수준 이상의 안내된 쓰기 활동(Guided activities)에는 단어를 올바른 순서로 배치하기, 문장 반쪽 맞추기 및 복사하기, 시각 자료 또는 단어를 사용하여 공백 채우기, 그림에 캡션 쓰기, 말풍선 또는 대화 쓰기, 눈금 도표에서 문장 만들기 등이 있다. 일부 학생 중 3~4년 동안 영어 공부를 한 경우 더 넓은 범위의 텍스트 유형이나 더 긴 글을 만들 준비가 되어 있을 것이다. 이런 종류의 활동은 다른 종류나 텍스트를 생성하는 기술을 예를 들면 포스터, 광고, 시, 연극, 편지, 메뉴, 이야기, 사실 설명, 물건 만들기 지침 등을 개발해준다. 여기서 텍스트 유형 또는 장르 및 해당 규칙에 대한 인식이 중요합니다. 여기에는 배치, 스타일 및 사용된 언어 또는 아이디어 구성 방식과 관련된 기능이 포함될 수 있습니다. 다양한 텍스트 유형에 대한 더 큰 인식을 개발하려면 어린이가 모국어와 영어로 된 다양한 텍스트 유형을 이상적으로 수집하고 토론하고 읽어야 합니다. 이 텍스트 중 일부의 언어는 약간 어렵지만 모두 적응할 수 있으며 텍스트 유형을 읽고 쓰는 데 유머러스한 소개를 제공합니다. 사실, 이러한 종류의 활동은 학습의 마지막 단계까지 반드시 유지될 필요는 없습니다. 어린이는 훨씬 더 이른 단계에서 생일 카드와 같은 매우 간단한 텍스트를 작성할 수 있습니다. 다양한 유형의 텍스트를 생성하는 것은 지도가 필요하지만 모델링 및 리허설 후에는 학생들이 자신의 의미를 표현하고 더 창의적일 수 있는 기회를 제공할 수도 있습니다.

개인적 쓰기(personal writing)에는 일기, 쇼핑 목록, 알림 및 조리법과 같은 형식이 포함됩니다. 사회적 글쓰기(social writing)에는 감사 편지, 초대장, 축하, 문자 메시지 또는 지침이 포함될 수 있습니다. 공개 글쓰기(public writing)의 예로는 다른 수업에 보내는 편지, 양식, 포스터, 메뉴 또는 학급 잡지가 있습니다. 창의적인 글쓰기(creative writing)에는 시, 수수께끼, 이야기, 연극, 노래 또는 음식 꾸러미 디자인이 포함될 수 있습니다. 그리고 쓰기 연구(study writing)에는 개인 사전과 자기 평가가 포함될 수 있습니다.

나이 든 아이들과 함께 쓰기 과제를 지원할 때 말하기를 통해 학생들을 준비시키는 면에서 동일한 기본 원칙을 유지하는 것이 중요합니다. 교사는 또한 언어 요구 사항과 사고력 요구 사항을 알고 있어야 합니다. 언어 요구 사항은 주요 언어 기능으로 나눌 수 있습니다.

사람, 장소 및 사물을 식별(identifying), 설명(describing) 및 비교(comparing), 지침 작성, 간단한 과정 설명하기 또는 원인 및 결과 설명, 이벤트 순서 지정 또는 분류와 같은 것입니다. 그러면 언어 기능은 명사뿐 아니라 동사, 형용사, 부사, 주요 문장 패턴 등의 키워드로 분석될 수 있습니다. 고학년 학생들의 경우 다양한 텍스트 유형의 구조를 시각 자료 또는 그래픽 구성 도구로 나타낼 수 있습니다. 예를 들어, 이야기에는 주요 사건의 순서도나 등장인물과 사건을 보여주는 도표가 있습니다.

쓰기에 대한 교사의 반응은 교사가 작문에 반응하거나 표시하는 방식은 쓰기 초점의 종류와 학생의 나이 및 언어 수준에 따라 다릅니다. 필기 또는 철자와 같은 표면적 특징이나 새로운 어휘 및 문장 패턴과 같은 언어 형식에 초점을 맞추고 활동이 매우 엄격하게 통제되는 복사(controlled copying)를 기반으로 하는 경우 정확성을 주장할 가능성이 더 큽니다. 학생들은 성적, 10점 만점에 점수 등을 받을 수 있습니다. 요점은 각 어린이가 무엇을 할 수 있는지에 대한 감각을 개발하여 어린이가 매우 열심히 노력했거나 다소 엉성한 경우의 그림을 구축하는 것입니다. 그러면 정확성과 노력을 모두 인식할 수 있습니다. 학생들이 자신의 단어나 의미를 그렇게 엄격하게 통제되지 않는 문장이나 텍스트에 통합하는 데 어려움을 겪고 있는 경우, 교사는 내용에 대해 언급하는 경향이 있고 아이가 재치 있게 '가자' 하려는 의지가 더 높을 수 있습니다.

이 경우 교사는 다음과 같은 짧은 의견을 준다. interesting/exciting/funny. I enjoyed your story; I liked your ending' Can you tell me why…? Can you think of some other…? What do you think…? Well done. You have tried hard.

13.5 쓰기 활동의 유형 및 활동

(1) 통제 글쓰기(Controlled Writing)

초기 단계의 쓰기 활동은 교사의 완전한 통제하에서 이루어진다. 글을 쓰는데 학습자가 오류를 범하지 않고 쓰기에 자신감을 갖게 하는 데 목적이 있다. 글을 쓰는데 학습자의 선택은 거의 없으며 활동 결과는 교사의 의도대로 나타난다. 또한 언어의 형태를 연습하고 익히는 것으로 의미 없는 기계적인 연습 활동으로 이어지기 쉬우나 쓰는 목적이 뚜렷하여 베껴쓰는 글이라도 의미를 알고 생각하면서 쓰게 하면 흥미 있는 활동이 될 수 있다. 일반적으로 언어를 연습하기 위해 통제되고(controlled) 안내되는(guided) 활동이 이루어지며 언어 자체에 집중하도록 한다.

① 베껴쓰기(copying)

베껴쓰기는 쓰기를 위한 출발점이다. 알파벳, 단어 및 문장의 형태를 익히기 위해 주로 제시된 모델을 보고 옮겨 적는 활동을 말한다. 나이가 어린 학습자를 위해 흐릿한

선이나 점선을 주고 그 위에 덮어쓰게 할 수 있다. 이때 교사는 구두나 읽기를 통해 이미 제시된 언어를 강화할 기회를 제공하는 활동을 위주로 하고, 단어를 쓸 때 소리내어 읽도록 한다. 그렇게 할 때 쓰는 단어와 말하는 단어 사이의 연결을 이해하는 데 도움이 된다.

예: 한 편의 동화를 읽은 후 주어진 문장 중에서 내용이 사실인 문장만 쓰세요.

Title: Lot of legs.

A cat has four legs.

A duck has two legs.

An and has six legs.

A spider has eight legs.

A pig has a long neck.

A giraffe has a long neck.

An elephant has a long nose.

True sentence: ______________________________

____

② Matching

교사가 제시하는 그림과 문장들을 보고 그림과 일치하는 문장을 골라서 쓰도록 한다. 제시된 문장 중 쓰고 싶은 문장을 선택해서 쓴다.

This girl is wearing a swimming cap.
She's wearing swimming glasses.
She's running.
She's jumping.
She's swimming.

③ 편지 써 보기

글은 종류에 따라 특정한 글쓰기 양식이 있다. 언어 형태를 익히는 것도 중요하지만 글쓰기 양식을 준수하면서 의미를 전달하는 경우도 많다. 교사는 다양한 장르별 양식과 일련의 문장들을 제시하여 아이들이 문장을 적절히 조직하여 써 보도록 한다.

다음은 Kate가 Miami에서 Jane에게 쓰는 편지이다. 아래에 있는 문장을 편지 양식에 맞춰 적당한 위치에 옮겨 써보세요(Snap! series, Stage 2; Wendy, A & Lisbeth H, 1990 P71).

163 Palmetto Dunes
Miami
July 14th, 2022

Dear Jane,
Miami is fantastic.

Yesterday

Tomorrow

Lovely,
Kate

We went to the cinema. It's got beautiful breaches.

There are a lot of hotels and restaurants.

Then we went to a restaurant.

We're going to visit the famous Aquarium.

The water is green and warm

We saw a very good film.

④ 기억해서 문장 쓰기

교사는 칠판에 간단하고 쉬운 문장을 쓴다. 아이들에게 잠깐 주의 깊게 보도록 한다. 1분 후 칠판에 쓴 문장을 지운 후 아이들에게 문장을 기억해서 써 보도록 한다. 팀으로 나눠 게임으로 진행 시 기억력 향상 훈련에 도움이 된다.

04

언어 요소별 지도법의 실제
(어린이영어교육에 적합한 교수 기법)

CHAPTER 14 노래

CHAPTER 15 게임

CHAPTER 16 동화

CHAPTER 17 역할극 및 뮤지컬

CHAPTER

14

노래
(Songs, rhymes and chants)

아이들은 노래, 운율 및 챈트를 좋아하며 자연스럽게 반복적인 형태와 리듬으로 인해 언어 학습에 이상적이다. 노래의 유용성은 대부분 언어 프로그램에 포함되어 인정되고 어린이를 대상으로 가르치는 교사가 가장 좋아하는 교수 방법 중 하나이다. 이번 장에서는 전통적인 노래, 라임(rhymes), 챈트(chants)에 대해 알아보도록 한다.

14.1 노래, 라임, 챈트는 왜 사용하는가?

대부분의 어린이영어 수업 시간에 노래, 라임과 챈트를 사용하는 주된 목적은 다음과 같다. 크게 언어학적 자료, 심리/정서적 자료, 인지적 자료, 문화적 자료, 사회적 자료로 사용하는데 구체적으로 하나씩 살펴보도록 하겠다.

(1) 언어학적 자원

- 아이들에게 소개할 단어 및 문장과 같이 새로운 언어를 소개하고, 강화하고 재활용하고자 할 때 사용한다.
- 친숙한 언어를 새롭고 흥미진진한 형태와 풍부하고 상상력이 풍부한 맥락으로 제시한다.
- 자연스럽고 즐거운 반복을 많이 제공한다.
- 통합된 방식으로 모든 기술을 개발하는 데 사용할 수 있다.
- 발음의 모든 측면을 개선하는 데 도움이 된다.

(2) 심리/정서적 자원

- 동기부여, 재미와 목표언어에 대해 긍정적 태도를 개발하는 데 도움이 된다.
- 노래는 위협적이지 않으며 영어 수업이 불안한 아이들에게 반 전체 혹은 그룹으로

노래와 챈트를 함께 할 때 안전함을 느낀다.

- 아이들에게 성취감을 북돋을 수 있고, 친구들이나 가족들에게 자랑하거나 가르칠 수 있는 언어를 아이들이 언어의 말 덩어리(chunk)를 배울 수 있도록 함으로써 아이들의 자신감을 키운다.

(3) 인지적 자원

- 노래는 집중력, 기억력, 협응력 발달에 도움을 준다.
- 노래는 의미에 도움이 되는 운율 단서에 아이들을 민감하게 해준다.
- 반복을 통해 아이들은 다음에 올 것을 예측하고 언어 항목을 통합할 수 있다.
- 노래와 함께 수반되는 행동이나 제스처는 의미를 강화하는 데 도움이 되며, 긍정적인 방식으로 높은 수준의 에너지를 전달해준다.
- 수업의 속도와 분위기를 변화시키고 다양한 학습 스타일을 수용할 수 있는 다양성을 제공한다.
- 아이들이 좋은 공부 습관을 기를 수 있도록 노래/운율 책으로 편집할 수 있다.

(4) 문화적 자원

- 노래는 실제적인 근원에서 온 것으로 언어 프로그램의 문화적 구성 요소에 기여할 수 있다.

(5) 사회적 자원

- 함께 노래하고 챈트를 부르는 것은 공유된 사회적 경험이며 학급 및 그룹 정체성을 개발하는 데 도움이 된다.

이처럼 노래는 언어 수업을 위한 효과적인 도구로써, 실제적인 언어(authentic

language)를 사용할 기회를 제공하며, 학습자들에게 그 언어의 운율적 특성에 익숙해지도록 도와준다.

14.2 노래, 라임과 챈트 사용의 발음 이점

많은 학자나 교사들은 노래와 챈트는 영어 수업을 즐겁고 부담 없이 이끄는 효과적인 도구 중의 하나라고 말한다. 영어를 학습한다는 느낌 없이 재미있는 멜로디나 신나는 리듬을 통해 무의식적인 반복 연습을 통해 자연스럽게 영어를 습득할 수 있는 것이다.

노래, 운율 및 챈트는 발음 연습에 특히 유용하다. 여기에는 개별 소리와 연결된 말소리이지만 더 중요한 것은 강세, 리듬 및 억양과 관련된 기능이다.

(1) 개별적 소리와 연결된 말 안의 소리

노래와 운율은 연결된 말소리에서 어떤 일이 발생하는지 보여주는 데 유용합니다. 예를 들어 특정 소리가 함께 연결되는 방식, 예를 들면 *You're not IT*! 혹은 *All in together!*

영어의 다소 복잡한 자음 클러스터는 종종 단순화됩니다. 특히 /t/ 또는 /d/로 끝나는 단어 다음에 자음 클러스터가 오는 경우, 예를 들어 *First by the weather* 이 문장에서 먼저 /st/ 및 /by/는 /s/ 와 /by/로 단순화된다.

(2) 강세와 리듬

강세와 리듬과 같은 발음의 더 중요한 특징도 노래와 리듬(rhythm)을 사용하여 매우 자연스러운 방식으로 연습할 수 있다. 아이들에게 따라 가면서 박자를 치도록 격려하거나, 운율(rhyme)을 말하게 하는 것은 영어의 리듬 감각을 발달시키는 데 도움이 될 것이다.

강세가 있는지 없는지에 따라 단어의 발음이 달라지는 약한 형태(weak form)는 노래와 운율에 규칙적으로 나타난다. 약하게 강조되는 단어는 다음을 포함한다.

조동사: *Who do we appreciate?*

접속사: *One went POP and another went BANG!*

관사 및 일부 전치사: *You eat me for breakfast*

이러한 약한 형태는 강세가 없는 많은 음절에서 발생하기 때문에 영어에서 가장 빈번한 모음인 /ə/를 자주 사용한다. 이것은 일반적으로 발음하기 어려운 모음이 아니지만, 학습자는 종종 그것이 언제 발생하는지 알기 어렵다.

(3) 억양

7장을 참고하세요.

(4) 귀 훈련(ear training)

아이들을 위해 약간의 귀를 훈련하는 것은 영어 발음의 다양한 측면을 구별하는 데 도움이 된다. 이를 위해 아이들에게 노래나 운율에서 개별 소리나 단어가 몇 번 나오는지 듣고 세어보도록 한다. 또한 리듬이나 억양 패턴이 같은지 다른지 확인하도록 아이들에게 듣고 판별하도록 요청할 수 있다. 리듬 패턴은 크고 작은 원이나 상자를 사용하여 시각적으로 표시할 수 있습니다. 예를 들면 다음과 같다.

Insey Winsey Spider	O o O o O o
Climbing up the spout	O o O o O o
Down came the rain and	O o O o O o
Washed the spider out	O o O o O o

14.3 노래, 라임과 챈트의 종류

다른 기능을 포함하고 다른 목적으로 사용되는 많은 다른 종류의 노래, 운율 및 챈트가 있다. 라임(rhyme)은 게임 시 술래를 정할 때 반 아이 중 한 명을 뽑아야 하는데 이때 사용하는 라임으로 보통 한 줄로 아이들을 세우거나 둥그렇게 원으로 세운 뒤 한 아이가 짧은 운율의 강세 음절을 넣어서 한 명씩 짚어가며 부르는 것을 말한다. 마지막 라임을 부를 때 해당하는 아이가 술래가 되어 게임이 시작되거나, 혹은 라임을 계속해서 부르면서 마지막 한 명의 아동이 남을 때까지 부르고 탈락한 아이들은 교실 옆으로 서서 한 명이 남을 때까지 다 같이 라임을 불러준다.

(1) 선택할 때 부르는 라임(Choosing rhymes)

- Eeney meeney miney moe,
  Catch a tiger by the toe.
  If he hollers let him go
  Eeney meeney miney moe!(마지막 moe에 걸린 사람이 술래)
- Icky, bicky, soda, cracker,
  Icky, bicky boo.
  Icky, bicky, soda, cracker,
  Out goes you. (you에 걸린 사람이 술래)
- One potato,
  Two potato,
  Three potato,
  Four!

Five potatoes,
Six potatoes,
Seven potatoes,
More! (More에 걸린 사람이 술래)

많은 운율은 전통적으로 어린이들이 그룹으로 행동을 수행하거나 둘이서 함께 손뼉을 치거나 줄넘기하면서 건너뛸 때 사용한다. 여기에서 위의 몇 가지 라임을 소개하도록 하겠다.

(2) 줄넘기 라임(Jump rope rhymes)

Teddy bear, Teddy bear, turn around.
Teddy bear, Teddy bear, touch the ground.
Teddy bear, Teddy bear, show your shoes.
Teddy bear, Teddy bear, that will do.

Teddy bear, Teddy bear, go upstairs.
Teddy bear, Teddy bear, say your prayers.
Teddy bear, Teddy bear, switch off the light.
Teddy bear, Teddy bear, say good-night.

All in together
First by the weather
When you call your birthday
You must jump in/out
January, February, March….

(3) 손뼉치기 라임(Clapping rhymes)

A sailor went to sea, sea, sea.
To see what he could see, see, see.
But all that he could see, see, see.
Was the bottom of the deep blue sea, sea, sea.

Three sailors went to chop-chop-chop.
To see what they could chop-chop-chop
And all that they could chop-chop-chop
Is the bottom of the deep blue chop-chop-chop.

Three sailors went to knee-knee-knee
To see what they could knee-knee-knee.
And all that they could knee-knee-knee.
Is the bottom of the deep blue knee-knee-knee.

Three sailors went to China.
To see what they could China.
And all that they could China.
Was the bottom of the deep blue China.
Three sailor went to sea-chop-knee-china.
To see what they could sea-chop-knee-china.
And all that they could see-chop-knee-china.
Was the bottom of the deep blue see-chop-knee-china.

Head and shoulders, baby, one, two, three.

Head and shoulders, baby, one, two, three.

Head and shoulders, Head and shoulders,

Head and shoulders, baby, one, two, three.

(자료 출처: 김혜정 & 양은미, 2013, pp 34-38)

(5) 손유희(finger rhymes)

손가락 놀이는 손만을 위한 동작을 포함하며 주의 집중이 부족한 어린이가 조금이라도 집중하며 자리에 앉아 있을 수 있도록 해준다. 예를 들면

Two fat gentleman met in a lane, (Hold up both thumbs)

Bowed most politely, bowed once again. (Bend thumbs twice)

How do you do! (Bend right thumb)

How do you do! (Bend left thumb)

And how do you do again? (Bend both thumbs)

(6) 수수께끼와 농담(jokes)

수수께끼와 농담(jokes)은 언어를 연습할 뿐만 아니라 아이들에게 생각해 보도록 격려한다.

예를 들면,

- You eat me for breakfast.
  But first crack my shell.
  If I'm fresh then I'm a tasty
  If not- what a smell.

- I'm big animal.
  You see at the zoo.
  I've a very nice trunk
  I can squirt water through
- Humpty Dumpty sat on a wall. Humpty Dumpty had a great fall;
  All the king's horses, and all the king's men, couldn't put Humpty Dumpty together again. What am I?
- Riddle me, riddle me, what is that?
  Over the head and under the hat?

(7) Tongue twisters

텅 트위스터는 아이들에게 항상 인기가 많다. 두운을 사용하여 정확한 발음을 어렵게 만들고 도전하게 만든다. 집중해서 반복하면 명료한 말을 하는 데 도움이 된다.

Red lorry, yellow lorry
She sells seashells on the seashore
The big black bug bit the big black bear but the big black bear bit the big black bug back.

(8) 챈트(Chant)

챈트는 항상 운동장과 스포츠 경기에서 인기가 있었다. 외국어를 배우는 환경의 아이들에게는 학습용 챈트로 노래에서 멜로디에 중점을 두지 않고 리듬과 가사를 강조한 것이 챈트이다. 챈트는 단순한 문장과 표현을 영어 억양에 맞게 리듬을 넣어 읊조리는 것으로 리듬을 실어 반복함으로써 학습시키려는 표현을 쉽게 기억할 수 있게 한다. 챈트를 놀이 활동과 같이하면 학습 효과가 더 커진다. 예를 들어 아이들에게 플래시 카드나 그림책을 보여주면서 Who is it?이라고 질문하면 아이들이 그림에 해당하는 대답을 한다. 어느 정도 진행되면 역할을 바꾸어 아이가 질문을 하고 다른 사람이 답변함으로써 재미있게 반복 학습을 할 수 있다.

▸ Sausage in the pan

Sausage in the pan

Sizzle, sizzle

Sizzle, sizzle

Sausage in the pan

▸ Spelling Chant

Give me a "C."

C!

Give me an "A."

A!

Give me a "T."

T!

What is it?

Cat!

Say it again!

Cat!

A little louder!

Cat!

이런 유형의 챈트는 외국어를 배우는 어린아이들에게 알파벳 공부와 스펠링도 익히는 학습용 챈트로 유용하다.

▸ The See you Later Chant

See you later.

See you soon.

See you in the afternoon.

See you later.

See you soon.

See you in the afternoon.

헤어질 때 인사를 다양한 표현과 함께 신나게 챈트로 익히다 보면 어느새 아이들은 자연스럽게 영어의 다양한 표현을 익힐 수 있다.

또 다른 유형의 챈트는 기차가 속도를 올리는 리듬을 모방하고 종종 수프(soup)로 끝나는 음식 어휘를 사용한다.

▸ Coff-ee Coff-ee

Tea and biscuits

Tea and biscuits

Fish and chips

Fish and chips

Sou-oup! Sou-oup!

이런 유형의 더 어려운 버전은 David McCord의 *Song of the train*을 활용해보세요. 우리가 지금까지 살펴본 것처럼 노래, 운율 및 챈트는 다양한 방식으로 영어를 배우는 아이들에게 언어 발달뿐 아니라 영미 문화와 감각을 키워 주는 데 도움을 줄 수 있다.

14.4 노래, 라임 및 챈트 사용하는 시기와 방법

노래, 라임 및 챈트는 다양한 방법으로 사용할 수 있습니다. 다음은 노래를 **수업 시간 중 언제 사용**하면 좋은지에 대해 알아본다.

- 수업의 도입 부분
- 한 활동에서 다음 활동으로 전환할 때
- 정리단계에서
- 새로운 언어를 소개할 때
- 언어를 연습할 때
- 언어를 복습할 때
- 수업 분위기를 바꾸고 싶을 때
- 아이들을 주의, 관심을 끌기 위해
- 높은 수준의 에너지를 전달하고자 할 때
- 스토리텔링, 주제 작업 또는 교과 과정과 통합하기 위해

다음은 **노래**, 라임과 챈트를 **사용하는 방법**에 대해 알아본다.

- 상황 설정하기(목적 설명, 배경 정보)
- 필요한 어휘를 미리 가르친다. (시각 자료, 행동, 실물, 인형, 핵심 질문 등을 사용하여)
- 카세트(CD)로 재생하여 아이들이 들을 수 있도록 노래 혹은 챈트하기, 노래의 의미를 이해할 수 있는 애니메이션 혹은 동영상을 통해 아이들이 의미를 이해할 수 있도록 보여주고, 리듬, 선율(tune) 등에 익숙해지도록 한다.
- 더 많은 듣기 활동한다.

- 발음 인식이 생기도록 해준다. 예를 들면 억양 패턴, 강세 단어 혹은 음절 확인 등
- 아이들이 참여하여 듣고, 배우고, 반복하고 연습하도록 격려한다.
- 쓰기 활동을 제공해본다.
  - 아이들은 자신의 버전을 적용하여 쓰기 활동을 해본다.
  - 듣고 간단한 공백 채우기를 완료해본다.
  - 듣기 및 순서 정하기
  - 쓰인 문구를 스캔하고 그것들을 순서대로 배열해본다.
  - 듣고 분류하기

    두 곡 노래의 단어를 섞은 후 노래를 듣고 두 곡에 들어간 단어들을 분류해본다.
  - 그림과 노래의 가사가 일치하도록 맞춰본다.
  - 구절(verse)을 설명한다.
  - 상황에 맞는 콜라주 만들기
- 아이들의 모국어로 된 노래와 비교해 보도록 한다.

  London bridge, Twinkle, twinkle little star, Little cabin in a wood 등

  모국어로 불러본 노래가 영어로는 어떻게 부르는지, 가사의 의미가 똑같은지 등 아이들이 동일한 곡을 비교해 보면서 문화에 대한 차이도 자연스럽게 익힐 수 있다.
- 전체 수업, 모둠별, 원으로, 짝으로 발표하거나 공연해본다.

  노래에 묻고 답하는 순서가 있는 경우 반 전체 중 반은 묻고, 나머지 반은 대답하는 부분으로 나눠서 불러본다.

  또는 노래의 반 만 한 그룹에서 부르고, 나머지 반은 또 다른 그룹에서 부른다. 교사는 수업을 다양하게 운영해본다.

CHAPTER

15

게임

아이들은 놀이와 게임하는 것을 좋아한다. 게임은 전 세계적으로 아동들 사이에서 인기 있는 놀이 활동이며, 그 사회의 전통적 풍습이 담겨 있기도 하다. 동기부여와 재미뿐만 아니라 발음, 어휘, 문법과 4 기능 향상을 위한 연습을 제공할 수 있다. 또한, 게임은 어린 학습자에게 집과 학교와 그들이 더 안전하고 자신감을 갖도록 하는 데 도움이 된다. 게임은 일반적으로 어린 학습자를 위해 출판된 언어 프로그램의 필수적인 부분을 형성하고 있다.

그러나 때에 따라서 게임이 단지 시간을 채우는 것으로 간주하고 실제 학습에 대한 잠재력은 인식되지 않는 때도 있다. 게임이 잘 선택되거나 계획되지 않은 경우와 권장하는 언어가 실제로 매우 제한적이거나 다른 언어 작업과 통합되지 않은 경우, 아이들이 실제로 게임을 하는 동안 모니터링되지 않는 경우가 그렇다. 아이들은 의도한 언어 연습에 충분히 집중하지 않고 게임을 빠르고 쉽게 하기 위한 전략을 개발하는 데 단순히 관심을 가질 수 있다. 게임을 완전히 활용하려면 게임이 가져올 수 있는 언어 학습의 이점과 기타 교육적 또는 개념적 이점을 모두 신중하게 고려해야 한다. 언어 학습의 측면에서 교사는 다양한 게임이 가지고 있는 언어 항목과 기술의 범위와 다양한 목적에 사용할 수 있는 가장 유익한 종류의 게임을 알고 있어야 한다.

15.1 왜 게임을 사용하는가?

우선, 우리는 게임이란 무엇이고 언제 우리는 게임을 사용하는지를 생각해 볼 필요가 있다. 마틴(1995:1)은 모든 게임은 아이들에게 편안하고 즐겁게 외국어를 연습할 기회를 제공하는 재미있는 활동이라고 했다. 게임은 단순할 수 있고 계획이 거의 필요하지 않거나 주사위, 보드 또는 그림, 단어 또는 문장 카드와 같은 어떤 특정한 재료의 사용과 상당한 준비가 필요할 수도 있다. 일부 게임은 '승자'가 되기 위해 팀이나 개인이 경쟁하기도 한다. 다른 게임은 그림을 그리거나 퍼즐을 맞추는 것과 같은 공통 목표를 달성하기 위해 팀이나 짝이 함께 협력하는 협동 게임이다.

다음은 게임의 언어 학습 목적입니다.

- 다양한 상황에서 사용하는 표현을 덩어리(chunks)로 암기하도록 장려한다. 예를 들면 *Can I have a*…?
- 언어의 덩어리는 유용한 발음 연습을 제공한다.
- 게임에 필요한 언어는 언어 자체를 위한 연습이 아니라 무언가를 완성하는 데 초점을 맞춘 활동 일부로 사용될 수 있다.
- 언어는 더 넓은 교육적 또는 개념적 목표와 함께 연습할 수 있다. 읽기 게임을 사용하여 어휘와 분류 개념을 강화하고, 주제에 대해 더 많이 학습한다.
- 게임에서 사용하는 언어는 단순한 반복 외에도 언어를 보다 창의적으로 사용하도록 장려할 수 있다.
- 아이들은 비공식 언어 분석에 참여할 수 있고, 문제 해결과 퍼즐을 통해 언어 항목이나 규칙을 알 수 있다
- 게임은 가능한 한 많은 접근 방식을 사용하여 학습을 더 기억에 남고 접근 가능하게 만드는 데 도움이 됩니다.

15.2 게임의 종류

다양한 종류의 게임이 있습니다. 각 교실에서 목표한 언어 또는 학습 초점의 종류와 교구재의 종류 및 교실 관리와 조직의 종류에 따라 그룹화할 수 있다. 아래의 질문은 교사가 사용하고 싶은 게임 유형을 결정하는 데 도움이 되는 지침 역할을 할 것이다.

- 이 게임은 주로 유창성 혹은 정확성에 중점을 두는가?
- 이 게임은 경쟁 혹은 협동에 중점을 두는가?
- 이 게임은 교육적 목적이 있는가?
  (예를 들면: 개념, 주제, 교과 과정, 학습 전략 등)
- 이 게임은 초보자 혹은 고급 수준 아이들을 위해 적당한가?
- 어떤 교구재, 자원과 교실 조직이 필요한가?
- 이 게임은 발음, 단어, 문법을 연습하고 언어 기능, 언어 기술 혹은 학습 기술을 학습하는 것에 중점을 두고 있는가?

Game	Vocabulary	Grammar	Listening	Speaking Pronunciation	Reading	Writing	Fluency/ Accuracy	Competition/Cooperation
In my bag	clothing	present simple possessive pronoun my	**memory and concentration**	identifying and describing; linking, etc.	can we introduced as prompts	follow-up packing list	accuracy	competition

15.3 게임 선택

(1) 정확성 혹은 유창성

정확성 중심 게임(accuracy-focused games)은 언어를 정확하게 구사하는 정확성을 강조하기 위한 게임 활동이다. 하나의 문장을 제시하고 그 뒤에 단어를 하나씩 추가하여 문장을 늘려가는 활동이 대표적이다. 이 게임을 할 때는 기억한 단어를 정확하게 제시하고 자신의 단어도 정확하게 추가하는 활동에 중점을 둔다. 따라서 다양한 단어의 발음과 의미 그리고 간단한 문법적인 요소도 지도할 수 있다.

예를 들면 '시장에 가면….' 게임이다.

아이들이 한 명씩 돌아가며 시장에 가서 산 물건을 하나씩 말한다. 다음 아이는 앞에서 말한 아이의 물건을 말하고 그다음 자기가 산 물건을 하나 덧붙여 말하면 된다.

'I went to market and I bought….'

I went to market and I bought apples.

I went to market and I bought apples and oranges.

I went to market and I bought apples, oranges and strawberries.

I went to market and I bought apples, oranges, strawberries and mangoes.

I went to market and I bought….

*동물원에 가서 본 동물 이름 말하기로 응용해도 좋다.

I went to the zoo and I saw a giraffe.

I went to the zoo and I saw a giraffe and a tiger.

I went to the zoo and I saw a giraffe, a tiger and lion.

, ...

위의 게임에서는 어휘뿐만 아니라 단순 과거 형태의 문법적 요소도 배울 수 있다. 또는

Tommy's favorite color is blue and mine is yellow.

Tommy's favorite color is blue, John's is yellow and mine is green.

* 단어의 발음과 의미 그리고 소유격 mime과 일반 소유격도 지도할 수 있다.

유창성 중심 게임(fluency-focused games)은 다른 사람과 원활하게 소통할 수 있는 유창성을 강조한다. 이런 게임 활동은 '의사소통'과 '활동 중심' 접근 방식이 중요한 역

할을 하고 항상 짝이나 그룹 활동으로 이루어진다. 교사는 아이들이 원활하게 소통하며 게임 활동에 집중할 수 있도록 게임 활동에 사용할 주요 단어나 문장 패턴을 사전에 학습시키고 여러 번 시범을 보여준 뒤 아이들이 하도록 한다.

예를 들면 information gap, survey, task-based game, problem solving 등이 해당한다.

(2) 역동적 & 정적인 게임

게임에 몰입하는 동안 아이들도 모르는 사이 기초적인 언어가 연습 되는 게임 활동들이 많다. 대부분은 책 속의 주제와 연결된다. 게임은 역동적인 것과 정적인 것으로 나눠 볼 수 있다. 교사는 수업 중 특정 단계에서 필요한 종류의 게임을 선택할 수 있다. 움직임이 많은 역동적인 게임은 교사가 정해둔 특정한 언어적 목표 아래 교사의 지시에 따라 아이들이 자유롭게 움직일 수 있게 한다. 반면에 정적인 게임은 앉아서 해야 할 일에 집중하는 형태가 많다. 이런 정적인 활동은 아이들이 장래의 학업에 있어서 필요할 뿐만 아니라 발달 과정상 매우 중요하다. 그래서 교사들은 이 두 가지 요소가 균형을 이루도록 수업을 계획해야 한다.

역동적인 게임에는 다음과 같은 활동이 있다.

① Pass and say

아이의 나이 및 신체 발달에 맞게 게임을 진행한다.

- 짝끼리 마주 보고 앉는다. 나이가 어리면 가까이 그렇지 않으면 조금 거리를 띄워서 앉도록 한다.
- 교사가 주제 하나를 아이들에게 말해준다. 예를 들면 동물(과일) 이름 말하기 등
- 첫 번째 아이는 주제에 해당하는 단어를 하나 말하고 맞은 편 친구에게 공을 밀어준다.
- 맞은 편 아이는 앞에서 말한 단어와 중복되지 않는 단어 하나를 말하며 맞은 편

친구에게 공을 밀어준다.

- 계속해서 중복되지 않은 단어를 말하며 게임을 진행한다.
  이때, 중복된 단어를 말하거나 시간을 초과하거나 하면 게임에서 지게 된다.

초등학교 중, 고학년일 경우 공을 던지며 주고받으며 영어 단어를 말하게 하고 공을 받지 못하거나 떨어트리는 경우 게임에서 진다. 더 나이가 어리다면 앉아서 공을 굴리도록 한다. 초등학생이면 단어 대신 문장으로 말하도록 하거나 노래 이어 부르기, 숫자, 색깔, 동물 이름 말하기 등 누가 더 많이 말할 수 있나 게임을 해도 재미있다.

Let's play with a ball.
I'll pass(throw, roll) the ball to you.
Pass(throw, roll) it back to me.

② Pillow Jumping(베게 징검다리 건너기)

교실 혹은 체육관에서 할 수 있는 활동적이며 신체 발달에 좋은 게임이다.
베개 대신 방석, 쿠션 등을 활용해도 좋다.

- 베개(방석, 쿠션)를 한 줄로 놓는다. 이때 간격을 나이에 따라 조정해 준다. 어린아이라면 베개 사이 간격을 좁게 놓는다.
- 베개 위에 학습할 단어 카드를 올려놓는다. 단어 카드가 떨어지지 않도록 부착한다. (그림 카드, 단어, 숫자, 알파벳 카드 등 학습할 다양한 단어를 놓는다)
- 교사는 아이가 다양한 방법으로 베게 사이를 이동할 수 있도록 지시어를 말해준다. (앞으로 한 칸씩 뛰기, 한 발로 뛰기, 뒤로 뛰기 등)
- 아이는 교사가 말하는 방법으로 베게 사이를 단어를 말하며 뛴다. 이때 아이가 미끄러지지 않도록 게임 전에 양말을 벗도록 지시한다.

③ London Bridge(동대문을 열어라)

우리나라의 '동대문을 열어라' 놀이와 방법이 동일하며 영어 동요인 'London Bridge'을 사용한다.

- 두 사람이 손을 맞잡고 다리를 만든다.
- 다 함께 'London Bridge' 노래를 부른다.
- 나머지 사람들은 다리 아래를 지나간다.
- 노래가 끝날 때 다리를 만든 술래는 손을 내려 지나가는 사람을 붙잡는다.

  Two of you make the bridge.

  Hold your friend's waist.

  Walk under the bridge.

  Let's sing 'London Bridge.'

④ Musical Mats(뮤지컬 방석)

신나는 음악에 맞춰 게임을 즐기다 보면 자연스럽게 영어를 습득하게 된다. 노래는 되도록 아이들이 잘 알고 좋아하는 음악으로 준비한다.

- 게임에 참여할 모든 아이는 바닥 위 방석에 앉는다.
- 음악이 나오면 모두 둥글게 깔아 놓은 방석 주변을 걸어 다닌다.
- 교사는 이때 하나의 방석을 뺀다.
- 음악이 멈추면, 아이들은 빠르게 방석에 앉는다.
- 방석에 앉지 못한 아이는 게임에서 탈락한다,
- 마지막까지 남은 한 명이 승리하게 된다.

  Sit on the mats.

  Let's walk around the circle.

Take away one mat.

Find a mat to sit on.

정적인 게임에는 다음과 같은 활동이 있다.

① Find the Number(숫자 찾기)

숫자 찾기를 하다 보면 영어로 숫자도 익히고 집중력도 향상할 수 있다.

- 아이들에게 종이 위에 숫자를 1에서 20까지 쓰도록 한다.
- 아이가 잘 쓸 수 없는 경우 교사가 도와준다.
- 아이들에게 각각 다른 색상의 색연필을 준다.
- 교사가 숫자를 영어로 불러준다.
- 교사가 불러주는 숫자를 발견한 아이가 해당 숫자에 동그라미를 친다.
- 동그라미를 많이 친 아이가 이긴다.

Write numbers on the paper.

Circle what you hear.

How many circles do you have?

You are the winner.

② Recognition

나이: 4, 5, 6

시간: 5~10분

목적: 언어: 지시에 따르기, 어휘 연습하기, 시각적 인식

게임 설명: 아이들은 교사의 지시에 따라 그림 중에서 물건을 선택한다.

준비물: 색연필, 다양한 단어 그림이 그려진 종이를 모든 아이에게 한 장씩 나눠준다.

방법: • 칠판 위에 몇 개의 동물을 그린다. 예를 들면 뱀, 양, 새, 고양이 등

- 아이들에게 이제 고양이 주위에 원을 그릴 것이라고 말한다. 천천히 명확하게 한다.
- 아이 중 한 명을 불러내어, 분필(보드 팬)을 주고 새(bird) 주변에 동그라미를 하라고 말한다.
- 그런 다음 다른 아이를 불러서 뱀(snake) 주변에 동그라미를 하라고 말한다.
- 활동 시트를 주고 아이들에게 물고기(fish) 주변에 동그라미를 하라고 말한다.
- 아이들이 모두 다 마쳤을 때 교사는 아이들에게 색칠하도록 한다.

변형: 나이가 있는 아이들에게는 'Color the snake green.' 등과 같이 말한다.

③ Touch and Draw

아이들의 호기심을 채워주고 상상력과 추론 능력을 키워 준다.

- 아이에게 잠시 눈을 감으라고 하고 물건을 주머니(혹은 상자)에 넣는다.
- 아이가 주머니 속에 손을 넣고 물체를 만져보도록 한다.
- 물체의 모양을 종이(혹은 칠판) 위에 그려보게 한다.
- 그린 모양에 해당하는 물체를 주머니에서 꺼내고 확인해본다.

Close your eyes and don't look.

Put your hand into the bag.

Touch the thing in the bag.

Draw it.

④ Find the odd one out

나이: 4, 5, 6

시간: 5-10분

목적: 지시를 따르기, 어휘 연습, 시각 인식, 인지발달

설명: 아이들은 어떤 항목이 다른 항목과 다른지 인식해야 한다.

준비: 교사가 연습시키고자 하는 어휘를 준비한다.

방법: • 칠판에 4개의 그림을 그리는데 그중 하나는 다른 것과 매우 다른 것을 그린다. 예를 들면 3개의 바나나와 개 한 마리를 그린다.

• 아이들에게 그림 중 어느 것 하나가 다른지 물어본다. 아이들이 대답하는 그림에 동그라미 한다.

• 1, 2회 더 해본다.

• 모든 아이에게 활동 시트를 나눠준다. 아이들에게 다른 것 하나가 무엇인지 묻고 동그라미 해보도록 한다.

• 동그라미 한 단어를 색칠해보도록 한다.

⑤ Odd One Out(다른 것 골라내기)

4번 활동보다는 조금 더 난이도가 있는 활동이다.

이 활동을 통해 아이들은 논리력, 수리 능력, 집중력이 향상된다.

- 단어 4개 중에서 범주가 다른 하나를 고른다.
- 다음의 예를 참고한다.

Father/mother/sister/piano (A piano is not a family member.)

Sunday/Monday/Saturday/May (May is not a day of week.)

Korea/Japan/China/England (England is not an Asian country.)

pen/eraser/ruler/bed ((The bed is not a stationery item.)

* 아이의 관점에 따라 답이 다를 수 있는데 그때는 왜 그렇게 생각하는지를 설명하도록 한다. 대답이 설득력이 있고 논리적이면 정답으로 인정한다.

I will say four words. Three words of them belong together.

One is different from the others.

Tell me one word which doesn't belong to the other words in the group.

⑥ Spot the difference(다른 것 지적하기)

나이: 4, 5, 6

시간: 5-10분

목적: 지시 따르기, 어휘 연습하기, 시각적 인식

기술: 두 개 그림 사이의 다른 점 찾아보도록 한다.

준비: 모든 아이에게 나눠줄 두 개의 그림을 준비한다.

방법:
- 칠판에 두 개의 그림을 그린다. 대체로 동일하게 그리지만 2~3가지 차이점이 있도록 그린다.
- 두 개의 그림을 보고 다른 점을 찾아보도록 한다. 만약 어려워하면, 교사가 도와준다.

  그림 A는 A girl is walking. 그림 B는 She is running.

  그림 A는 it is sunny. 그림 B는 it is raining.
- 모든 차이점이 지적되면 워크시트를 나누어 주고 아이들에게 차이점을 찾을 수 있는지 확인하도록 합니다.
- 차이점이 있는 그림에만 색칠해보도록 한다.

  (Vanessa Reilly & Sheila M. Ward, 1997)

(3) 초보자용 & 고급자용

학습자의 수준에 맞는 활동을 선택하려면 다음과 같은 점을 고려해야 한다.

- 초보자나 아주 어린 아이의 경우 간단한 언어를 사용해야 한다.
  따라서 쉽게 게임 진행 방법을 설명하고 간단한 언어로 게임을 진행한다.
- 게임을 설명하기 위해 모국어를 더 많이 사용한다.
- 학습자들에게 게임을 잘 이해시키기 위해서는 앞쪽에 있는 한두 명을 대상으로 먼저 시범을 보이도록 하는 것이 좋다.
- 항상 게임을 시작하기 전에 몇 번 시범 게임을 해본다.

(4) 준비물에 따른 게임

유형별로 구체적으로 정리하면 다음과 같다.

① 기억 게임

아이의 기억력을 토대로 한 게임으로서 그림 내용을 기억하거나 관찰한 물건의 이름을 대거나 문장을 전달하는 게임이다. 듣고 읽은 내용을 이해하는 기능과 말하기, 쓰기와 같은 발화 기능까지 중점을 둔 게임이다. 같은 단어와 문장을 반복해서 듣고 읽는 것뿐만 아니라 말하고 기억하는 능력을 키워 준다.

② 그림 게임

그림을 사용하여 그림을 비교하거나 그림의 특징을 설명한다. 또한 설명하는 순서에 맞게 그림을 배열하는 놀이를 할 수도 있다. 이 활동을 통해서 아이들의 관찰력을 키워 주고 언어 능력을 키워 준다.

③ 카드놀이 게임

카드를 모으고 나눠주고 교환하고 분류하는 활동을 할 수 있다. 사물 분류 능력과 규칙에 대한 이해력을 높일 수 있는 활동이다.

④ 심리 게임

사람의 마음과 감각에 대한 폭넓은 이해를 할 수 있는 게임이다. 게임을 통해 개인의 다양한 의견과 경험을 끌어낼 수 있다. 얼굴 그림을 보여주고 무엇이 보이는지를 묻거나, 어떤 그림을 보여주고 그림의 내용을 묻는 등의 사람의 마음과 감각의 다양성을 이용하는 게임이다.

⑤ 마술

아이들은 마술을 아주 좋아하고 마술을 통해 아이들의 관심을 집중시킬 수 있어서 마술 연기와 관련된 영어를 반복으로 들려주면 좋은 듣기 활동이 된다. 다양한 마술을 언어 학습과 접목하면 아이들의 호기심과 흥미를 만족시키는 학습 활동이 된다.

⑥ 정보교환 게임

개인적인 감정, 경험, 정보를 서로 나누는 활동이다.

⑦ 보드게임

정해진 길을 따라 말을 움직이는 게임이다. 게임판과 말도 준비해야 한다. 주사위를 활용하여 게임판의 길을 따라 말을 이동시킨다. 규칙에 다양한 변화를 주어 게임에 변화를 줄 수 있다. 지도에서 일정한 장소를 찾는 놀이 등을 통해 영어를 사용해보고 여러 가지 지시문을 영어로 작성하면 읽기 활동도 할 수 있다.

⑧ 소리 게임

사람이나 물건 혹은 녹음기를 통해 어떤 소리를 듣고 그 사람의 행위나 사물, 행동을 이해하여 영어로 표현하고, 개인적인 해석과 의견을 끌어내는 게임이다.

⑨ 이야기 게임

하나의 주제에 관해 이야기를 길게 이끌어 가는 것이다. 그림을 그려가며 이야기 꾸미기, 이야기 뒷부분 완성하기, 이야기를 듣고 단편적인 그림들의 순서 정하기, 꾸며진 이야기의 순서 바꾸기 등의 활동이 있다.

⑩ 참/거짓 게임

말한 사람의 이야기가 참인지 거짓인지 구별하는 게임이다. 다양한 내용과 수준으로 적절히 활용할 수 있는 게임이다. 바른 문장은 반복하기, 틀린 문장은 고쳐주기, 잘못 설명한 곳 찾아내기 등이 있다.

⑪ 추측 게임

숨겨진 물건의 위치를 알아맞히기, 게임 주머니에 손을 넣어 만져보고 물건 알아맞히기, 흐릿한 물체 이름 알아맞히기 등이 있다.

(김혜정 & 양은미, 2012, pp 20-25, 재인용)

15.4 게임 방법

(1) 지시하기

전반적으로 게임은 짧고 실행하기 쉽고 설명하기 쉬워야 한다. 게임 진행을 위해 아이들에게 지시문을 전달하는 일은 아주 중요한 단계이다. 아이들이 영어로 지시어를 정확하게 이해하기 힘든 경우 모국어로 지시한 뒤, 영어로 다시 설명하거나 그와 반대로 해도 된다.

지시문은 다음과 같은 점을 고려해야 한다.

- 지시문은 간단명료해야 하며 아이들이 빨리 사용할 수 있는 중요한 문장을 제한해서 사용해야 한다.
- 아이들의 언어 수준에 맞게 지시문을 구성해야 한다.
- 새로 배운 언어 요소를 연습하는 언어 통제 게임(language control game)과 의사소통 게임(communication game)을 얼마나 진행할지 계획을 세워야 한다.
- 게임은 반 전체 혹은 모둠별로 할지 아니면 짝과 함께하는 활동으로 할지, 아니면 교사의 통제로 할지 결정한다.
- 아이들이 활동에 필요한 주요 단어를 숙지하고 있도록 해야 한다.
- 경쟁과 협동 사이의 균형을 유지할 수 있도록 조정해야 한다. 지나치게 경쟁 분위기면 어떤 아이들은 비도덕적인 행동을 할 수도 있게 된다.

아래 목록은 이 단계에 유용한 몇 가지 언어를 요약한 것이다.

Listen, look this way. Look at the board.
Here are the instructions. Here's an example.
I'd like helpers please.
Show me. Repeat/explain what you must do.
What's missing? What's next?
Work in pairs/teams/groups/on your own.
Play back to back.
Check you have everything you need.
What do I do? I need…. Can I have…?

Team/Group 1 starts first. Get into a circle/line. Get into pairs, groups. Throw the dice. Choose your counter. Go forward/back a square.
On your marks 3, 2, 1 Go!
Counter, board, (flash) card, domino, winner, loser, touch, draw, color, choose, match, collect, start, end, finish, win, lose

유용한 언어를 제공하기 위해 벽보(wall chart) 또는 모빌을 사용합니다.

어린아이들은 그림 프롬프트 카드를 사용하여 게임의 단계를 나타낼 수 있다. 짝과 함께하는지(work in pairs), 일치(match), 순서(sequence), 그림(draw)으로 게임을 하는지 표시해주세요. 지침을 작은 단계로 나누기, 보여주고 행동하여 설명하기, 몸짓과 마임 사용하기, 칠판, 그림, 플래시 카드 또는 기타 자료를 사용하여 절차를 보여준다.

(2) 수업 조직하기

게임에 팀, 그룹 또는 쌍이 필요한 경우 신속하게 구성해야 합니다. 짝 또는 그룹을 설정하는 것이 확실하지 않거나 모든 학생과 동시에 작업하려는 경우 팀 게임이 확실한 선택으로 보인다. 그러나 한 번에 한 팀 구성원만 참여하기 때문에 문제가 될 수 있다. 가능한 한 많은 학생을 참여시키려고 노력하는 것이 중요하다. 전체 학급 보드게임은 팀 게임보다 더 참여적일 수 있다. 제거 게임은 또한 일부 학생들을 할 일이 없는 상태로 만들 수 있다.

아이들이 단순히 지시를 따르는 일종의 TPR 형태가 더 나을 수 있다. 가구를 옮기거나 그룹을 구성하는 등의 방해를 최소화하기 위해 수업이 일상에 익숙해지면 가장 좋다. 그룹으로 게임을 하고 싶다면 그룹 대표자를 두는 것이 종종 유용하다. 이 아이는 게임에 필요한 장비를 수집하고, 공유하고, 그룹에 세부 사항을 설명하고, 교구재 및 필요한 장비 등을 치울 책임이 있다. 그룹 대표자의 역할을 아이들이 돌아가며 할 수 있도록 한다. 모두가 해야 할 일을 이해했는지 확인하고 많은 칭찬을 해준다.

(3) 게임 하기

학생들은 스스로 조직화하는 언어를 포함하여 각 게임을 실제로 플레이하는 데 필요한 언어를 가르쳐야 한다. 예를 들면 학생들은 이해력을 확인하는 방법을 알아야 하고 청취자는 지금 더 많은 정보를 요청하거나 설명을 요청하도록 가르쳐야 합니다.

I don't understand. I don't know. I'm not sure. Let's check.
I've finished. Who starts? I'll start/you start. It's my turn.
Start again. Have another turn. Wait for your turn.
Wait a minute. Say that again. That's wrong. That's right. Sorry.
Don't look! Don't cheat. Don't be silly!
Have another throw. Miss a turn. Stop there.
Mix the cards. Turn over two cards. Put down a card.
I'm collecting…. Who's got? Do you have…?
It matches/it doesn't match. This doesn't belong.
I've finished! It's a draw!
I've/We've lost. I've/We've won. I'm the winner!/We're the winner.

(4) 교사의 역할

선생님은 활동을 하는 아이들을 관찰한다. 아이들이 주고받은 대화를 듣고 관찰하여 다시 짚어주어야 할 부분과 학습자들이 어려워하는 부분을 찾아내어 지도한다. 그러나 아이들의 게임 활동의 흐름을 방해하거나 의욕을 꺾지 않도록 지나친 오류 수정은 피해야 한다. 다양한 사항을 기록하여 나중에 수업 진행에 반영할 수 있도록 한다.

CHAPTER

16

동화

동화는 그 자체로 학습자들의 흥미와 관심을 불러일으키므로 훌륭한 언어 학습의 자료로서 많은 장점을 가지고 있다. Brewster, Ellis와 Girard(2002)는 동화책을 사용해야 하는 이유를 다음과 같이 말했다.

16.1 동화를 사용하는 이유

첫째, 이야기는 동기를 유발하고 도전적이며 재미있어 긍정적인 태도를 형성하는 데 도움을 준다. 이야기는 계속 학습하고자 하는 욕구를 만들어 준다.

둘째, 어린이들은 동화 속 인물들을 식별하면서 몰입하게 된다. 그리고 묘사와 삽화를 해석하고자 한다. 이런 과정들은 어린이들의 창의성을 발달시키는 데 도움이 된다.

셋째, 어린이들의 실세계와 판타지, 상상력을 연결하면서 동화는 일상생활을 이해하는 데 도움을 주며 집, 학교 사이의 연관성을 구축한다.

넷째, 교실에서 이야기를 듣는 것은 사회적 경험이다. 스토리텔링은 웃음, 슬픔, 흥분, 예상의 공유된 반응을 자극한다. 그리고 이러한 과정은 즐거우며 사회적, 감정적인 발달과 자신감을 구축한다.

다섯째, 이야기를 듣는 것은 교사가 어휘, 구조를 소개하거나 변형할 수 있게 해준다. 그리고 이를 통해 어린이들은 언어에 노출되어 그들의 사고가 풍부해지고 어린이들의 발화도 신장한다.

여섯째, 이야기를 듣는 것은 어린이들이 언어의 리듬, 억양, 발음을 자각하는 데 도움을 준다.

일곱째, 이야기는 영어와 다른 교과목을 연결 짓는 데 이용될 수 있다.

마지막으로 이야기를 통해 영어를 학습하는 것은 기본적인 언어 기능, 구조, 어휘, 언어 학습 기능들과 같은 중등학교에서의 기초를 마련할 수 있다.

따라서 동화는 아이들에게 친숙하고 쉽게 흥미를 유발할 수 있으며 문자 언어로 구성되어 있기에 자연스럽게 읽기 교육으로 나아갈 수 있다고 본다. 그러므로 영어 학습에 동화를 활용한다면 학생들이 부담감을 덜 느끼고 긍정적인 사회 경험을 하면서 영어를 학습하게 할 수 있다.

16.2 동화책 선정 기준

우선, 동화책을 선정할 때는 접근 가능하고 유용하며 어린이 학습과 관련된 동화책을 선택하는 데 주의를 기울여야 한다. 김영미(1999)는 동화책 선정 시 학습자의 흥미도와 언어 능력을 고려해야 한다고 했다.

(1) 흥미에 따른 동화 선정의 기준

첫째, 교사는 아동이 이해할 수 있는 이야기를 선택해야 한다. 아동이 이야기를 듣고 보고 읽을 때 이해할 수 있는 일반적이어야 한다. 또한, 아동은 배경과 상황보다는 등장인물이 느끼는 감정을 더 잘 이해할 수 있으므로 리듬이 있는 'Brown Bear, Brown Bear What do you see ?'와 같은 간단한 동화도 좋다.

둘째, 아동의 주의 집중 시간을 연장하기 위해서는 우선 이야기나 삽입된 그림이 재미있어야 한다. 그림은 책의 내용만큼이나 중요해서 시각적인 즐거움을 줄 뿐 아니라, 아동이 글의 내용을 이해하는 데 많은 도움을 준다. 그러므로 글과 그림이 일치하는지 반드시 확인하고 책을 선택해야 한다.

셋째, 아동들뿐만 아니라 가르치는 교사 자신도 좋아하는 책으로 선정해야 한다. 교사가 좋아하고 재미있어하는 이야기를 선택해야 교사가 이야기를 열정적으로 전달할 수 있기 때문이다.

넷째, 동화에서 전달되는 내용이 다른 교과 내용과 관련된 것이면 좋다. 예를 들어 이야기의 문장이 간결하고 짧은 대화를 포함하고 있다면 말하기 학습에 좋고, 이야기가 그림으로 잘 묘사되어 있으면 미술학습과 연관 될 수도 있다. 또한, 수와 연관된 내용은 수학이나 과학 수업과 연결하여 학습할 수 있으므로 통합학습용 자료로도 유용하게 사용될 수 있다.

예를 들면 'The Very Hungry Caterpillar'의 경우

- 미술 학습으로(Art and Craft): 달걀 상자 애벌레 만들기, 휴지 애벌레 만들기 등
- 과학(Science): 나비의 일생(작은 알에서 나비가 될 때까지의 과정을 도표로 그린 후 각 그림에 해당하는 단어로 꼬리표 붙이기 활동)
- 음식(Food): 다양한 음식 이름을 좋아하다/싫어하다 표현을 응용 연습하는 조사하기(survey) 활동을 통해 음식명과 긍정/부정문 익히기
- 수(Math): 과일의 총수 계산하기 위한 활동지 완성하기 활동
- 음악(Music): 'Monday, Tuesday.'(days of the week) 노래 부르기
  Counting rhyme: 'Ten Fat Sausages' 음을 활용하여 불러보기
- 언어(Language focus): 단어 생성, 시 만들기, 단수/복수(A or an)
- 글로벌 이슈(global issues): 나라별(대륙) 나비의 다양한 종류 및 색깔 알아보기 등

(2) 언어 능력에 따른 동화 선정의 기준

동화를 선정할 때 학습자의 흥미도뿐만 아니라 학습자의 언어 수준도 고려해야 한다.

첫째, 아동들의 나이, 흥미를 고려한 언어표현으로 이루어진 것이 좋다. 예를 들면 가족, 학교생활, 모험, 운동, 동물 등 아동들의 개인 생활과 연결된 언어표현들을 포함

하는 것이 바람직하다. 이는 유치원 교육과정 연간 교육 계획안 및 초등학교 영어 교육과정 학년별, 단원별 주제에 따른 동화책을 선정하면 수월할 것으로 생각된다.

둘째, 동화에 사용된 언어는 아동들의 언어 수준을 고려하되 약간 높은 수준의 이야기가 좋다. Krashen(1983)의 언어입력이론에서 학습자의 언어 인지능력을 자극하고 격려할 수 있는 아동의 언어 수준에 1을 더한 수준이 좋다. 너무 쉬우면 도전 정신을 잃거나 너무 어려우면 포기하는 경우가 있으므로 학습자의 도전 의식에 적절한 단계가 좋다.

셋째, 어린이영어교육에 사용될 수 있는 동화는 될 수 있으면 간단한 언어로 전개되어 있으며, 줄거리와 등장인물들의 관계가 단순해야 한다.

넷째, 동화의 내용에서 언어 패턴이 반복적으로 되풀이되어 자연스럽게 언어가 인지될 수 있어야 한다. 반복의 요소가 이야기 속에서 나타나면 아동들은 반복 학습한다고 느끼기보다 계속해서 읽어 나간다고 느끼게 되며 무의식중에 반복 학습하게 된다.

16.3 영어 동화책의 종류(Types of storybooks)

교사는 기존 아동 문학의 풍부한 자료에서 선택할 수 있다. 아이들이 이미 모국어로 친숙한 전통 이야기, 동화 같은 이야기, 유머러스한 반전이 있는 동화의 현대적 이야기, 글이 없는 그림 이야기(wordless Books; 아이들이 그림을 보면서 각자 이야기를 꾸며 보는 것), 운율 이야기, 예측 가능한 결말이 있는 누적 이야기, 유머러스한 이야기와 전염성 리듬을 가진 이야기, 일상적 생활 이야기, 환상 이야기, 동물 이야기, 자신의 문화에 관한 이야기 등 기존 아동 문학서 등이다. 종종 외국어 학습자가 창작 동화책을 사용하는 것에 대한 비판은 언어가 너무 복잡하고 일반 연령대에 비해 내용이 너무 단순할 수 있다는 것이다. 그러나 외국어의 경우 아이들은 모국어로는 거부할 수 있는 이야기를 기꺼이 받아들이는 경우가 많습니다. 또한 엄선된 동화책은 아동의 나이, 개념적, 정서적 발달, 전반적인 경험에 따라 다양한 수준에서 해석될 수 있으며 다양한 방식으로 활용될 수 있습니다.

(1) 창작 동화책(Authentic Storybooks)

아주 최근까지 ELT 교실에서 어린 학습자에게 사용되는 많은 이야기, 책은 인기 있는 동화와 우화, 또는 종종 학습용 도서(readers)라고 불리는 특별히 쓰인 이야기들을 개작하고 단순화한 버전이었다. 그러나 1990년대에 많은 교사가 실제 동화책(authentic storybooks) 즉, 영미권 아이들이 실제 읽는 동화책을 사용하기 시작했다. 실제 이러한 책들은 EFL(English as a Foreign Language; 외국어로서의 영어) 아동들을 가르치기 위해 특별히 쓰여진 책이 아니기 때문에 언어가 외국어로서의 영어를 배우는 아이들을 위해 특별히 단어가 선택되거나 등급이 매겨지지 않았다. 그러나 많은 경우 실제 언어뿐만 아니라 어린 학습자를 위한 강의 계획서에서 전통적으로 발견되는 언어의 예가 포함되어 있어 진정한 입력과 도전의 풍부한 소스를 제공한다. 아이들은 모든 단어를 이해하지 못하더라도 의미를 파악하는 능력이 있다. 억양, 마임, 몸짓, 문맥 및 시각적 지원과 같은 단서는 그들이 들은 것의 의미를 해독하는 데 도움이 됩니다. 따라서 영미권 아이들이 읽는 실제 동화책은 책을 가지고 학습하면서 강한 성취감을 느끼기 때문에 아이들에게 많은 동기를 부여할 수 있습니다.

(2) 읽기 연습용 책(Readers)

아주 최근까지 유, 초등 학습자의 영어 교육을 위해 사용된 많은 이야기책은 인기 있는 동화, 우화, 동요 또는 특별히 쓰인 이야기를 개작하고 단순화한 버전이었다. 이러한 책을 일반적으로 읽기 연습용 도서 혹은 학습용 도서(readers)라고 부르고 어휘와 구조가 신중하게 아이들의 영어적 수준을 고려하여 수준별 등급이 매겨지고 순서가 지정된 특정 과정의 강의 계획서를 보충하기 위해 제작되는 경우가 많습니다. 일반적으로 교사가 어린이들에게 소리 내어 읽어주고 다른 관련 언어 학습 작업을 위한 출발점으로 사용하기보다 읽기 기술을 개발하기 위해 혼자 학생이 공부하며 사용하도록 의도되었다. 종종 리더스 북의 시리즈 책들은 항상 매력적이거나 흥미롭지는 않다.

(3) 장르별 동화책의 종류

장르별 분류에는 이야기(narrative), 운율(rhyme), 반복 구조(repeating structures)/누적된 내용(cumulative content), 환상(fantasy), 전래 동화(fairy tales)/풍자(satire), 다른 문화 이야기(stories from other cultures) 등으로 나눈다.

(4) 주제별 동화책의 종류

주제별로 동화를 분류하면, 아이들에게 현재 수업에서 다루고 있는 언어 내용이나 주제를 담고 있는 이야기를 적절하게 도입할 수 있는데 도움이 된다. 또한 어린이마다 개인 생활이나 관심사와 연관된 주제를 다뤄줄 수 있다. 과학(science), 동물(animals), 음식(food)/쇼핑(shopping), 색깔(colors), 의류(clothes), 공룡(dinosaurs), 마녀(witches)와 마술(magic), 곤충(insects), 축제(festivals), 우정(friendship), 사람들을 돕는 것(helping people), 사회적 행동(social behaviour), 관용(tolerance), 평등(equality), 환경(environment)/보존(conservation), 사람(people)/가족(families)/직업(occupations)

(5) 작가별 동화책의 종류

많은 작가는 자신의 독특한 가치관을 가지고 동화를 창작한다. 그들의 책 속에는 작가가 전달하고 싶은 많은 주제를 담고 있다. 예를 들면 Eric Carle 세계 25개국에서 1,200만 부나 판매된 'The Hungry Caterpillar'를 비롯한 많은 책을 만들어 낸 미국의 그림책 작가이다. 그는 주로 콜라주 기법을 이용해 자르고 붙여서 밝고 유쾌한 그만의 작품 세계를 보여준다. 1, 2, 3 to the Zoo, A House for Hermit Crab, Brown Bear, Brown Bear, What Do You See?, Do You Want to Be My Friend?, From Head to Toe, Have You Seen My Cat? 등 많은 책이 국내에서도 사랑받고 있다. 또한, Anthony Browne의 1983년 'Gorilla' '동물원' 등 독특한 화풍으로 일탈, 고통, 반성, 용서, 재생 등 진지한 주제를 유머러스하고 재밌게 표현한다는 평을 얻는 작가이다. 그는 2000년 세계의 가장 뛰어난 그림책 작가에게 주는 한스 크리스찬 안데르센 상을 받았다. 이외 Helen Oxenbury, Leo Lionni, Maurice Sendak, Dr. Seuss, Donald Crews, Bill Martin Jr. Don과 Audry Wood 등이 있다.

(6) 재료와 형태별 동화책의 종류

보드(Board Book) 표지나 본지의 두께 차이가 없고 각 장이 두껍게 만들어져 소근육 발달이 미숙한 아이들도 책장을 쉽게 넘길 수 있고 쉽게 찢어지지 않는 장점이 있으며 책을 처음 접하는 영유아들에게 적합한 형태의 책이다. **페이퍼 백(Paperback)**은 겉표지와 본문의 두께가 종이처럼 얇게 만든 책으로 코팅이 되어 있고 가격이 저렴하며 주로 학습용 도서(readers)용으로 제작한 형태라고 보면 된다. **양장본(Hard Cover)** 책 표지가 두껍고 딱딱한 양장 재질로 되어 있고 본지는 페이퍼 백과 비슷하여 도서관 진열용 책으로 오래 보관할 수 있다. **팝업 책(Pop-up Book)**은 책을 펼쳤을 때 Pop하고 튀어나오는 입체 그림책을 말한다.

생동감 넘치는 움직임을 느낄 수 있고 아이들에게 공간 감각과 예술적 감각을 키워 줄 수 있다. **플랩 북(Flap Book)**은 그림 일부를 들어 올려 펼쳐보거나(lift the flap book) 책을 펼쳐서 볼 수 있도록(flap out book) 만들어진 책으로 주로 유아용 도서에서 흔히 볼 수 있으며 아이들의 상상력을 키워 줄 수 있도록 제작한 책이다. **오디오 북(Audio Book)**은 책과 오디오가 같이 나온 형태로 영어를 모국어가 아닌 외국어로 배우는 경우 원어민이 책을 읽어주므로 정확한 발음 및 억양 등을 익힐 수 있어 선호하는 형태이다. **감각 책**(Touch & Feel) 책의 내용에 따라 양처럼 부드러운 동물의 털을 책에 직접 달아주어 아이들이 직접 만지면서 촉감을 느낄 수 있다. 털, 비닐, 천 등의 다양한 재질을 그림과 함께 제공해준다. **향기 책**(Scartch & Sniff) 향기 나는 과일이나 꽃, 등 그림의 일부분을 손으로 문지르면 실제 사물과 동일한 냄새나 향기나 나서 아이들의 흥미를 유발할 수 있고 실물이 없어도 설명하고 이해하는데 좋은 자료가 된다. **목욕용 책**(Bath Book)은 물에 젖지 않도록 비닐이나 플라스틱 재질로 만든 책으로 목욕, 물놀이할 때 놀면서 볼 수 있도록 만든 장난감 책(toy book)의 일종이다. 아이들은 여름 여행에 꼭 챙겨가는 물놀이용품 중 하나가 될 수 있다. **헝겊 책**(Cloth Book) 책 자체가 천으로 만들어져 물건을 자주 입에 대거나 뜯는 성향이 있는 유아에게 적합한 책이다. 작은 크기의 책부터 쿠션 형태, 카펫처럼 펼치면 커지는 책등 다양한 크기로 제작이 되어 있어 아이들의 호기심을 불러일으킬 수 있다. **소리 책**(Sound Book) 동요나 자장가 등 그림과 함께 노래가 녹음되어 들으며 볼 수 있는 책이다. 각 동물의 울음소리, 다양한 악기 소리와 같은 특정 음향효과가 삽입되어 있어 흥미를 북돋아 주는 책이다.

스폰지 책(Sponge Book) 글자, 숫자, 다양한 모양(shapes) 등이 책 안에 퍼즐 식으로 들어 있어 아이들은 그것들을 끼웠다 뺏다 할 수 있도록 제작된 책의 형태이다.

(7) 전래 동화와 창작동화

옛날부터 전해 오는 이야기에는 신화, 전설, 민담 등이 있다. 이러한 설화는 개인의 창작물이 아닌 민족적 집단의 공동 심의로 이루어진 일정한 구조를 가진 꾸며낸 이야기이다. 즉 민족의 생활 속에서 채집된 민족 고유의 생활 감정을 반영시키는 이야기로써 범위도 매우 광범위하다. 설화는 어린이 대상의 문학을 다루는 경우 이야기가 전해지는 과정에서 어린이들에게 유익하고 쉽게 이해될 수 있도록 일정한 구조를 가지고 재구성한 구비문학의 한 장르가 전래 동화다. 전래 동화는 어떤 특정 세대의 소유물이 아니라 남녀노소를 불문하고 모든 사람의 소유물이었다. 특히, 언제, 어디서, 누구에 의해 이야기가 시작하였는지는 알 수 없지만, 서민들에 의하여 몇백 년 동안 이어져 내려온 인류 공동의 작품이다. 이러한 전래 동화는 이야기를 만들어 낸 사회 구성원들의 생각과 정서를 포함하고 있으므로, 나라와 민족에 따라 각기 독특한 국가적, 민족적, 지역적 특성이 반영되어 있다. 흔히 말하는 '옛날이야기'라는 용어는 너무 막연한 지칭이기 때문에 민담, 민화라는 용어를 쓰거나 전래 동화로 표기하고 학술용어로 민담이라고 표현한다.

전래 동화의 특징은 일반적으로 줄거리가 있고, 산문 형식을 띠며, 구체적 사건이 일어난 시간과 장소의 묘사가 불분명하다. 또한 주인공 등 등장인물의 성격묘사는 없고, 동화가 발생한 그 지역 사람들의 생활과 종료, 미신에 대한 것과 그들의 도덕적, 윤리적 교훈이 포함되어 있다.

초등 영어 교육에서 전래 동화를 활용할 때의 이점은 다음과 같다. 첫째, 전래 동화는 구어 중심 문학이므로 말하기, 듣기 기능의 향상에 중점을 두는 초등영어에서 활용하기 좋다, 전래 동화는 설화의 일종으로 구연을 통해서 전해오는 문학으로 구어를 중심으로 한다. 즉, 이는 화자와 청자에 의해서 말하기나 듣기에 좋게 변천해 온 것이다.

둘째, 전래 동화는 내용이 짧고, 구성이 간단하다. 구전 문학이므로 주제가 확실한 반면, 내용은 짧고 글의 흐름과 등장인물 등의 구성이 간단하다. 초등 영어 교육에서 교재로 사용할 경우 단 몇 개의 삽화로도 글의 주요 흐름을 이해할 수 있으므로 언어 학습에 효과적이라고 할 수 있다.

셋째, 전래 동화는 반복되는 구문이 많다. 예를 들어, '금도끼 은도끼'에서는 산신령이 도끼의 소유 여부를 묻는 구문이 반복되고 'Is this gold(silver, bronze) ax yours?' '흥부전'에서는 흥부의 집과 놀부의 집에서 박을 탈 때의 대화가 반복된다. 이처럼 전래 동화 속에서의 반복은 학생들에게 흥미와 자신감을 주어 학습 동기를 유발해 주는 역할을 하므로 구문을 학습하는 데 효과적이다.

넷째, 전래 동화는 우리의 문화를 반영하므로 영미문화와 우리 문화를 비교함으로써 목표언어인 영어 사용 국가의 문화까지 이해할 수 있게 된다. 전래 동화는 우리 조상들의 사고방식과 생활방식 등을 포함하고 있어 우리 민족 정서를 이해하고 학습하는 데 유용할 뿐만 아니라, 특히 초등영어에서 사용할 경우, 영미 문화와 우리 문화를 비교, 학습할 수 있어 자국의 문화를 이해한 후 세계에 우리 문화를 알리는 귀중한 자료로 쓰일 수 있다(김윤희, 2007, p13). 재인용

또한, 창작동화 중 환상 동화는 아동의 상상력과 독창력을 끌어내며, 무생물도 생물과 마찬가지로 살아 있으며, 의식도 있고, 감정과 생각이 있어서 언어를 사용한다는 것을 보여준다.

생활 동화는 아동의 생활 경험을 바탕으로 과학적 사고방식을 반영하여 아동들에게도 사실적이며 합리적인 사고를 강조한다. 자신과 비슷한 아동이 주인공이 되어 습관, 생활정보, 예의 등을 주제로 이야기가 전개되므로 아동들에게 매우 친숙하면서도 도움이 되는 내용들로 되어 있다. 전래 동화는 아동이 이미 알고 있는 이야기가 많아 그다음 이야기를 추측해보는 흥미를 느낄 수 없지만 생활 동화는 추측의 묘미와 자신들의 실생활과 비교해 볼 수 있고 생활영어를 자연스럽게 학습할 수 있다.

16.4 동화 개작

영어 동화 개작은 학습자 수준, 학습 시간, 학습 목표, 어휘 및 문장 난이도, 내용의 부적절성 및 교과 관련성을 생각하였을 때 주어진 교수 학습 상황에 꼭 맞는 영어 동화를 찾기란 매우 어려운 일이므로, 수업 적용의 편리성과 학습자 실태 및 교육과정과의 연계성을 높이기 위해 개작한다. 하지만, 이야기를 너무 수정하고 단순화하면 고유

의 작가가 전달하고자 하는 의미를 일부 잃을 위험이 있다.

Stern(1991)은 영어를 외국어로 배우는 학습자를 위한 영미 문학의 선택에 있어 학습자들의 영어 능력, 나이, 학습 목표 등이 반드시 고려되어야 하며, 작품의 어투, 주제 등이 모든 학생에게 보편적인지를 살핀 후 그에 따라 동화를 개작해야 한다고 하였다. 이 견해는 동화 개작의 가장 기초적인 근거로써 초등영어 교실에서도 교사가 활용하고자 하는 영어 동화의 적합성에 대해 먼저 평가해야 한다.

그리고 Ellis와 Brewster(1991, 2002)는 앞서 제시한 영어 동화 개작의 기본적인 필요성에 근거하여 어려운 어휘, 시제, 문장 길이와 복잡성, 이야기 내용 등을 대상으로 영어 동화 개작의 원리를 제시하였다.

영어 동화 개작의 실제적인 방법은 다음과 같다.

(1) 어휘와 일반적 의미

첫째, 익숙하지 않은 내용과 단어가 있는지 점검해본다. 학습자에게 어려운 단어는 난이도가 쉽고, 의미가 통하는 쉬운 단어로 바꿀 수 있다.

예를 들면 Jim and the beanstalk: 'pesky' → naughty (조금 더 일반적)

'oculist' → 'eye doctor' (더 쉬운 단어로) 혹은 'optician' (더 일반적인)

때에 따라서는 조금 익숙하지 않은 단어라도 원본의 의미를 유지하기 위해서 그대로 유지하는 것이 좋을 때가 있다. 예를 들면 Meg's Eggs: 'cauldron' (가마솥) 문체의 효과를 위해 그대로 두는 것이 더 좋다.

둘째, 관용구를 점검해본다. 관용구는 학습자가 이해하기 쉬운 문장으로 바꿀 수 있다.

예를 들면 *Princess Smartypants; 'It's high time you smartened yourself up'*

→ *You don't look like a princess, your clothes are so dirty.*

의미를 약간 변경하지만 이야기의 주제를 강조한다.

셋째, 이야기의 선명도(clarity)를 점검해본다. 더 많은 예가 이야기의 의미를 더 명확하게 만드는지? 확인해본다.

(2) 문법

첫째, 시제를 확인해본다.

너무 많은 시제를 포함하고 있으면, 동화에서 일반적 형태인 현재형 또는 과거형으로 바꿀 수 있다.

둘째, 구조(structures)의 사용을 확인해본다.

독자의 수준에 맞춰 다소 복잡한 문장 구조를 단순화하거나 긴 문장의 경우 몇 개의 문장으로 나누어 제시할 수 있다. 즉, 이야기는 여러 구조를 사용할 수 있지만 하나를 강조하거나, 구조의 수를 줄일 수 있다.

셋째, 단어 순서를 확인하라.

동화에서 극적 효과를 위해 의도적으로 바꾼 낱말의 순서를 바로잡을 수 있다. 예를 들면 Funnybones; *In the dark dark cellar some skeletons lived.* skeltons를 강조하기 위해 순서가 바뀜.

(3) 아이디어의 조직

첫째, 문장 길이와 복잡성을 확인하라.

하나의 긴 문장은 두 개의 문장으로 나눠서 짧게 할 필요가 있다. 의미를 더 명확하게 만들기 위해 다른 단어나 마임 동작을 추가해야 할 수도 있다.

둘째, 시간 순서를 확인하라.

동화에서 사건이 일어나는 순서를 시간의 순서에 맞게 재배열 할 수 있다. 예를 들면 first, then, the next day…. 처처럼.

셋째, 아이디어가 연결되는 방식을 확인하라.

문장 사이의 관계가 더 명확해질 필요가 있는지 확인 후 동화에서 사건의 단서가 되는 내용들을 다양한 접속사를 사용해 더 이해하기 쉽게 재배열 할 수 있다.

예를 들면 The Elephant and the Bad Baby. 'so'를 더 빈번하게 사용하여 원인과 결과를 강조할 수 있다.

넷째, 아이디어가 설명되는 방식을 확인하라.

만약, 이야기가 많다면(길다면) 이야기를 더 쉽게 따라가기 위해 직접적인 말(대화)로 바꾸어라. 즉, 동화에서 사건이 진술되는 방법을 독백이나 등장인물 간의 대화와 같은 형식으로 바꿀 수 있다.

(4) 이야기 길이

이야기의 기본 내용 전개가 유지되는 범위 안에서 특정 사건 및 인물 또는 배경을 제거하여 이야기의 길이를 수업의 목적에 알맞게 조정할 수 있다.

위의 내용은 추가(adding), 수정(modifying), 대체(replacing) 등의 교재 개작 기법을 동화의 기본 언어 요소라 할 수 있는 문장, 어휘, 표현에 적용하기 위한 구체적인 방법이다. 그리고 이를 실제로 활용할 때는 개작하고자 하는 영어 동화의 특성, 개작의 목적, 대상 학습자의 수준 등이 고려되어야 한다.

Nation(2008)은 Dracula의 원작과 개작 간의 비교 분석을 통해 읽기 자료 개작의 효용성을 주장하였는데 효과적인 어휘 학습을 위해서 원작 문장의 수를 줄이고, 빈도수가 높지 않은 어휘를 필수 어휘로 바꾸는 작업으로 해당 읽기 자료를 활용한 학습의 효율성을 높일 수 있다고 하였다. 또한, Nation(2008)은 목표언어를 학습하는 주체가 초급 학습자일 경우 단순화를 통한 어휘 중심 개작이 필요하다고 하였다. 이는 우리나라 어린이 영어교실 현장에서 영어 동화를 적용할 때 학습자의 수준에 따른 영어 동화의 적합성을 높이기 위한 개작의 필요성을 시사한다.

영어 동화가 문학성을 지닌 작품으로써 그 자체가 충분한 교육적 가치를 지닌 것이지만 우리나라의 어린이영어 교육 상황에서는 원작을 그대로 적용하기에는 어려움이 있을 수 있다.

다시 말해 영어 동화에 익숙하지 않은 학습자들에게 동화의 원문은 난이도가 매우 높을 수 있으며, 학습자가 이해하지 못하는 표현과 어휘가 많이 포함될 수 있다. 즉, 외국어로 영어를 접하는 학습자의 특성이 개인마다 다르며, 학습자별 개인차가 심한 영어 교과의 특성을 고려한다면 유, 초등영어 학습자를 대상으로 영어 동화를 수업의 교재로 사용하고자 할 때는 어휘, 표현, 내용적 측면에서 개작이 필요하다.

(5) 동화책에서 찾아야 할 기능

유, 초등영어를 지도하는 교실에서의 동화를 선정할 때 다음과 같은 질문들을 한 번쯤 고려해봐라.

- 당신이 좋아하고 열정을 전달할 수 있는 이야기 동화책인가?
- 아이들도 좋아하고 즐길 수 있는 이야기, 책인가?
- 내용이 재미있고, 동기를 부여하고 아이들의 집중을 유지할 수 있는 이야기 책인가?
- 적당한 길이 인가 혹은 챕터(장)로 나눌 수 있는 책인가?
- 아이들에게 친숙한 이야기인가? (예를 들면 잘 알려진 동화 혹은 그 나라 전통동화), 그들의 사전지식을 고려하고 예측할 수 있도록 하는가?
- 명확하고 복잡하지 않은 스토리 라인을 가지고 있는 이야기인가?
- 풍부하고 표현력 있는 언어를 사용하지만, 언어적으로나 인지적으로 접근할 수 있는 상태를 유지합니까?
- 아이들이 유용한 구를 자연스럽게 습득할 수 있도록 반복적 문법 구조로 되어 있는가?

- 아이들이 즐겁게 따라 할 수 있는 의성어를 포함하고 있는 이야기인가?
- 운율(rhyme)과 리듬(rhythm)을 특징으로 가지고 있는 이야기인가?
- 긴장감, 놀람과 유머의 요소를 포함한 이야기인가?
- 예측과 확인을 할 수 있는 반복, 누적된 내용을 가진 이야기인가?
- 참여하기 위한 기회를 제공하는가(생각하고 상호작용, 예측하기, 추측하고 반복하기)?
- 상상력을 발휘하는 이야기인가?
- 아이들이 배우는 방법을 배우도록 격려하는가?
- 보편적인 주제를 다루는 이야기인가?
- 세계에 대한 아이들의 지식을 지원하고 확장하는 데 도움이 되는 이야기인가?
- 당신과 당신의 학생들이 받아들일 수 있는 도덕적 또는 표현적 가치와 신념을 가지고 있는 이야기인가?
- 후속 조치 및 확장 작업을 위한 기회를 제공하는 이야기인가?
- 삽화는 명확하고 접근 가능한 반 전체 아이들이 볼 수 있을 정도의 충분한 크기인가?
- 삽화는 강력한 시각적 지원을 제공하는가?
- 삽화는 의미를 이해하는 데 도움이 될 수 있도록 글과 일치하는가?

가장 중요한 목표는 어린이의 문학 감상과 즐거움을 개발하는 것입니다.

16.5 영어 동화를 활용한 지도 과정

동화를 이용한 영어 수업 시 아이들을 이끌기 위해 동화를 읽거나 들려주는 활동만

하는 것이 아니라 동화를 듣고 학습자들이 얼마나 잘 이해하고 있는지 알아보고, 동화에서 다루어진 언어 내용을 내재화시키기 위한 여러 가지 활동을 해야 한다. 일반적으로 동화 학습의 수업 절차는 동화 읽기 및 말하기 '전' 과정, '중' 과정, '후' 과정으로 나누며 각 단계에 필요한 활동들로 진행하면 된다(김영미, 1999; Wright, 1995, 김혜정, 2021 pp 60-80 재인용).

(1) 동화 읽기 전 활동

동화를 읽어주거나 들려주기 전 단계는 아이들이 그림책을 보고 듣기를 위한 준비의 시간이다. 아이들은 동화책 읽기와 이야기 듣기에 집중하기까지는 어느 정도 시간이 걸린다. 그러므로 이를 위해 교실의 전체적인 분위기 조성 및 동기유발, 새로운 단어 제시 등이 필요하다. 무엇보다도 자연스러운 수업 분위기를 조성하기 위해서는 미리 동화 학습을 위한 자리를 만들어 아이들이 이야기에 집중할 수 있게 해야 한다.

수업 분위기가 조성된 후 교사는 아이들에게 이야기에 관한 이해를 높이기 위해 학습자의 사전지식을 끌어내고 이야기에 대한 여러 가지 배경지식을 제공해준다. 다시 말해 동화에 대한 브레인스토밍 과정을 진행한다. 어떤 동화가 전개될 것인지 먼저 겉표지와 제목을 보면서 내용을 추측해보거나 이야기와 관련된 단어의 개념 알아보면서 그 동화에 대한 의미를 설정해 보고 아이들이 이야기를 들을 수 있도록 돕고 동기, 목적을 형성할 수 있도록 하며 어떤 이야기가 전개될지 궁금하게 만들어 호기심을 유발하여 동화 읽기 및 듣기 활동의 극대화를 만들어 준다.

'동화 읽기 전' 지도 과정에서는 다음과 같은 사항들이 진행되면 좋다.

- 이야기의 흐름에 꼭 필요한 단어 및 새로운 단어들을 소개한다.
  문맥 안에서 단어의 뜻을 알 수 있도록 미리 브레인스토밍한다. 이야기를 읽어줄 때 어려운 낱말로 인해 이야기의 줄거리를 놓치거나 이야기에 대한 흥미를 잃어버려서는 안 되기 때문에 꼭 새로운 단어나 필요한 단어는 미리 소개하는 것이 좋다.

- 동화의 내용에 대한 배경지식을 제공해준다.

  동화의 내용에 대한 사전지식이 있으면 내용을 쉽게 이해할 수 있으므로 내용 파악과 영어 학습을 함께하는 어려움을 줄일 수 있다. 동화에서 사용된 주제를 중심으로 브레인스토밍을 하면서 아이들은 주제와 관련된 많은 지식을 미리 인식하게 되어 동화책 읽기에 대한 흥미와 관심도 있게 되고 이해도도 증가하게 된다.

듣기/읽기 전 학습 활동은 다음과 같다(안정주, 2013; 김영미, 1999; Wright, 1995).

① 이야기 추측하기(predicting)

picture walking이라고도 말하며 동화책의 앞, 뒤 표지와 책의 그림을 아이들에게 보여주면서 어떤 이야기가 나올지 추측해보고 이야기해보는 활동을 말한다.

② 의미적 지도 그리기(Meaning Map)

이야기의 대강을 파악하고 추측해 볼 수 있게 한다. 이야기의 제목이 적힌 표지를 아동들에게 보여주고, 어떤 내용일 것 같은지 표지를 보고 아는 단어가 있는지 말해보게 하고 본문에서 어떤 어휘들이 사용되었을지 생각해 보도록 한다. 교사와 아이들의 질의응답과 같은 상호작용을 통해서 의미적 지도 그리기를 완성해 간다. 이 활동을 통해 아이들은 교사의 질문을 이해해야 하므로 듣기 활동, 질문에 대답해야 하므로 말하기 활동, 그리고 교사가 칠판에 쓴 단어를 읽게 되므로 읽기 활동을 할 수 있다. 준비물은 화이트보드, 마커, 이야기 책이 필요하다. 나이가 어린 아이들은 교사와 아이들이 함께 진행하지만 초등학생들인 경우는 조 별로 진행할 수 있다.

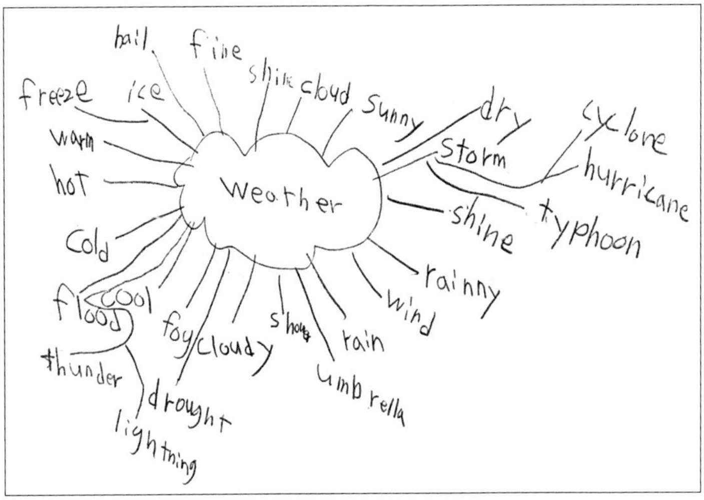

③ **경험 이야기 나누기(Sharing Experience)**

아이들이 책의 내용과 관련된 것에 대해 비슷한 경험을 해본 적이 있거나, 이와 유사한 그림책을 보았거나 들어봤던 경험이 있는지 교사와 아이들이 함께 이야기를 나눠본다. 예를 들면 에릭 칼(Eric Carl)의 'Have you seen my cat?'처럼 아이는 잃어버린 고양이를 찾아 전 세계를 여행하며 다양한 사람과 동물들을 만나는 이야기처럼 우리 반 아이들도 이러한 비슷한 경험이 있었는지? 본인도 엄마를 잃어버린 경험이 있었는지? 만약 그런 비슷한 경험이 있었다면 어디에서 엄마를 잃어버렸었는지? 그래서 어떻게 엄마를 다시 만나게 되었는지 등 또는 애완동물 고양이를 기른다면 무슨 색깔인지? 이름은 무엇인지 등 다양한 이야기 나누기를 통해 아이들은 자신의 배경지식을 활용할 수 있게 된다. 이 활동은 배경지식 활용하기(activating background knowledge)라고도 한다.

④ **그림 활용하기(Pictures)**

이야기에 사용되는 어휘 중 새롭게 소개할 단어를 선정하고 그것을 아이들에게 이해시킬 수 있을 만한 그림 자료를 교사가 직접 그리거나 인터넷에서 찾거나 혹은 그림책 속 삽화를 복사하여 그림 카드를 만들 수 있다. 이때 그 카드 뒷면이나 하단에 영어 단어를 쓴다. 물론, 시중에 판매하는 플래시 카드가 있다면 그것을 손쉽게 사용하면 된다.

교사는 아이들에게 그림을 먼저 보여주고 단어를 영어로 말해보게 한 후 그 그림에 맞는 단어를 찾아 연결해 보도록 한다.

⑤ **그림 카드와 단어 카드 연결하기(Find the Picture for Each Word)**

위의 4번 활동에 이어 동일한 그림 카드와 단어 카드를 사용한다. 단어 카드를 클립에 하나씩 끼우고 나무젓가락에 자석을 매단 후 간단한 낚시 놀이(fishing game) 게임을 할 수도 있고 자석 칠판이나 융 칠판에 단어 카드를 아이들 나이에 알맞게 3~4개 붙여놓은 후 아이들에게는 파리채를 주어 교사가 보여주는 그림 카드에 해당하는 단어 카드를 파리채로 빠르게 쳐보도록 하는(fly swatter game) 파리채 게임 같은 것을 활용하면 재미있게 단어를 익힐 수 있다. 혹은 각자 테이블 위에 그림 카드를 펼쳐놓은 후 교사가 말하는 그림 카드를 찾아 단어 카드를 집어들은 후 교사에게 보여주도록 한다.

이렇게 그림 단어들을 모아두면 추후 그림 사전(picture dictionary)이 만들어진다. 이 활동은 영어 문자에 대한 인식도 및 단어의 의미에 대한 이해도를 높이기 위해 사용할 수 있는 학습 활동이다.

⑥ 팬터마임(pantomime) 혹은 마임(Mime)

이야기 속에 나오는 단어 중 행동, 감정, 상태를 나타내는 단어는 교사가 몸으로 표현하고 아이들에게 그 단어를 알아 맞춰보도록 한다. 표정이나 몸짓으로 단어가 설명되므로 아이들은 그 단어를 쉽게 인식하고 기억하게 된다.

예를 들면 'Henny Penny' *Where are you going?* (오른손을 이마 위에 올리고 고개를 왼쪽에서 오른쪽으로 지나가기) *The Sky is Falling*. (하늘이 무너지고 있어; 오른손 집게손가락으로 하늘을 가리킨 뒤 양손을 위에서 아래로 흔들면서 무너지는 모양을 나타내기)

I must go(걸어가는 흉내 내기) and tell the king(말하는 모습 흉내).

May I go with you? (내가 너랑 함께 갈 수 있는지 흉내 내기)

혹은 'The Itsy Bitsy Spider' *The itsy bitsy spider went up the waterspout.* 양손의 엄지 손가락과 집게손가락을 하나씩 위로 올리며 동작과 함께 노래를 불러보는 것도 좋다.

⑦ 무엇이 없어졌을까(What's missing?)?

교사는 칠판에 그림 카드 혹은 단어 카드를 3~4개 붙여놓는다. 그다음 아이들에게 눈을 감도록 한 후 빠르게 한 장의 카드를 칠판에서 뗀다. 그다음 아이들에게 눈을 뜨게 한 후 What's missing? 어떤 단어가 없어졌을까요? 하고 물어본다. 아이들은 없어진 단어 하나를 말한다. 이 활동을 통해 아이들은 이야기 속 어휘에 대한 학습을 자연스럽게 익힐 수 있고 집중력도 기를 수 있다.

⑧ 집중 게임(Concentration Game)

동일한 그림 카드와 단어 카드를 10~12장 정도 준비한다. 초등학교 고학년 일 경우는 그림 카드보다는 영어 단어 카드와 그 영어 단어에 해당하는 한글 카드를 연관시켜 하면 좋다. 모둠별로 한 세트씩 주고 책상 위에 모든 단어 카드를 뒤집어 놓도록 한다. 게임의 순서를 정한 뒤, 이긴 사람이 두 장의 카드를 골라 뒤집는다. 카드가 일치하면 가져가고 일치하지 않으면 원래대로 뒤집어 놓는다, 게임을 모두 마친 후 가장 많은 카드를 가진 사람이 이긴다.

⑨ 그림/단어 알아맞히기 게임

종이와 필기도구를 미리 준비하고 교사가 말해준 단어를 스케치북에 그림으로 그리게 한 후 전체 아이들은 그 친구가 그린 그림을 보고 무슨 단어인지 알아맞히기 게임이 다 이를 통해 아이들은 언어 능력뿐만 아니라 표현력과 창의력을 향상할 수 있다. 모둠별로 4~5명씩 돌아가면서 게임을 진행해 본다. 그림을 보고 알아맞히는 제한 시간은 짧게 준다.

혹은 단어 맞추기 게임은 빠르게 지나가는 단어를 알아맞히는 게임으로 아이들의 집중력을 요구하며 아이들의 흥미와 동기를 자극하며 점진적으로 자기 주도적인 읽기 능력과 사고력, 문제 해결 능력의 향상을 키울 수 있다.

⑩ 노래하기

이야기와 관련된 내용의 노래를 부르면서 아동들의 흥미를 유발하고 즐겁게 수업에 참여하고 자연스럽게 주제를 접할 수 있다. 전(before) 단계에 부르게 될 노래는 쉽고 이미 아이들이 아는 노래를 선곡하거나 동화 속 내용을 노래로 만든 곡을 소개하며 관심과 흥미를 끄는 것도 좋다.

(2) 동화 읽기 중 활동

본격적으로 이야기를 들려주는 과정으로 아이들과 시선을 맞추거나 보조 자료를 활용하여 이야기의 내용을 추측하게 하여 아이들을 이야기에 참여시키는 것이 가장 중요하다.

Wright(1995)은 이야기 학습 중 아동의 참여를 끌어내기 위해 다음과 같은 활동들을 제시하였다.

첫째, 적절한 시기에 중지해서 다음에 무슨 일이 일어날 것 같은지 물어본다.

둘째, 이야기하면서 아이들의 개인적 반응을 끌어낸다.

셋째, 함께 말하기 활동이나 신체 표현, 챈트 등의 활동으로 이야기에 직접 참여하도록 한다.

넷째, 이야기를 진행하면서 학습자가 어느 정도 이야기를 이해하고 있는지 확인한다.

또한, 아동들은 교사가 읽어주거나 들려주는 이야기를 들으며 자신이 동화를 듣기 전 궁금했던 질문에 답을 찾기도 하고, 예상하고 추측했던 것이 맞는지 확인하는 작업을 통해 아이들의 흥미와 동기를 유발할 수 있다. 그러므로 교사는 아이들이 동화책을 읽거나 들으면서 해야 할 정확한 활동 목적이 무엇인지 미리 알려주므로 아이들도 본인들이 해야 할 알맞은 학습 전략을 사용하여 동화책을 듣게 되므로 학습이 훨씬 수월해진다.

예를 들면 이야기를 듣기 전 만들어진 '점검표'을 나눠주고 이야기를 들으면서 점검해보도록 하거나 이야기 전반적인 이해도를 점검하기 위해 참/거짓(true/false) 질문이나, 혹은 이야기 속 전개 과정을 유추할 수 '이야기 잇기' 등과 같은 활동을 동화 듣기 '중' 활동으로 할 수 있다.

그리고 이야기하는 중간에 멈추고 아이들의 이해를 돕기 위한 질문을 하거나 다음에 전개될 이야기의 내용을 추측하게 하기도 한다. 상황에 따라 이야기를 여러 번 할 수도 있는데 이때는 교사가 아이들에게 다른 과업을 제시하거나 함께 읽거나 들으면서 수업에 집중하도록 돕는다.

듣기/읽기 중 학습 활동은 다음과 같다(안정주, 2013; 김영미, 1999; Wright, 1995).

① 이야기 중 질의응답

이야기의 이해도를 확인하기 위해 이야기를 읽어주거나 혹은 말해주다가 적절한 때 이야기를 잠시 멈추고 다음에 어떤 일이 일어날 것 같은지 아이들에게 물어봐 이해도를 점검해 본다. 영어가 아닌 모국어로 답을 말할 수 있으며 이야기에 대한 이해가 잘 되어 있지 않다면 지금까지 읽어주거나 말해준 이야기를 다시 한번 정리해준다. 지나치게 많은 질문을 하거나 대답을 강하게 요구하면 수업의 흐름을 깨뜨릴 수 있으므로 조심해야 한다.

② 그림 떠오르기(pictures in the mind)

교사가 이야기를 들려주다가 아이들에게 눈을 감으라고 하고 이야기에 대한 장면을 마음속으로 그려보도록 한다. 머릿속에 떠올린 그림을 함께 이야기 나눠본다.

이 활동을 통해 아이들은 상상력을 키울 수 있고 이야기를 내면화 시킬 수 있다.

③ 이야기 순서 맞추기(story sequencing)

동화책 속 장면들이 나오는 그림을 그림 카드로 만든 후 칠판에 순서에 상관없이 붙여놓는다. 교사가 이야기를 들려주면서 들은 이야기 속 장면에 해당하는 그림을 찾아 칠판에 순서대로 붙여가며 이야기의 흐름과 이해를 시켜간다. 아이들의 영어적 수준에 따라 그림 카드 대신 문장 카드로 대신할 수 있다. 아이들은 이야기 순서에 맞게 그림/문장에 맞게 배열하게 된다.

④ 진실 게임(True or False)

이야기의 한 부분을 동화 속 내용과 다르게 말한다. 아이들은 교사가 말한 문장이 진실인지 거짓인지 찾아낸다. 아이들은 듣고 O, X 표시를 하거나 혹은 True or False 카드를 든다.

예를 들면:

Ugly Duckling(미운 오리 새끼): One day mother duck laid many eggs.

→ One day daddy duck laid many eggs.

아이들은 교사의 말을 잘 듣고 동화 속 내용과 다르면 모두 양손으로 X 표를 만든다. 혹은 True or False 카드 중 하나를 선택해서 든다. 또는 활동지를 만들어 나눠주고 표시하도록 한다.

⑤ 이야기 잇기

이야기 들려주는 중, 혹은 이야기가 다 끝났을 때 이야기에 나오는 상황에 대한 아이들의 자신의 이야기를 들어본다.

'The Very Hungry Caterpillar'에서

On Monday he ate through one *apple*. But he was still hungry.
On Tuesday he ate through two *pears*, but he was still hungry.
On Wednesday he ate through three *plums*, but he was still hungry.
....,

만약 내가 애벌레였다면 나는 요일별로 어떤 음식을 먹을지 말해보도록 한다. 이야

기가 끝난 후 아이들은 각자 음식 그림을 그린 후 발표해보도록 한다.

⑥ 이야기 마임(mime stories)

교사가 이야기를 들려주면서 이야기 내용을 행동으로 표현해본다. 아이들은 교사의 행동을 보고 따라 하면서 의미를 익히게 된다. 그다음 이야기를 들려줄 때는 교사는 행동하지 않고 아이들만 행동으로 표현해보도록 한다. 이때 이야기는 행동으로 나타낼 수 있는 이야기를 고르는 것이 좋다.

예를 들면: *We're going on a bear hunt.*

We're going on a bear hunt.

(곰 사냥하러 가는 흉내 내기; 양팔을 앞뒤로 힘차게 흔들며 걷기)

We're going to catch a big one.

(양손으로 큰 곰을 잡는 흉내 내기; 양손 주먹을 앞으로 쭉 폈다가 웅크리며)

What a beautiful day! (어깨를 으쓱하며 눈을 감고 고개를 양쪽으로 흔들기)

We're not scared. (양손으로 무서운 표시하기)

Uh-uh! Grass!

We can't go over it. We can't go under it.

Oh no! We've got to go trough it!

Swishy! swashy! Swishy! swashy! Swishy! swashy! (풀숲을 헤쳐 지나가는 모습 등)

A deep cold river….

Splash splosh! Splash splosh! Splash splosh! (강을 건너는 모습)

....

계속해서 곰을 찾으러 사냥하러 가는 다양한 환경에 대한 표현을 의성어로 들으며 아이들과 온몸으로 표현을 해본다.

Eric Carle의 '*From Head to Toe*' 책을 들으며 아이들과 온몸으로 표현해보는 것도 좋다.

I am a penguin. (펭귄 흉내)

and I turn my head. (고개를 돌리기)

Can you do it? (양손을 앞으로 내밀려 아이들에게 너희도 할 수 있니?)

I can do it! (고개를 끄덕이며 '나도 할 수 있다' 표현하기 / 양손의 주먹을 앞으로 내밀며)

I am a giraffe. and I bend my neck. Can you do it?

I can do it.

..... 계속해서 다양한 동물의 흉내와 신체 표현해보기(TPR 활동 게임)

I raise my shoulders.

I wave my arms.

I clap my hands.

(3) 동화 읽은 후 활동

교사가 읽거나 말해주는 동화를 모두 듣고 난 후 아이들이 얼마나 이야기를 이해했는지 이야기의 내용을 확인하고 다양한 활동들을 학습자가 재구성하여 이야기를 다시 들려주는 활동이 필요하다. 예를 들면 이야기의 내용을 확인하기 위해서는 내용에 관한 간단한 질문을 하거나 선다형 문제들을 풀면서 부분적인 글의 이해도를 평가하는 것과 전체적인 이해도를 측정하기 위해서 글의 요약문 작성, 글을 읽고 배운 내용들을 활용하여 글이나 그림을 그리도록 하여 무엇인가 창조할 수 있는 활동 (연극, 놀이, 미술, 음악 등)의 기회를 제공해준다. 좋아하는 장면에 관해 이야기 장면을 회상할 수 있도록 잘못된 그림을 찾아내거나 이야기 속의 상황을 추측하는 활동도 바람직하다.

또한, 이야기에서 다뤄진 주제나 어휘 중 하나를 선택하여 심화한 학습으로 연결할 수도 있고 이야기의 이해를 바탕으로 자신의 느낌이나 의견을 말하거나 다른 친구들의 생각과 의견을 나누면서 다양한 경험을 통해 사고력을 확장 시켜 줄 수 있다.

이와 같은 활동 외에도 소도구를 이용하여 자유롭게 이야기 속의 대화를 연출해 보는 비형식적인 역할극이나 인형극을 꾸며 볼 수도 있고, 다양한 미술도구를 이용하여 그 이야기 속 특정 장면이나 등장인물을 형상화시켜 보는 것이나 아이들 스스로 간단한 책 만들기 활동을 통해 이야기를 학습자 개인마다 의미 있는 활동으로 받아들이게 되어 이야기의 내면화에 효과적일 것이다. 혹은 비슷한 다른 동화들을 소개해주고 관심 있는 아이들에게 읽어보도록 권유하는 방법도 있다.

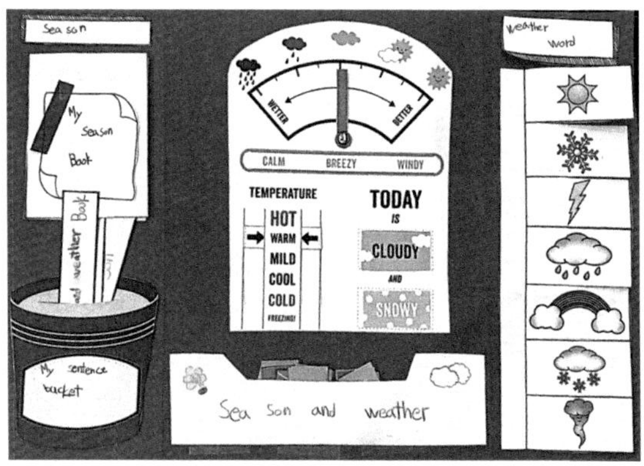

듣기/읽기 후 학습 활동은 다음과 같다.

① Pop-up Book 만들기

일반적으로 시중에서 판매하는 Pop-up book을 아이들이 읽은 동화책 내용을 이용하여 직접 만들어 보는 것이다. 이를 통해 아이들은 영어표현을 내 것으로 만드는 내재화 작업 및 본인이 만든 책을 여러 번 읽으며 반복 연습할 기회도 생기고 미술 활동을 통한 통합 교육적 효과도 함께 얻을 수 있다.

나이와 수준에 따라 다양한 Pop-up book을 만들 수 있는데 교사가 시범적으로 종이를 자르고, 접어서 만들어 보여준다. 초등학생들은 모둠으로 한 권의 책을 만들어 보도록 한다.

각자 한 개씩 만든 것을 연결하면 1권의 책으로 완성되므로 팀워크도 좋아진다. 다 만들 책을 한 명씩 혹은 모둠별로 앞으로 나와 발표해보도록 한다.

예를 들면 *Brown Bear, Brown Bear What Do You See?*

책을 활용하여 다양한 색깔과 동물을 한 명씩 만든 후 모으면 멋진 한 권의 Pop-up book이 완성된다.

Brown bear, brown bear, what do you see?
I see a red bird(yellow duck, blue horse, green frog….) looking at me.

아이들이 만든 Pop-up Book; What Do You See? 샘플

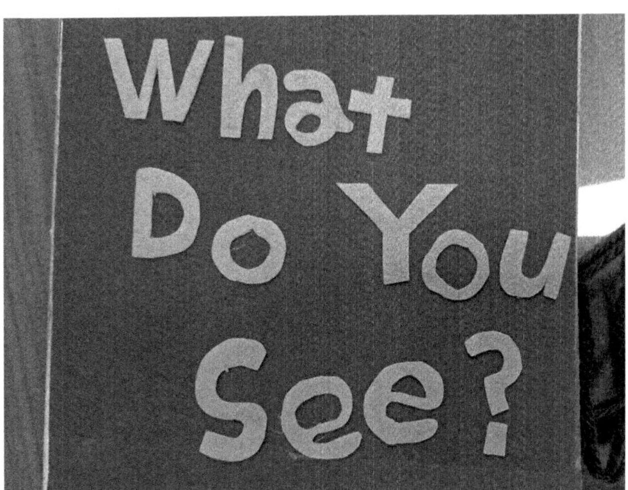

Turkey, Turkey
what do you see?
I See a pink flow

Flower, Flower.
what do you See?
a
yellow tige

② 주사위 게임

재미있는 주사위 놀이를 통해 아이들은 이야기 속 다양한 영어표현들을 연습하고 심화학습 할 수 있다. 이를 위해서는 게임판을 준비하고 모둠별로 앉아 주사위를 던져 나온 숫자만큼 이동한 후 그 자리에 해당하는 질문에 답을 하고 말을 놓아 도착점까지 먼저 도착한 팀이 이기게 되는 게임이다.

예를 들면 '*The Very Hungry Caterpillar*'의 'Caterpillar game'

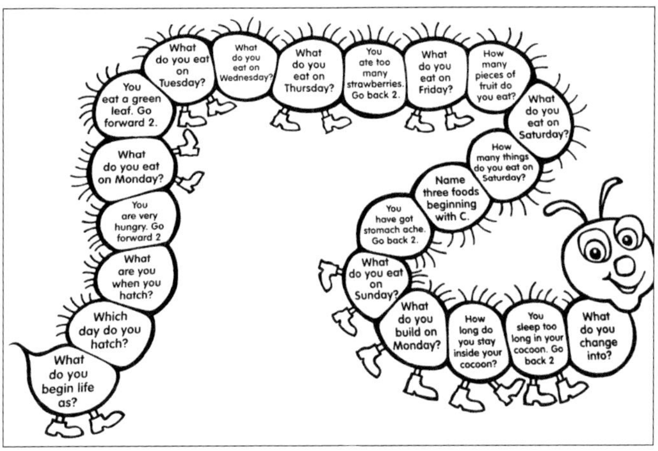

참고도서 Tell it Again! (Ellis and Brewster, 2002)

③ 챈트나 노래를 활용한 스토리텔링

챈트나 노래를 사용하여 스토리텔링을 반복 학습할 수 있다. 똑같은 방법으로 매번 반복 학습을 하게 되면 아이들이 지루해하므로 챈트가 있는 동화를 반복 학습할 경우 다양한 재활용 악기를 만들어 사용하면 더욱더 재미있고 흥미 있다. 야쿠르트 병에 모래나 콩을 넣은 후 흔들거나 다양한 플라스틱 음료수병에 다양한 색깔의 콩 종류, 모래, 마카로니 등을 넣어 흔들면서 영어문장을 반복 학습할 수 있다.

대표적으로 *Tody is Monday!* 혹은 *We're Going on a Bear Hunt.*

④ 팬터마임을 활용한 스토리텔링

아이들에게 이야기 책을 읽어줄 때는 교사는 사실적 표현을 위해 다양한 제스처나 동작 등을 사용한다. 교사가 이야기를 해줄 때 아이들이 본인이 이해한 단어를 제스처나 동작 등으로 표현해보도록 한다. 아이들은 이 활동을 통해 능동적 학습 참여가 가능하여 학습 동기를 높여줄 수 있으며 반복 학습을 가져올 수 있다. 위의 동화 중 활동 중 이야기 마임과 동일한 활동이라고 볼 수 있다. 동화 중 활동에서는 교사가 이야기를 읽어주면서 몸동작을 같이하는 것이라면 동화 후 활동에서는 교사가 이야기를 들려줄 때 아동들만 몸동작하도록 하는 것이다.

⑤ 그림 직소 읽기(Picture Jigsaw Reading)

직소 읽기 활동하기 위해 교사는 먼저 활동지를 만들어야 한다. 이야기 속 그림과 문장을 각각 만든 후 잘라서 모둠별로 나눠준다. 아이들은 모둠별로 협력하여 이야기 순서를 기억하며 그림과 문장을 찾아 순서대로 맞추어 가는 활동이다. 이 활동은 유아는 어렵지만 초등학교 읽기 학습이 가능한 단계에 적용할 수 있다.

⑥ 빈칸 채우기

이 활동도 초등학교 읽기 학습이 가능한 학습자를 대상으로 이야기 전체, 일부의 문장을 사이사이 빈칸을 만든 활동지를 아이들에게 나눠주고 작성해 보도록 한다. 아랫부분에 보기의 예시를 주는 것도 좋다. 아이들 스스로 할 수도 있고 혹은 교사가 도움을 줄 수 있다. 빈칸에 들어갈 단어 혹은 간단한 문장을 이야기시켜보고 다시 말해보도록 하여 아이들의 생각을 정리해준다. 혹은 교사가 이 활동을 하기 전에 칠판에 전체 문장을 적은 후 사이사이 한 단어씩 중요한 어휘부터 지워가면서 아이들의 기억을 상기시켜준다.

⑦ 이야기 지도 그리기

이야기 순서를 지도로 그려보는 학습 활동이다. 이야기에서 전개되는 한 두 개의 사건을 제시해주고, 다음 이야기의 전개를 적어 보도록 하거나, 교사가 이야기의 내용을 그림으로 그려 순서에 상관없는 활동지를 만든 후 아이들이 이야기 순서대로 번호를 쓰게 하거나 줄로 이어서 이야기를 다시 한번 상기시켜주는 활동이다. 모둠으로 하거나 혹은 개별적으로 이 활동을 할 수 있고 전체 이야기를 들으며 본인이 정리한 이야기 순서가 맞는지 확인해보도록 한다.

⑧ 특정 장면 그려보기

이야기가 끝난 후 아이들에게 이야기 속에서 가장 기억에 남는 장면을 그려보게 하거나 써 보도록 한다, 그리고 앞으로 나와 친구들 앞에서 발표해본다.

⑨ 이야기 만들어 보기

이야기가 끝난 후 아이들은 이야기 내용 중 바꾸고 싶은 부분이 있다면 어느 부분인지, 그리고 어떻게 바꾸고 싶은지 써 보도록 한다. 그리고 친구들 앞에서 본인이 쓴 이야기를 발표 해보도록 한다. 혹은 이야기가 다 끝난 후 그다음 이야기를 후속으로 써 보도록 하고 발표해보도록 한다.

* 이야기 속 주인공에서 편지 써 보기 활동; 잘 알려진 이야기 책 주인공에게 편지 써 보기

⑩ 독서 일지/독서록 써 보기

이야기 속 주인공이 누구였는지, 등장인물은 누구누구였는지, 이야기의 배경은 어디였는지, 사건은 어디에서 일어난 것인지, 모르는 단어는 무엇인지, 그 뜻은 영어로 사전 찾아 써 보기, 줄거리 내용 요약 정리해보기 등 다양한 형태의 아이들 수준에 맞는 독서일지를 써 보도록 한다. 초기에는 교사가 독서 일지 양식을 나눠줘도 좋다.

아이들은 이 활동을 통해 문제 해결 능력과 이야기 분석 능력을 키워 주고, 이야기를 이해하는 데 도움이 된다.

⑪ 질문 상자(question box)

이야기 책에 관한 다양한 질문들을 종이에 적어 상자 속에 넣어둔다. 한 명씩 상자 속에 들어있는 질문을 꺼내 읽고 답을 해본다. 이때 교사는 아이들이 답할 수 있도록 힌트를 주거나 답을 유도한다.

⑫ 두 가지 이야기 분리하기

수업 시간에 교사와 함께 학습한 2편의 이야기를 문장 카드로 만든 후 오려서 모둠별로 나눠준다. 아이들은 각각의 이야기에 해당하는 문장을 가려내어 분리해 본다. 그리고 수준이 있는 아동들은 이야기를 분리한 후 순서대로 놓아보도록 한다.

⑬ 간단한 뮤지컬 만들어 보기

이야기를 끝낸 후 이야기 속 등장인물을 나눈 후 짧은 대화를 응용하여 간단한 연극이나 뮤지컬을 만든 후 발표해본다. 초등학교 고학년이라면 모둠별로 챕터를 나눠서 발표할 수도 있고 모둠별로 만든 연극이나 뮤지컬을 발표해본다.

이상에서 살펴봤듯이 학습자들은 언어와 문화적 체험을 동시에 제공하는 영어 동화 수업 속에서 자연스럽게 언어 학습을 진행하고 영어 문화권에 대한 문화적 거리감을 좁혀 나가는 학습 경험을 할 수 있다.

CHAPTER

17

역할극과 뮤지컬

역할극과 즉흥극에서 아이들은 한 역할을 맡아서 상황을 실연해야 한다. 역할극은 많은 준비나 소품이 필요하지 않고 간단한 것으로 하고 2, 3명의 아이가 할 수도 있고 전체 학급이 다 참가하는 것일 수도 있으나 유아나 초등학생을 대상으로 하는 역할극에서는 너무 많은 수가 참여하는 것은 바람직하지 않다. 일반적으로 교실에서 역할극이나 즉흥극은 세 단계로 한다. 첫 단계는 교사는 역할극을 하기 위해 아이들에게 환경을 제공하고 아이들이 필요한 언어를 알고 있는지 확인한다. 두 번째는 아이들은 역할극을 하고 교사는 관찰하며 3단계를 위한 준비할 사항에 대해 메모를 해둔다. 이때 꼭 필요한 것이 아니면 간섭할 필요가 없다. 역할극이 끝나면, 교사는 과정과 결과물에 대해 비평과 피드백을 준다(Phillips, 1999, p.111).

17.1 역할극

실제로, 역할극을 준비하는 기본적 단계는 :

- 아이들에게 필요한 언어를 소개하거나 끌어내고 연습한다.
- 등장인물 소개하기 : 아이들이 역할을 하는데 필요한 정보가 들어있는 역할 카드 제공
- 상황 소개하고 아이들에게 과업 소개하기
- 통제된 환경에서 대화 연습하기
- 역할극 하기
- 교사와 아이들의 피드백 : 아이들이 과업을 어떻게 했는지, 잘 수행했는지? 등

만약 더 많은 아이디어가 필요하면 Sarah Phillips의 'Drama with Children'을 참조 바란다.

(1) 시장 놀이(The market)

- 목표: 쇼핑에 필요한 언어 연습하기, 과일과 야채 어휘, 숫자 학습
- 수준: 유아, 초등 / 6~13세
- 시간: 30~40분
- 준비물: 과일과 야채 모형 혹은 그림 카드, 돈(모조 화폐 혹은 복사하여 만든 가짜 돈), 과일과 야채에 붙일 가격표, 탁자, 앞치마, 쇼핑 가방
- 사전 준비:
  - 시장에서 판매할 과일과 야채를 선택한다. 만약 4~5개 정도의 싼 과일과 야채(예: 당근, 감자, 사과, 오렌지, 바나나 등) 실물로 준비한다. 그림 카드를 준비할 수도 있다.
  - 실물이 없다면 대형 할인점 전단지나 잡지에서 과일과 채소 사진을 찾는다.
  - 가격표를 붙인다.
  - 피드백 질문지를 만든다.
- 수업 절차
  - 과일과 채소의 이름을 지도한다.
  - Can I have a cabbage/a kilo of bananas, please? Here you are·문장을 지도한다.
  - 아이들에게 다양한 종류의 돈을 보여주고 영어로 어떻게 말하는지 알려준다. (penny, nickle, dime, quarter, one dollar….)
  - 동전을 들고, 얼마인지 물어본다. (How much?)아이들에게 짝끼리 서로 묻고 답해보도록 한다.
  - 물건 판매대를 그리거나 혹은 큰 그림을 준비한 후, 아이들에게 플래시 카드 크기의 종이를 나눠준 후 과일과 채소를 하나씩 그리게 한 후 그것들을 판매대

에 붙이게 한다.

- 아이들에게 How much is a kilo of banana? 라고 묻고 그들이 답한 것을 가격표에 쓴다.
- 물건 판매대를 이용하여 묻고 답하는 것을 충분히 연습한다.
- 아이들에게 That's very expensive. 라고 답하는 것도 지도한다.
- 아이들에게 간단한 상황을 제시해준다.

사과 1킬로를 사려고 하는 아주머니가 있다. 어떻게 가게 주인과 아주머니의 대화가 진행 될지 얘기해보도록 한다. 교사가 과일 가게 주인이 되어 보고 아이들은 손님이 되어 본다.

A : Good afternoon.
B : Good afternoon.
A : How much is a kilo of apples?
B : 20 dollars.
A : That's very expensive.
B : OK then. 15 dollars.
A : OK. Can I have a kilo please?
B : Here you are. 15 dollars please
A : Here you are. Thank you. Goodbye.
B : Good bye.

(Phillips, 1999, p.114; 김혜정, 2018, pp 114-116 재인용)

- 대화를 전체로 연습해보고 그다음 짝끼리 연습해본다. 그런 다음 중요 단어를 그림카드 로 바꿔서 다시 연습해본다.

- 아이들에게 유용한 다른 표현이 있는지 물어보고, 대화에 그것들을 추가해본다. 그리고 다시 대화를 연습해본다. 이런 과정은 영어 수준이 높은 아이들에게는 역할극에서 매우 중요한 부분이다.

역할극 준비하기(Preparing the role play)

- 교실이 시장이라고 아이들에게 얘기하고 몇몇 아이들은 상인이 되어 볼 것이라고 말하고, 몇몇 아이들은 손님이 될 거라고 설명한다.
- 물건 판매대를 설정한다. 교사는 아이들에게 손님들은 각각 5개의 다른 물건을 각각 1킬로씩 사야 한다고 말해준다. 손님과 상인은 가격을 흥정할 수 있다고도 말해준다. 손님은 가능한 돈을 적게 써야 하고, 상인은 가능한 많은 돈을 벌어야 한다고 말해준다. 교사는 교실을 돌아다니면서 영어를 사용하지 않는 아이들을 찾아낼 것이라고 말한다.
- 아이들에게 어떤 역할을 해보고 싶은지 물어본다. 손님은 쇼핑 리스트, 가짜 돈, 물건을 담을 시장 가방 상인은 과일과 채소, 혹은 모형이나 그림 카드, 돈, 앞치마를 두르고 가게 앞에 서 있기

역할극 하기(Doing the role play)

- 아이들이 교실로 들어오기 전에 사전에 세팅을 해둔다. 각 상인이 사용할 책상 하나씩만 남기고 교실 안에 있는 모든 책상과 의자는 치운다.
- 우선 상인은 그들의 상점을 세팅한다. 이때 손님 역할을 할 아이들에게는 필요한 지시한다. 상인이 세팅을 마치면 그들에게도 필요한 지시를 한다.
- 모든 것이 준비됐으면 손님을 들어오게 한다.
- 손님들이 물건 사기를 마쳤으면 교실 한쪽에 세우고 얼마를 소비했는지 돈을 세어보도록 한다.

- 모든 사람이 물건을 다 샀으면, 상인들에게도 돈을 얼마나 벌었는지 세어보도록 한다.
- 누가 가장 돈을 적게 썼고 가장 많이 벌었는지 함께 알아본다.
- 책상과 의자를 제자리로 놓고 즉흥극에 대한 비평과 피드백을 해본다.
  어떤 점이 재미있었는지, 개선할 점은 무엇인지, 영어를 다 사용하였는지 등

활용하기

활용 1 즉흥극 하는 모습을 사진으로 찍어 교실이나 복도 혹은 학교에 전시할 수도 있다. 활용 2 벼룩시장 해보기 아이들이 사용하지 않는 장난감, 의복, 학용품, 등 다양한 물건들을 실제 각각 판매대를 만들어 사고팔기를 해보고 수익금은 불우이웃 성금으로 내본다.

(2) 식당에서(At a restaurant)

- 목표: 음식에 관한 어휘, 묻고 주문하기, 역할 즉흥 연극을 하기
- 수준: 유아, 초등/6~13
- 시간: 30분 역할극 준비, 30분 역할극 하기
- 준비물: 음식 만들기 위한 색상지, 종이/플라스틱 접시들, 가짜 돈, 여(남) 종업원 앞치마와 요리사를 위한 모자 등
- 수업 절차

역할극 준비하기(Preparing for the role play)

- 아이들에게 교실을 식당으로 변경할 거라고 말한다. 아이들에게 식당에 어떤 등장인물이 필요할 것 같은지 물어본다. (손님, 종업원과 요리사 등)
- 칠판의 한 코너에 식전 요리(starters), 메인 코스(main courses), 디저트(desserts) 그리고 음료(drinks)를 쓰고 아이들에게 각각의 범주에 해당하는 음식을 제안하

도록 한다. 그리도 각 각의 가격을 결정한다.

- 아이들을 작은 그룹으로 나눈다. 각 그룹에게 메뉴에 있는 음식 그림을 그리도록 한다. 그림이 최소 두 개는 있어야 한다. 이 그림은 역할극에 사용할 것이다. 집에서 그려올 수도 있고 그림 대신 사진을 찾아올 수도 있다.

역할극 하기(Doing the role play)

- 칠판을 세 부분으로 고객, 여/남자 종업원과 요리사로 나눈다.
  아이들에게 아래와 같이 말하는 사람은 누구인지 물어본다.

> We'd like a table for three,
> Are you ready to order?
> There aren't any hamburgers left.

- 각 부문별로 더 할 수 있는 표현들이 있는지 아이들과 함께 알아본다.
- 역할극이 어떻게 이루어지는지 설명한다. 고객들은 메뉴로부터 음식을 주문해야만 한다. 남녀 종업원은 주문받고 요리사에게 음식을 요청한다. 요리사는 주문한 음식을 남녀종업원에게 준다. 고객은 식사 후 그들이 서비스와 음식이 만족했다면 종업원에게 팁을 준다.
- 반을 고객, 종업원, 요리사 세 개의 그룹으로 나눈다. 각 아이에게 역할 카드를 준다. 아이들이 카드를 읽을 시간을 주고 교사는 아이들 각자가 무엇을 해야 하는지 이해했는지 점검한다.
- 교실을 식당으로 꾸민다. 식사를 할 수 있는 장소와 요리를 하는 부엌이 필요하다. 요리사에게는 부엌으로 가라고 말하고, 고객은 문에서 기다리라고 하고, 종업원들은 탁자 근처에서 있게 한다. 요리사에게는 아이들이 준비한 종이, 플라스틱 접시와 음식 그림 카드를 준다. 종업원에게는 메뉴를 주고 고객에게는 돈을 준다.

- 역할극을 시작해 본다. 고객 역할을 맡은 모든 아이가 돈을 냈을 때 역할극을 멈춘다.

> **In a restaurant**
>
> Waiter, Can I have the menu, please?
>
> I'd like some spaghetti.
>
> Can we have some orange juice?
>
> This steak is tough.

(Phillips, 1999, p.22; 김혜정, 2018, pp117-118 재인용)

- 어느 종업원이 팁을 가장 많이 받았는지 알아본다, 아이들에게 그들의 역할에 대해 자유롭게 되돌아보도록 하고 잘한 부분과 개선할 부분이 어디인지 말해보도록 한다.

활용하기

서로 역할을 바꿔서 해본다.

(3) 동물원에서(At the zoo)

- 목표: 동물을 대할 때 유의할 점에 대해 알아보고 관련 표현을 익힌다.
- 수준: 유아, 초등/6~13세
- 시간: 20분
- 준비물: 사육사 복장, 동물 가면, 모형 사육장, 먹이 용품(먹이, 그릇)
- 수업 절차

> T : Hello, everyone! Welcome to the zoo.

(다양한 동물울음 소리) Can you hear the sounds?

Right. They're the sound of the animals.

You'll learn about the safety rules about animals.

Now the zookeeper is coming! Give him a big applause!

Listen carefully when talking about animal safety rules.

First, don't shout at the animals.

Zookeeper : Have you ever shout at the animals?

Is it safe when you shout at them?

Ss : No! They will be surprised and scared.

And they might attack you back.

Zookeeper : So, Be careful!

Let's say together!

Don't shout at the animals!

Second, don't touch the animals.

Zookeeper : You don't use your hand when feeding animals.

What'll happen?

Can you guess?

(동물 복장을 한 동물에게 한 손으로 먹이를 주는 척 쓰다듬는다)

Monkey : Yummy! Yummy! (먹이를 먹는 척하다 손까지 물어버리는 모습 보여줌)

S1 : Ouch!

Zookeeper : Please don't touch the animals when you feed them.

They might bite you. Just use a bowl.(그릇을 보여주며)

Let's say together!

Don't touch the animals when feeding animals.

동물에게 먹이 주기

T : What kind of animals are there?

Ss : That's right. There are four animals.

It's a cow, a horse, a pig, a monkey.

T : They are so hungry.

Cow : Give me some food. (소처럼 행동하면서 목소리 연기하기)

Moo! Moo! Give me some hay.

Horse : Neigh! Heigh! Give me some carrots. (말처럼 행동하면서 목소리 연기하기)

Pig : Oink! Oink! Give me some food. (돼지처럼 행동하면서 목소리 연기하기)

Monkey : Eee! Eee! Give me some bananas. (원숭이처럼 행동하면서 목소리 연기하기)

We are so hungry! Can you give me some food?

T : It's feeding time! However, remember you should be careful when feeding the animals.

Let's say together! "Here you are."

(김혜정, 2018, pp119-120 재인용)

(4) 요리하기(Cooking)

– 목표: 모양(shape)에 대해 학습한다.

- 수준: 만 3~5세
- 시간: 20~25분
- 개요: 떡에 대해 알아보고, 절편을 만들며 모양에 대해 인지할 수 있다.
- 준비물: 음악CD, 다양한 떡 종류 사진, 절편 도장, 일회용 비닐장갑, 참기름, 개인 접시
- 수업 절차: 우리나라 전통음식인 떡을 소개하고 떡의 종류와 떡의 쓰임에 관해 이야기해본다.

T : Hello, everyone!
Today we are going to cook rice cake.
We can call it tteok in Korea.
Let me introduce about the types of rice cake.
Do you know what it is?

Ss : 송편~

T : That's right. This is Songpyeon.
Songpyeon is half-moon shaped rice cake.
We make Songpyeon in Chuseok.
Next one is very long and white.
We make tteokguk(rice cake soup).
Can you guess what it is?

Ss : 가래떡~.

T : Great! Rice cake bar.
Look at this!
It is very colorful.

T : It has honey, so it is very sweet.

Can you tell me what it is?

Ss : 꿀떡~

T : Good! Kkultteok is full of honey.

Last one is Jeolpyeon(pounded rice cake).

Jeolpyeon was eaten on Tano festival day.

Today we will make this one.

What ingredients do you need?

T : We need rice flour, water, salt, sugar, sesame oil, natural pigment resource.

And last, different kinds of shape tools.

(절편 만드는 방법을 제시하면서 shape 소개하기)

Everyone, We'll make jeolpyeon.

First, put water in the rice flour.

Second, put the rice flour into steamer and steam for about 15 minutes.

Third, put rice cakes with salt water and pound rice in a mortar.

T, A : Pound, Pound, pound!

T : Everybody, say together!

T, A : Pound, pound, pound!

T : Louder!

T, A : Pound, pound, pound!

T : Excellent!

Fourth, let's cut it.

Let's start! Cut, cut, cut! Cut it out! (repeat twice)

Nice.

Fifth, press down with rice cake stamp.

Then, get done!

A : Um~ It's very delicious.

Who wants to join us?

Ss : Me!

A : Okay, come here. Are you ready?

S : Yes.

T : Okay, good.

First, prepare rice flour dough.

Second, take off as a proper size.

And then, flatten the dough.(모양 틀을 제시하며)

Everyone, do you know what shape it is?

Ss : It's a circle.

T : That's right. It's a circle. We can make Jeolpyeon using this circle tool. (교사가 여러 가지 모양 틀을 이용해 떡을 찍어내는 것을 보여주며 제시한다.)

(지원자에게 묻기) Can you do it?

(지원자가 대답 후) Wonderful. You can do it.

A : Thank you for your help. Please go back to your seat. Thank you.

T : Now, it's your turn. You're the chef. Let's make it.

(떡을 만드는 동안 전통음악을 틀어둔다) Are you done?

Ss : Yes.

T : Good job. Did you have a good time?

Ss : Yes.

T : Let's eat together.

만약 더 많은 아이디어가 필요하면 김혜정, 2018, '뮤지컬을 활용한 어린이영어'를 참조 바란다.

다양한 역할극 상황을 알아본다.

초등학교 중, 고학년이면 다양한 상황을 제시하고 그룹으로 팀을 나눈 후 아이들끼리 예측 가능한 상황에 대해 서로 이야기를 나눈 뒤 간단하고 쉬운 역할극 대본을 작성 후 반 앞에서 발표해보도록 한다.

Situation 1

Ant's family is working and Gary and Goby are singing loudly.

개미 가족들은 열심히 일하고 있었고 개리와 가비는 큰 소리로 노래를 부르고 있네요….

Ant's family and Grasshoppers

등장인물

Papa ant(Alex), Mama ant(Allan), Son ant(Andy), Daughter ant (Amy), Grasshopper 1(Gary), Grasshopper 2(Goby)

SCENE 1

Ant's family is working and Gary and Goby are singing loudly.

Gary & Goby : (Singing) Nanana, The ants in the grass all march, march, march.

Gary : (Laugh) Hey, Andy. Why do you work so hard?

Andy : We work hard for winter.

Goby : Winter? why?

Gary : (Haha) Relax. It's far from winter.

Allan : If you don't work now, you will be hungry this winter.

Gary : (Sarcastic) Well, I don't understand.

Goby : There is free foods anywhere.

Gary : Look around!

Andy : Trust me. If you don't work hard now you will regret it.

Gary & Goby : No, I won't.

SCENE 2

Winter arrives, Gary and Goby trembled with cold.

Amy : (Happily) Wow! it's snowy. Papa!

Gary : (Brrrr) So cold.

Goby : Hey, Andy. No working today?

Amy : No! No more working hard.

Alex & Andy : It's time to enjoy.

Gary & Goby : (Envy) Enjoy…?

Gary : Why?

Amy : We have lots of food and a nice warm shelter.

Goby : Can you please stay with us?

Alex : Hmm, okay. Follow me.

Gary & Goby : Thank you!

SCENE 3

Alex and Amy take Gary and Goby back to their shelter.

Allan : Andy, Umm, umm.

Andy : Okay.

Alex : (Opening the door) I'm home.

Amy : We brought Gary and Goby!

Allan : (surprised) Gary? Goby?

Alex : Give them some foods.

Amy : (Angry) No, they always teased us.

Gary : I'm so sorry.

Allen : Hmm, but nothing comes for free.

Goby : Okay. We will help you.

Alex : Next year, let's work together.

All : Yes, yes. Let's work together!

All : If you're not lazy, you can live well.

17.2 뮤지컬

이번에는 실제 공연으로 한 발짝 더 가까이 가보겠습니다. 시나리오(scenarios)는 배우의 말과 행동을 정하는 연극적 상황의 개요입니다. 대부분은 시나리오에 의해 연극이 제안되지만, 꼭 그것에 의해 결정되는 것만은 아니고 즉석에서 변화가 있을 수 있다. 반면 스크립트(script)는 실제로 말할 단어를 구체화하고 등장인물에 대한 자세한 설명과 그 등장인물이 어떻게 움직이고 말하는지를 제공합니다. 배우들은 여전히 자신의 해석으로 대사를 이해하고 행동하지만, 일반적으로 변경될 수 없는 대본 때문에 제한된다. 시나리오와 스크립트 둘 다 아이들을 위한 기회를 제공한다. 뮤지컬 공연을 준비하는 것은 꽤 많은 시간을 요구하며, 수업 시간 이외의 시간도 충분하지 않으며 또한 한 반에 학생이 많은 경우에는 꽤 어려움이 많다. 그러므로 교사와 학생은 모두 하고자 하는 높은 동기부여를 가지고 있어야만 한다.

공연(performance)의 장점으로는

첫째, 공연은 아이들에게 꽤 높은 수준의 언어가 강화되며, 의미 있는 대본의 반복 횟수는 평소 수업에서는 찾아볼 수 없는 언어의 깊은 과정으로 아이들을 끌어들인다.

둘째, 반복해서 대사를 되풀이하는 것은 특히 강세, 리듬, 억양과 같은 발음의 집중 연습을 위한 시간으로 유용하다.

셋째, 대본을 보게 되므로 글(문자)에 친숙해지며 또한 입으로 의미를 전달하는 연습을 통해 영어의 유창성이 향상된다.

넷째, 영어의 형식보다는 의미에 초점을 갖게 된다. 이것은 언어적 공동 텍스트와 상황적 맥락의 중요성에 대한 이해를 증가시킨다.

다섯째, 모두 한마음으로 연극을 성공시키기 위해 손잡고 노력했으므로 연극이 끝날 때 모든 참여자는 공감대와 성취감을 느낄 수 있다. 자존감 향상은 영어를 배우고자 하는 동기부여에 많은 영향을 준다.

(1) 극(play) 선택하기

뮤지컬이 공개적으로 공연할 것인지 반이나 학교에서 공연할 것인지에 따라 달라진다.

첫째, 어린이용 극의 길이는 짧은 것으로 시작하는 것이 좋다.

둘째, 등장인물의 수는 반의 모든 아이를 참여시키길 원한다면 적은 수의 등장인물이 나오는 극 보다는 많은 수의 등장인물이 나오는 것이 좋다. 하지만 하나의 극으로 반 아이들을 여러 그룹으로 나누어 장면(scene)별로 참여하게 할 경우라면 등장인물이 많고 복잡한 것보다는 2~3개 나오는 것을 선택하는 것이 좋다.

셋째, 아이들의 극을 선택할 때 특히 언어 수준은 중요한 고려 사항이다. 길이가 길고, 복잡한 구문과 어렵고 최근 단어가 아닌 오래된 어휘가 사용된 연극 대본은 일반적으로 적합하지 않다.

넷째, 영어 문화의 이해 수준이 너무 높은 것을 요구하거나 내용 이해가 어려운 극은 피한다.

다섯째, 주제와 내용은 아이의 수준에 알맞은 것으로 한다.

여섯째, 아이들의 삶과 관련이 있는 소재의 극으로 선택하는 것이 좋다. 예를 들면 전래 동화, 이솝 우화, 공연으로 적용하기 쉬운 만화책, 등 아이들과 관련성이 깊은 것으로 하는 것이 좋다.

일곱째, 적은 자원만으로도 공연이 가능한 것으로 고른다. 최소의 소품, 풍경 혹은 조명의 변화로 변화가 가능한 것으로 최대로 간단하게 해라.

여덟째, 연극에서 자연스럽게 발생하는 언어 관련 활동으로 개발할 기회를 제공하는 연극을 찾아서 한다.

아홉째, 극은 아이들의 관심을 위해 재미있어야 한다(Maley, A. & Duff, A.2005).

(2) 리허설하기

아이들이 대본 연습을 시작할 때 교사는 캐스팅에 대해 생각을 시작할 필요가 있다. 그러나 처음부터 너무 빠르게 캐스팅하는 것은 좋지 않다. 초기 단계에는 모두를 배우로 포함하고, 나중에 최종적으로 결정하도록 한다. 예행연습을 하기 전에 준비운동을 꼭 하고 시작한다.

- 장면에서 스크립트를 읽어라(혹은 전체적으로 이해할 수 있는 부문). 처음에는 아이들에게 앉아서 읽으라고 한다. 그다음은 서서 읽게 한다. 그다음 역할을 두 번 혹은 세 번 바꿔본다. 이것은 교사가 연극을 할 때 적당한 배역을 찾기 위한 것이다.
- 장면에서 스크립트를 읽어라(혹은 부분). 그러나 이번에는 움직임을 추가한다. 대본에서 동선의 움직임에 대해 무엇을 제안했는가? 이 단계에서 많은 토론을 장려하는 것이 유용하다. 종종 아이들은 움직임에 대해 매우 독창적인 제안을 제시한다.
- 잠정적으로 역할을 정하고 아이들에게 그들이 맡은 한 두 장면의 파트를 알도록 한다. 그런 다음 움직임 없이 역할을 해보도록 한다. 이때 초점은 대본을 말하는 다양한 방법에 있는데 문장 강세, 억양, 목소리의 어조(tone), 소리(voice), 속도(pace), 멈춤(pausing) 등에 변화를 줘서 해보고 가장 효과적인 것이 무엇인지 이야기 나눠본다.
- 계속해서 대본 연기를 해보는데 이번에는 움직임을 추가해본다. 이 단계에서는 어떻게 움직임을 잘해야 하는지 생각해 보고 이야기 나눠본다.
- 동일한 장면을 실행해보지만, 말없이 조용하게 해본다. 아이들은 그들의 역할을

마음속으로 혼자서의 움직임으로 연기를 해본다.

- 장면을 반복해 본다. 아이들은 이미 그들의 부분을 배웠다. 이번에는, 각 아이가 약간의 소품(모자, 지팡이, 전화기, 책, 등)을 가지고 자기의 장면에서 말을 하면서 소품을 어떻게 활용해야 하는지 해보도록 한다.
- 이번에는 가면을 쓰고 다시 그들의 부분을 해보도록 한다. 가면을 쓰고 할 때와 쓰지 않을 때의 느낌이 어떻게 다른지 얘기해본다.
- 교사는 누가 어떤 역할을 할지 결정할 때가 왔다.

(3) 공연하기 위한 반 아이들의 역할 알아보기

- 감독(director) : 만약 첫 번째 발표 공연이라면 이 역할은 교사가 하는 것이 좋다. 한 번 이상 공연을 했다면 교사의 안내에 따라 학생이 맡아서 해보도록 한다(초등 고학년 경우).
- 무대감독(stage manager) : 무대에서 발생하는 모든 것에 대한 책임이 있는 사람. 무대 변화, 조명 조율, 배우가 적절한 시기에 도착하도록 보장해주기
- 조명과 음향(Lighting and sound) : 이것은 최소한이다(적절한 공연장소의 조명 및 음향기기를 사용할 수 있는 경우가 아니면). 그러나, 최소한 조명과 소리는 누군가 적당한 순간에 조작할 필요하다(교실에서 발표할 경우라면 적당할 때 녹음기 틀어주고, 손전등 켜서 비춰주기 등).
- 무대장치와 소품(Scenery and props) : 무대 위에 최소한의 경관과 소품(배우를 위한 전화와 같은 것 등)이 있을지라도 그것을 생산하거나 준비하기
- 의상(costumes) : 예산이 없으므로 정교한 의상은 피하는 것이 가장 좋다. 그러나 누군가는 각 배우가 필요할 때 필요한 것을 가졌는지 확인해야 한다.
- 메이크업(Make up) : 정교한 메이크업이 얼마나 정교해야 할지 결정해야 한다. 아이들은 무대 위에서 메이크업하고 나타나는 것을 좋아한다. 그것이 필수적이지 않

을지라도 그것은 할 만한 가치가 있다.

- 배우(actors) : 이 단계를 통해 각 역할에 대해 많은 아이를 시험해 보게 된다.
- 대역배우(the understudies) : 주 배우들과 마찬가지로 그들의 부분을 배워야 한다. 대역배우는 한 명 이상의 주요 배우가 아프거나 무대에 설 수 없을 때 불려지는 배우
- 프롬프터(The prompter) : 이 사람은 극을 전체 다 알아야만 하고 어떤 배우가 대사를 잊어버렸거나 말을 멈출 때 그들을 촉진하는 역할이다.
- programme notes : 연기 하는 것보다는 쓰는 것에 관심 있는 학생을 선택하는 것이 좋다.
- 홍보(publicity) : 포스터, 웹사이트, 등 공연을 광고하기

만약 더 많은 정보가 필요하면, 이장의 많은 활동에 영감을 준 의 Maley, A & Duff, A의 'Drama Techniques'를 참조 바란다(참고문헌 참고).

(4) 콩쥐 팥쥐(Kongzi, Patzzi)

등장인물: Kongzi, Patzzi, Stepmother, Ox, Fairy Godmother, Governor, Narrator

SCENE 1

A long time ago in a village, there lived Kongzi, Patzzi, and Kongzi's stepmother. Kongzi's stepmother liked Patzzi but she hated Kongzi.

Kongzi : (Sigh) It's hard. When will I finish these chores?

Patzzi : Hey, Kongzi. You're working slowly! Hurry up and do my chores too!

Stepmother : Patzzi!

Kongzi, Patzzi : (Hug) Mommy!

Stepmother : (Looking at Patzzi) There is a party in town today, let's dress up pretty!

Patzzi : (Excited) Yes, mom!

Stepmother : (Looking at Kongzi) Kongzi, you work in the field.

Kongzi : Yes, mom.

SCENE 2

Stepmother and Patzzi went to the party. But Kongzi had to work in the field. While she was weeding the field, suddenly her hoe was broken.

Kongzi : What should I do? An ox appeared.

Ox : Don't worry, Kongzi. I'll clear the field for you!

Ox plowed the field.

Kongzi : Thank you! Now I can go to the party!

Ox : You're welcome.

Kongzi : But I don't have a pretty dress for the party.

Ox : I'm so sorry.

Kongzi : What should I do? Then, a fairy appeared.

Fairy G : Don't worry, Kongzi. I will give you a pretty dress and flower shoes!

Kongzi : Oh, really?

𝄞 What are you wearing?

Kongzi is wearing a red dress, red dress, red dress,

Kongzi is wearing a red dress all day long.

Kongzi is wearing flower shoes, flower shoes, flower shoes,

Kongzi is wearing flower shoes all day long.

The fairy godmother changed Kongzi's clothes.

Kongzi : Thank you!

Fairy G : Enjoy the party!

Kongzi : Bye!

Fairy G : Bye!

SCENE 3

She changed her dress and ran to the party. On her way, she lost one of her flower shoes.

A passing governor found her flower shoe.

Governor : Hey! You dropped your shoe!

He followed her but she didn't hear.

Governor : She's beautiful. Wait!

The governor fell in love with Kongzi.

SCENE 4

𝄞 *Hokey Pokey*

You put your right(left,...)hand in

You put your right(left,...)hand out

You put your right(left,...)hand in and you shake it all about
You do the hokey pokey and you turn your self around
That's what it's all about

The governor visited the party to find the owner of the flower shoe.

Governor : Hmm-hmm. I'm looking for the owner of this flower shoe. I am in love with the owner of this flower shoe.

Stepmother : It must be Patzzi! Patzzi, go and try on that shoe.

Patzzi : (*Excited*) Yes, mom!

Governor : (*Push the Patzzi*) It's not you. Would you like to try on this shoe pretty lady?

Kongzi : (Surprised) Oh! Me?

Stepmother : (*Push in a Kongzi*) It's not you! I told you to work! Why are you here?

Kongzi : I'm done.

Stepmother : What?

Governor : Stop! Please try on this shoe.

Kongzi : Sure!

Governor, Kongzi : Wow!

The shoe fit her perfectly.

Governor : (Happy) It's you!

Kongzi : (Happy) Yes! It's my shoe.

Governor : (On one knee) Will you marry me?

Kongzi : Sure!

So, they lived happily ever after together.

𝄞 *Ending song – Marry you*

효과음 출처

오프닝 : https://youtu.be/WkXydkdq-Fg

소 : https://youtu.be/XZbeRtYdTLI잔치 : https://youtu.be/MWuB-Iorg7U

잔치2 : https://www.youtube.com/watch?v=GOo9gQreVpY

콩쥐등장 : https://www.youtube.com/watch?v=SmuioXhzvN8

팥쥐신발 : https://youtu.be/l4UGRqj2zuw

콩쥐신발 : https://youtu.be/Hy_EZzH-zZk

결혼 : https://youtu.be/lcfeTsxzSzo

엔딩 : https://www.youtube.com/watch?v=Zlv1rdcpS9M

(5) 브레멘 음악대(Town Musicians of Bremen)

무대 : A farmer in a village lived with a donkey and a dog. But, they were too old to work properly. The farmer abused them every day he saw them.

등장인물 : Donkey, Dog, Rooster, Cat, Farmer, Thief

SCENE 1

The farm

Farmer : Hey! What are you doing?
No work, No food!

𝄞 Old Macdonald had a farm

Old Macdonald had a farm. E I E I O!
And on his farm he had a donkey. E I E I O!
With a Hee haw here, and a Hee haw there.
Here a Hee haw, there a Hee haw Everywhere a Hee haw.
Old Macdonald had a farm. E I E I O!
Old Macdonald had a farm. E I E I O!
And on his farm he had a dog. E I E I O!
With a woof woof here, and a woof woof there.
Here a woof, there a woof
Everywhere a woof woof.
Old Macdonald had a farm. E I E I O!

The farmer goes out.

Dog : I can't do anything. Because I'm too old.
Donkey : Look. Let's leave town together.
Dog : Where are we going?
Donkey : We will go to Bremen and become musicians!
Dog : Really?

Donkey : Umm, I will play the violin, and you?

Dog : Drums! I can play the drums.

They leave the farm

Farmer : Stop donkey! Stop dog! Return to the farm.

Donkey & Dog : No, We don't want. too!

Farmer : Oh, no.

SCENE 2

The street

The donkey and the dog are on their way to Bremen, they find a screaming cat.

Dog : Look, The cat is frightened.

Donkey : Hey, What's wrong?

Cat : I should catch a mouse, but I'm scared. (Trembling)

Dog : That's too bad.

Donkey : Umm, Let's go to Bremen together. You will be a good musician.

Cat : Umm, OK. I will go.

The donkey and the dog go to Bremen with the cat.

SCENE 3

The day began to darken.

They can hear a rooster's voice in the distance.

Cat : Oh, It's dark.

Dog : I'm scared.

Rooster : Cock-a-doodle-doo! Who are you?

Donkey : We are going to the Bremen together.

Rooster : Bremen? Where is that?

Donkey : We can be musicians there.

Dog & Cat : Yes, we can. You will be singer!

Yes, we can. We will be musicians!

Rooster : (*With excitement*) Musicians? I love singing.

Let's go to Bremen.

Donkey : Wait, Wait.

Dog : I'm tired and I'm hungry.

Rooster : I see a light over there. Follow me.

𝄞 The musicians of Bremen

I will go to Bremen. I will play the trumpet there.

Good morning. That is a nice drum.

I can play the drum. Let's go to Bremen.

Good morning. That is a nice violin.

I can play the violin. Let's go to Bremen.

Good morning. That is a nice piano.

I can play the piano. Let's go to Bremen.

It is dark. I am scared. I am hungry.

Look, there is a house. Let's go there.

The donkey & the dog & the cat & the rooster :

SCENE 4

The house

They are peeking through the window.

Donkey & Dog & Cat : Wow.

Thief : (*Laughing*) Hahaha. I'm rich. I'm full.

Dog : (*Jumping*) I can't see.

Cat : Me either!

Rooster : Donkey, What do you see?

Donkey : The thief is eating a lot of food.

Dog : I'm hungry.

Cat & Rooster : Me too.

Donkey : Ah-ha, come here.

They whisper together.

Donkey & Dog & Cat & Rooster : One, two.

They all scream together.

Thief : (*In confusion*) What's happening? It's a monster!

The frightened thief runs away.

The donkey & The dog & The cat & The rooster : (With pride) We did it!

SCENE 5

The thief comes back.

Thief : Wait, monster? Let's go again.

(*Looking into the cat's eyes*) What is it?

Cat : My eyes! (*scratching*)

Thief : Oh, no.

All the animals attack a thief.

Thief : Help me, help me.

Rooster : Cock-a-doodle-doo!

He never comes back.

Donkey : Umm, shall we live here?

Cat : That sounds good.

Rooster : I like it.

Dog : Let's live happily here.

Donkey & Dog & Ca t& Rooster : Happily here.

They all play instruments together.

𝄞 Musical Instruments

Plink Plink Plink Plink

Plink Plink Plink Plink Plink, Piano.

La La La La La La La La La, Violin.

Pah Pah Pah PahPah Pah Pah Pah Pah, Trumpet.

Bum Bum Bum BumBum Bum Bum Bum Bum, Drum.

We are playing music, Yeah!

𝄞 We're All In This Together

Together, together, together everyone

Together, together, come on lets have some fun

Together, were there for each other every time

Together together come on lets do this right

Here and now its time for celebration

I finally figured it out (yeah yeah)

That all our dreams have no limitations

That's what its all about

Everyone is special in their own way

We make each other strong (each other strong)

We're not the same

We're different in a good way

Together's where we belong(퇴장곡)

We're all in this together

Once we know

That we are

We're all stars

And we see that

We're all in this together

And it shows

When we stand

Hand in hand

Make our dreams come true.

출처

YOUTUBE :

- 등장곡, 바이올린 효과음, 드럼 효과음, 쥐 효과음, 꼬르륵 효과음, 집 발견 효과음, 도둑 등장 효과음, 점프 효과음, 음식 먹는 효과음, 도둑 재등장 효과음, 도망 효과음
- Old Macdonald had a farm

핑크퐁 :

- Musical Instruments(https://www.youtube.com/watch?v=KVdDJWZ7Z_I)

프뢰벨 :

- The musicians of Bremen(https://www.youtube.com/watch?v=zv2uOfnIkdQ)

멜론 :

- We're All In This Together

참고문헌

고경석 외 15. (2006). *초등영어교육의 이론과 실제*. 한국문화사.

고경석. (2007). 영어 발음 교수의 방향. *영어교과교육*, 6(1), 1-31. 한국영어교육과교육학회.

김경화. (2000). *초등영어교육에서 총체적 언어 접근법의 적용 효과 연구*. 석사학위논문, 인천교육대학교.

김영란. (2002). *효과적인 초등영어 교수방안에 관한 연구: TPR의 보완을 중심으로*. 석사학위논문, 인제대학교.

김영미. (1999). *동화로 가르치는 초등영어*. 문진미디어.

김윤희. (2007). *전래동화를 활용한 영어 교수 학습사이트 모형설계 및 구현*. 석사학위논문, 중앙대학교.

김정렬. (2010). *초등영어교수법 읽기 쓰기편*. 한국문화사.

김형철. (2009). *말하기와 듣기능력 향상을 위한 초등학교 영어발음지도에 관한 연구*. 석사 학위논문, 원광대학교.

김혜정. (2018). *뮤지컬을 활용한 어린이 영어교육*. 서울: 진샘미디어.

김혜정. (2021). *동화를 활용한 어린이 영어교육*. 서울: 진샘미디어.

김혜정 & 양은미. (2012). *놀이를 활용한 어린이 영어교육*. 서울: 진샘미디어.

김혜정 & 양은미. (2013). *동요를 활용한 어린이 영어교육*. 서울: 진샘미디어.

문지혜. (2011). *영어 일기쓰기가 초등학생의 영어쓰기 능력에 미치는 영향*. 석사학위논문, 숙명여자대학교 .

박미희. (2003). *주제중심 통합학습을 통한 유아영어 수업모형 개발*. 석사학위논문, 중 중앙대학교.

이윤. (2006). 문자언어발달단계에 근거한 초등영어읽기, 쓰기 성취기준 상세화. *한국외국어교육학회 Vol. 17*(2).

이완기. (1997). *초등영어교육론*. 문진미디어.

박약우. (1999). *현장수업 적용을 위한 초등영어지도법*. 서울: 한국문화사.

부경순. (2004). *초등영어 듣기, 말하기 교육*. 한국문화사.

안정주. (2013). *스토리텔링으로 가르치는 어린이영어.* 국제영어대학원대학교 출판부.

이재희 외 9명. (2015). *초등영어교육 제4판.* 경문사.

이완기. (1997). *초등영어교육론.* 문진미디어.

임유리. (2017). *과업중심교수법이 초등영어 학습자의 영어 학습동기와 영어 음성언어능력에 미치는 영향.* 중앙대학교 교육대학원 석사논문.

정동빈. (1997). *어린이영어교육.* 홍익미디어.

정동빈. (2002). *유아영어 의사소통 교육론.* 한국문화사.

조경숙. (2007). *초등영어 읽기·쓰기교육.* 한국문화사.

최은호. (2004). *초등영어 읽기의 중요성과 효율적인 지도방법.* 단국대 교육대학원 석사논문.

Aitchison, J. (1987). *Words in the mind.* Oxford: Basil Blackwell.

Anning, A. (1991). *The first years at school.* Ballmoor: Open University Press.

Ausubel, D. (1964). 'Adults vs. children in second language learning: Psychological considerations' *Modern Language Journal* 48, 420-424.

Baker, C. (1993). *Foundations of bilingual education and bilingualism.* Clevedon: Multilingual Matters.

Batstone, R. (1994). *Grammar*: Oxford Oxford University Press.

Beebe, L. (1978). Teaching pronunciation: Why we should be. *IDIOM, 9.*

Berman, M. (1998). *A multiple intelligences road to an ELT classroom.* Bancyfelin: Crown House.

Brown, A. (1991). *Teaching Pronunciation: A book of readings.* London and New Youk: Routledge.

Brown, H. D. (1994). *Principles of language learning and teaching.* 3rd Ed. Prentice Hall Regent.

Bruner, J. (1983). *Child's talk; Learning to use language.* Oxford: Oxford University Press.

Calkins, L. (1986). *The art of teaching writing(Ed.).* Portsmouth, NH: Heinemann.

Carrell, P.L. (1988). *Interactive Approaches to Second Language Reading.* Cambridge:

University Press, Cambridge.

Cameron, L. (2001). *Teaching languages to young learners*: Cambridge: Cambridge University Press.

Carolyn, Graham. (2006). *Creating chants and songs*. Oxford University Press.

Carter, R. A. (1998). *Vocabulary: applied linguistic perspectives(2nd ed.)*. New York: Routledge.

Celce-Murcia, M. (1991). *Teaching English as a second or foreign language.* Boston, MA: Heincle & Heinle.

Chamot, A. U. & O'Malley, J. M. (1990). *Learning strategies in second language acquisition*. Cambridge, UK: Cambridge University Press.

Chomsky, N. (1959). Review of verbal behaviour language. *Language* 35;26-58.

Chomsky, N. (1965). *Aspects of the theory of syntax*. Cambridge: The M.I.T. Press.

Clark, E. (1993). *The lexicon in acquisition.* Cambridge: Cambridge University Press.

Cooper, J. (1993). *Literacy: Helping Children Construct Meaning*. MA: Houghton Mifflin Co.

Cummins, J. (1979). Linguistic interdependence and the educational development of bilingual children. *Review of educational research*, 49, 222-251.

Dauer, R. M. (2005). The lingu franca core: A new model for pronunciation instruction, *TESOL Quarterly*, 39(3), 543-550.

Diane Larsen Freeman. (1986). T*echniques and principles in language teaching.* Oxford University Press.

Djigunovic, J. & Vike, M. (2000). 'Eight years after: wishful thinking vs the facts of life' in: Moon, J. & Nikolov, M. (eds). *Research into teaching English to young learners*: Pecs: University of Pecs Press.

Donaldson, M. (1978). *Children's Minds*. London: Fontana.

Dublin, F & Olshtain, E. (1986). *Developing programs and materials for language learning*. Cambridge: Cambridge University Press.

Ellis, G & Brewster, J. (2002). *The new storytelling handbook for primary teachers*. London: Penguin books

Ellis, G & Brewster, J. (2002). *The primary English teacher's guide*. New York: Penguin Press.

Fathman, A. (1975). The relationship between age and second language productive ability. *Language Learning* 25(2) 245-253.

Gardner, H. (1993). *Multiple intelligences. The theory in practice*. London: Harper Collins.

Gipps, C. (1994). 'What we know about effective primary teaching' in: Bourne, J. (ed) *Thinking through primary practice*. London: Routledge/Open University

Goodman, K. S. (1986). *What's whole in whole language*? Portsmouth, NH: Heinemann Educational Books.

Goodwin, J. 2004. *Content-based instruction*. L. A.: University of California. Los Angeles Resource Center.

Gordon Lewis and Hans Mol, 2009. *Grammar for young learners*. Oxford University Press.

Gough, P.B. (1972). *One second of reading*. In F. J. Kavanagh, & G.

Graves, D. (1983). Writing: *Teachers and children at work*. Exeter, NH: Heinemann.

Guiora, A. Z., Acton, W. R., Erard, R. & Strickland, Jr., F. W. (1980). The effects of benzodiazepine(valium) on permeability of language ego boundaries. *Language Learning*, 30.

Hymes, D. H. (1972). *On communicative competence in*: J.B. Pride and J. Holmes(eds). *Sociolinguistics. Selected Readings*. Harmondsworth: Penguin, pp269-293.

James Asher. (1969). The Total physical response approach to second language learning. *Modern language Journal Vol 41*(4), 241-247.

Krashen, S & Terrell, T. (1983). *The natural approach*. Pergamon, N.Y.

Kroll & G. Wells. (1983). *Preschool literacy related activities and success in school.* Cambridge University Press.

Kubanek-German, A. (1998). Survey article 'Primary foreign language teaching in Europe- trends and issues' *Language Teaching 31*, 193-205.

Kubanek-German(2000). Teacher assessment: the concept of diagnostic competence. *Language Testing, Volume 21*(3).

Laura, R. (1994). *Whole language whole leraner. New York*: william Morrow and Company, Inc, p.79.

Lenneberg, E. H. (1967). *Biological foundations of language.* New Youk: John Wiley and Sons, Ins.

Lewis, M. (1986). *The English verb.* Hove: Language Teaching Publications.

Lightbown, P. & Spada, N. (1993). *How languages are learning.* Oxford: Oxford University Press.

MacNamara, M. (1963). Cognitive basis of language learning in infants. *Psychological review, 79*: pp. 1~13.

McNeill, D. (1966). Development Phycholinguistics, In F. Smith and G. Miller(eds). *The Genesis of Language: A psycholinguistic approach.* Cambridge: The M.I.T. Press.

Moreley, J. (1994). The pronunciation component in teaching English to speakers of other languages. *TESOL Quarterly, Vol. 25*(3).

Nation, K. (2008). *Teaching vocabulary:strategies and techniques.* Boston, MA: Heinle.

Nunan, D. (1999). 'Does Younger = Better?' in: *Matters Vol 9* No4: TESOL.

Nuttal, C. (1996). *Teaching reading skills in a foreign language.* Oxford: Macmillan.

Palmer, S. (1991). *Spelling:A teacher's Survival Kit.* Harlow: Longman.

Paul, D. (1996). *Songs and games for children.* Oxford: Macmillan Heinemann.

Paulston C. (1977). *Development communicative competence: goals, procedures and techniques*, in J. Alatis & R. Crymes(eds) The Human Factors in ESL Washington DC.: TESOL

Paulston, C. B. & Bruder, M. N. (1978). *Teaching English as a second language*: Techniques and procedures. Winthrop.

Penfield, W, & L. Roberts. (1959). *Speech and Brain Mechanisms*. Princeton, N. J: Princeton University Press.

Piaget, J. (1952). *The Origins of Intelligence in Children*. New York: W.W. Norton & Co.

Pilpot, S. 2000. *Building blocks for English*: Addlestone: DELTA.

Piper, D. (1983). The Notion of funtional role-play *TEAL Occasional Papers* 710-39 TEAL Association of British Colombia, Vancouver.

Postovsky V. (1975). On Paradoexes in Foreign Language Teaching. *The Modern Language Journal 58*, 18-21.

Richard, Jack C. & Rodgers, Theodore S. (1988). *Approaches and methods in language teaching*. Cambridge University Press.

Richards J. C. & T. S. Rodgers. (1986). *Approaches and Methods in Language Teaching*. Cambridge University Press.

Rivers, W. (1968). *Teaching Foreign language skills*. Chicago: The University of Chicago Press.

Rivers, W. (1983). *Communicating naturally in a second language*. Cambridge: Cambridge University Press.

Rosen, H. (1985). Stories and Meanings. NATE.

Schumann, J. H. (1975). Affective factors and the problem of age in second language acquisition. *Language Learning*, Vol. 225. No.2.

Scott, W. A. & Ytreberg, L. H. (1990). *Teaching English to children*. London: Lonman.

Scovel, T. (1969). Foreign accents, language acquisition, and cerebral dominance.

Language learning 19, 245~254.

Shaftel, F. (1967). Role playing of social values Englewood Cliffs: Prentice-Hall.

Silberstein, s. (1994). *Technique and resources in teaching reading*. Oxford Universit Press.

Singleton, D. (1989). *Language acquisition: the age factor*. Clevedon: Multilingual Matters. Open Journal of *Modern Linguistics*, Vol.6(3).

Skehan, P. (1998). *A cognitive approach to language learning*. Oxford: Oxford University Press.

Skinner, B. F. (1957). *Verbal Behaviour*. New York: Appleton-Century-Crofts.

Spolin V. (1963). *Improvization for the Theater: a handbook of teaching and directing techniques Evanston*. Illinois: Northwestern University Press.

Smith, F. (1973). *Psycholinguistics and reading*. Holt, Rinehart & Winston.

Stern, H. (ed). (1969). *Languages and the youngn school child*. Oxford: Oxford University Press.

Stern, H. H. (1974). *Foreign language in primary education*. London: Oxford University Press.

Stern, S. J. (1987). An intergrated approach to literature in ESL/EFL *English Teaching Forum, 25*(4), (pp. 47-55)

Taylor, L. (1990). *Teaching and learning vocabulary*. Hertfordshire: Prentice Hall.

Thornbury, S. (1999). *How to teach grammar*. London: Longman

Tracy Terrell & Stephen Krashen. (1983). *Natural approach*. Prentice Hall.

Underwood, M. (1989). *Teaching listening*. New York: Longman.

Vanessa Reilly & Sheila M. Ward. (1997). *Very young learners*. Oxford University Press.

Vygotsky, L. S. (1978). *Mind in society: The development of higher psychological processes*. Massachusetts: Harvard University Press.

Wallace, C. (1992). *Critical Literacy Awareness in the EFL Classroom*. In N. Fairclough

(Ed.), Critical Language Awareness (pp. 59-92). London: Longman.

Wells, G. (1986). *The Meaning Makers.* London: Hodder & Stoughton.

Wendy, A. Scott & Lisbeth, H. Ytreberg. (1998). *Teaching English to children.* Longman.

White, R. (1988). *The ELT Curriculum.* Oxford: Basil Blackwell.

Whitehead, M. (1990). *Language and literacy in the early years.* London: Paul Chapman.

Wilkins, D. A. (1972). *Linguistics in language teaching.* London: Arnold.

Wong, D. (1986). *On moral realism without foundations.* The Southern Journal of Philosophy Vol. 12.

Wright, A, (1995). *Storytelling with Children.* Oxford University Press.

Wright, A, (1997). *Creating Stories with Children.* Oxford University Press.

저자 소개

김혜정

- 중앙대학교 영어언어과학과(조기영어교육학) 박사
- 중앙대학교 조기영어교육학과 석사
- The Univ. of Southern Queensland TESOL 수료
- 한국조기영어교육학회 TESOL 교육연구소 원장
- EBSe Mom's Time 출연, EBSe Telling Tales 외 다수 출연
- (현) 광주여자대학교 국제교육원 원장
- (현) 광주여자대학교 어린이영어교육학과 교수
- (현) 광주여자대학교 글로벌영어교육학과 교수

어린이 영어교육론

발 행 일 • 2022년 11월 11일

저 자 • 김 혜 정

발 행 자 • 최 봉 조

발 행 처 • 진샘미디어

주 소 • 서울시 은평구 연서로 5길 28 부호아파트 102동 상가5호

전 화 • 02)353-4421 / FAX 02)353-4431

홈페이지 • www.jinsaem.co.kr

신고번호 • 제311-2005-000025호

I S B N • 979-11-91419-25-2 93370

정가 26,000원